本著作得到江苏高校优势学科建设工程资助项目（PAPD）、江苏高校品牌专业建设工程资助项目（TAPP）（编号：PPZY2015C203）、2015年全国公安高等教育重点专业建设点资助项目的资助。

治安执法
基本技能实训

葛志山◎主编

中国法制出版社
CHINA LEGAL PUBLISHING HOUSE

编写说明

本教材是江苏警官学院全日制公安专业的指定教材。也可以供兄弟院校治安执法实训、公安民警在职培训和自学使用。

公安院校行业色彩很强，其分配趋向主要是基层公安机关，人才培养规格、社会服务面向明确。多年来，江苏警官学院在不断强化内涵发展的同时，注重吃透教学型本科院校人才培养的基本要求、学院目标定位及专业服务面向，始终着力打造“战、学、训、研”相结合的公安人才培养模式，“教、学、练、战”一体化的教学模式，突出实践能力培养这一主线，强调理论教学与实践教学有机结合。江苏警官学院各公安专业（含专业方向）人才培养方案确立了治安执法岗位所需实践能力培养的原则框架，要求通过治安执法实训课程设置，引导学生运用所学知识、原理来分析解决实际问题，增强治安执法实践素养、操作技能、创新能力和综合素质。据此，本教材以治安执法技能培养为目标，以“立足实战、贴近实战、服务实战”为原则，力求精简、实用，帮助学生更好地消化专业知识，掌握专业技能，提高实践能力，缩短岗位适应期。同时，引导学生牢固树立政治意识、大局意识、服务意识、法治意识，具有良好的群众意识以及保密意识，遵守人民警察职业道德规范，在实际工作中践行习近平同志提出的“对党忠诚、服务人民、执法公正、纪律严明”这一新时代公安工作和公安队伍建设的总要求。

众所周知，公安机关治安执法业务范围宽泛。在广泛调研论证的基础上，经核定课程容量，本教材共安排治安信息收集与分析研判（含警务基础工作平台运用）、入户走访、治安巡逻盘查、接处警与常见警情先期处置、场所行业治安检查、治安案件办理、治安调解、社区安全防范指导八个教学单元。

本教材由葛志山副教授任主编，缪金祥教授、高新副教授任副主编。各单元撰稿人为：第一单元，葛志山、缪金祥、周健；第二单元，葛志山、沈大庆；第三单元，葛志山、汤天峰；第四单元，缪金祥、葛志山；第五单元，葛志山、盛铭；第六单元，高新；第七单元，单玲、葛志山；第八单元，高新、葛志山。全书由葛志山修改定稿。

本教材编写过程中，得到江苏警官学院副院长封野教授等院领导及治安管理系主任谢海军研究员、教务处副处长杨世伟副教授、治安管理系副主任卜全民教授等有关部门领导的大力支持，得到治安管理系特别是治安学教研室同仁以及盛铭、房进、沈大庆等实战教官的大力帮助。南京森林警察学院治安系胡建刚教授、江苏警官学院治安管理系主任谢海军研究员认真审读了书稿并提出了修改意见。同时，本书中参考了有关的著作、教材和其他文献资料。在此，谨向提供支持帮助的领导和同仁以及有关作者致以诚挚的谢意！

因水平有限、时间仓促，定有疏漏、粗糙和不当之处，敬请读者谅解并批评指正。

本书编写组

2017 年 12 月 19 日

目　录

Contents

第一单元　治安信息收集与分析研判

问题引导：

“知己知彼，百战不殆”。任何工作都离不开信息，对对象和环境尽可能全面地占有信息，充分熟悉了解，是做好各项工作的必要前提和关键环节。治安信息收集是公安民警必须掌握的一项基本技能。近年来，以信息技术与公安业务工作相结合的情报信息主导警务战略正逐步解构传统警务理念、模式与方法，并成为大数据时代公安工作发展的“拐点”，催生了警务模式、警务运行机制的深刻变革，使公安机关战斗力呈现几何级数的增长。日常警务工作中需要收集的治安情报信息有哪些；通过哪些渠道、运用哪些方法来收集；治安情报信息的质量标准是什么；如何保证所收集情报信息的质量；收集来的情报信息如何进一步处理等便是本单元重点解决的问题。

第一部分　业务详解

一、信息与治安信息

（一）信息与情报

1. 信息

信息的定义在不同研究领域存在不同的看法。随着时代的进步，人类研究领域的不断扩展，信息的使用范围在不断扩大。一般认为，信息的含义可从本体论与认识论两方面理解。前者侧重的是信息的客观存在状态，后者则是被认知、被表达的形态。在本体论意义上，信息是指通过一定的媒介对客观事物及运动状态的一种显示（映射、反映），它标志事物及现象的间接存在[①]。简言之，信息就是对事物的特征以及运动和变化状态的显示或映射。更常规的意义上，信息既是事物存在及其运动状态的映射、反映等客观显示，也包括对这一显示状态的认知、表达。一般定义为：信息是表现事物运动状态特征的一种普遍形式，是人们在与物质相联系的过程中所反映出来的各种数据、指令、消息、情报等可表示事物形态结构和特征的信号。

洪昆辉（2002）在“再论信息的本质及特征”一文中从信息的属性出发归纳了信息的基本特征，即：信息存在的客观性；信息存在的普遍性；信息存在的动态性和相对静止性；信息存在的相对独立性；信息对信息源和载体的依存性；信息的反映性、映射性；信息存在的间接性；信息存在的多样性、多层次性；信息存在的非实体性；信息相互作用的单向性、间接性和条件性；信息划分的相对性、信息的可转化性[②]。

在现代通信网络语境下，信息一般具有以下的特点：一是具体化，专指在计算机网络环境中存在的信息；二是数字化，这类信息被计算机通过编码处理后，以0和1组成的特殊组合形式存储在计算机及相关设备中；三是网络化，即这类信息主要通过计算机网络来传输。

2. 信息与数据

数据（Data）是承载或记录信息的符号。根据承载或记录方式的不同，由组成数据的元素（符号）所形成的集合有些是有穷集，有些是无穷集。将集合中的元素按照一定的规则进行组合，便形成具体的数据。例如，在计算机中所有的数据都表示为由0和1组成的集合，计算机中所有存储的数据都是按照某一种规则（如ASCII编码）通过0和1的不同组合而形成的。

人们通过接收数据来接受信息，通过对数据形成规则的解读来理解和获取信息。对数据形成规则的掌握是接收者是否能够正确理解和获取信息的前提，只有当接收者掌握了数据的组成符号和规律，并知道每个符号或符号组成的具体含义后，便可以从指定的数据中获取特定的信息，即数据转化为信息。

---

① 洪昆辉：《再论信息的本质及特征》，载《云南行政学院学报》2002年第2期。

② 同上。

数据所承载的内容是信息，对于同一信息来说，根据生成数据的符号和规则的不同，其表示方法也不相同。例如，当民警从当事人或群众中调查某一具体案件时，可能是口述方式，也可能是文字记录方式，还可能是直接提供的案件经过的音频或视频资料，甚至是案件中当事人的画像或案件经过的场景描绘等。

3. 信息与情报

情报一词在我国源于军事，其后，情报一词的外延不断拓宽，目前已从军事逐渐扩展到政治、经济、文化、科学等诸多领域。信息与情报之间既有联系，又有区别。在狭义上，将从信息中分析、整理出来的带有机密、绝密和有很高价值的那一部分称之为情报。立足这一观点，从集合论的角度来看，情报应该属于信息的子集。在更宽泛的意义上，信息与情报在性质与特点上的不同点在于：情报基于信息，是被人们所利用、感受并可交流的信息，是为了解决一个特定问题所需要的知识，同时也是借助语言、符号在载体上传递的知识。有些信息，在一般人看来似乎没有什么价值，但情报人员则以独特的视角观察和分析，并借助相应的技术手段和方法，把所掌握的知识、经验和智慧融合在一起进行新的思维、探索、判断和创造，透过现象看本质，由表及里、由此及彼、去粗取精、去伪存真的反复推敲，进而形成一个飞跃或升华，从信息中获取有价值的内容，即从信息中获取情报。公安机关常说的情报是指公安情报人员对通过各种途径收集和获取的信息进行分析、研判、提炼、加工之后形成的对侦查破案、决策指挥、预警防范等具有更明确、更直观、更有价值的信息。

近年来，随着人们对信息社会概念的接受以及社会开放程度的加大，单纯的情报概念的使用范围正在逐步缩小，情报概念的外延正在拓宽。在公安实践中，更多情况下一般不再严格区分信息与情报，而是较为笼统地使用“公安情报信息”“治安情报信息”等术语。

（二）治安信息与治安情报信息

治安信息是反映社会治安及其治理过程中主客体矛盾运动状态或方式的各种情况、消息、资料以及对其分析、综合、提炼或研究的成果。治安信息的范围比较宽泛，甚至很难准确界定。这是因为，第一，社会治安具有广泛性、综合性，并且与社会运行具有普遍的关联性；第二，社会治安治理同样是一个极为宽泛的概念，其主体、对象、目标、依据等均极为多元。在广义上，可以说，凡与治安状况、治安工作、治安环境状况等一切与治安有联系的人、地、事、物各种情况都可以说是治安信息。在公安业务层面，治安信息往往分为基础性信息（其中又包括源头信息）和情报性信息①。

治安情报信息，简言之，是由公安机关通过各种途径获取的、直接应用于警务工作，或者服务于党委、政府的具有一定隐秘性的各类情报信息及其分析研判后的成果。治安情报信息来源于两个渠道，一是对一般信息的分析、加工，二是公安机关通过技术手段、秘密力量、日常办案、日常管理、社会调查、公开资料多种途径直接获取。就内容而言，可以包括有关违法犯罪活动、社会稳定、治安行政管理、公安机关自身管理及与公安工作相关的其他各类情报信息及其分析研判后的成果。

治安情报信息不仅可以直接应用于指导警务实战，也广泛运用于治安环境监测、预警提示、公安决策、组织管理，以及为党委、政府决策提供信息支持等。可见，强化治安信息收集研判工作，对公安工作具有牵一发而动全身的作用。事实上，在当今时代，无论是面对经济社会迅猛发展，人、财、物流动体量激增、频率加快的实体社会，还是信息化时代的高密度网络信息，公安工作已经须臾离不开蕴含于“大数据”的治安情报信息，警务工作理念和工作模式必须跟上时代，才能适应形势和任务发展变化的需要。近年来，公安机关致力于以情报信息为主导，从被动反应型的警务模式向主动先发型的警务模式转变，通过精确制导，不断提高预防、控制、打击违法犯罪的力度。然而，现实中仍然有一些地方出现对各类犯罪活动打不胜打、防不胜防，社会稳定苗头隐患后知后觉、局面控制不住，群众安全感不强等现象。究其原因，归根结底是公安机关的情报不够准、信息不够灵，在判断社会治安、社会稳定形势时找不出或找不准问题，就无法有针对性、预见性、有效性地解决问题，也无法对警务资源在时间和空间上进行科学合理的配置，充分发挥最佳的警务整体效能。应该说，当前公安民警的情报信息主导理念已经基

① 在有关文件及工作实务中，一般使用“情报信息”这一术语，从其对应的内容而言，其中既包括源头信息、其他基础性信息，又包括情报性信息。我们在本书后面的内容中，不去刻意区分治安信息、治安情报信息。不妨视为等值的概念。

本确立，但是由于种种主客观原因，存在的问题仍然较为突出。例如，仍然有一些民警把搜集、上报信息视为一种额外任务，情报信息滞后现象明显，事发后的情报信息比较多，事发前或事发中的情报信息比较少；公开的、表面的情报信息比较多，隐蔽的、深层次的情报信息比较少；工作性、动态性的情报信息比较多，分析性、前瞻性的情报信息比较少，谋略性、决策性的情报信息更少。全面深化公安工作改革，全面提升警务工作质效，必须把加强治安情报信息收集研判作为第一位的工作，精心打造串连打、防、控、堵环节的信息链，有效地引领警务工作方向，增强公安工作预见性、主动性和精确性。

治安信息的分类方法比较多。《公安派出所正规化建设规范》将派出所情报信息划分为六个方面：社会各界对国内外重大事件、热点问题的反应；可能引发群体性治安事件的线索；敌对组织、邪教、会道门以及其他非法组织的情况；预谋实施爆炸、杀人、抢劫、盗窃等犯罪活动的情况；因各类民事纠纷可能铤而走险、制造事端的危险人员情况；其他可能影响社会政治稳定和社会治安的情报信息。在工作实践中，根据公安部、省公安厅有关情报信息的报送规定，情报信息内容主要归纳为五个方面：一是危害国家安全和影响社会稳定方面的信息。包括境内外敌对势力、敌对分子的渗透破坏活动情况；“法轮功”等邪教组织、非法宗教活动情况；民族分裂组织、恐怖组织策划进行渗透、破坏或从事暴力犯罪活动情况；有民族矛盾引发的各类事件和问题；群体性事件的动态信息；其他社会矛盾纠纷。二是刑事案件方面信息。包括八大类案件信息；涉娼、涉毒、涉赌案件信息，盗窃、诈骗案件信息；经济案件信息；危害公共安全案件信息；阻碍公务案件信息；地方黑恶势力团伙和带黑社会性质的团伙犯罪案件信息；其他刑事案件信息。三是灾害事故（案件）和治安动态方面信息。包括交通、火灾、爆炸、中毒、群死群伤等各类安全事故信息；发生自然灾害、疫情以及发生后相关地区的社会治安动态信息；治安案件信息。四是公安工作与队伍建设方面信息。五是社情民意。包括社会各界对党委政府重大决策、国内外重大事件、社会热点问题的反应。

（三）治安信息的特点

治安信息除了与其他信息一样具有客观性、共享性、可扩散性、时效性等特点外，还有以下特点：一是内容的广泛性。治安信息具有综合性、社会化特点，它不局限于公安业务、敌社情，还涉及政治、经济、文化、宗教、社会思潮、思想动态等各个方面。其范围和类别极为宽泛。二是形式的多样性。治安信息的表现手法包括文字、图像、符号、音像、颜色等，其载体极为丰富。随着信息的电脑化、网络化普及渗透到公安工作的方方面面，传真、电脑、电子邮件、远距离传输、局域网的广泛使用，其表现形式更趋多样。三是交叉性。治安信息往往不是以同一形式直观、单一地独立表现出来，而是几种信息相互交织在一起，有的信息被某一信息所包容，有的信息具有潜在性或被其他信息所掩盖，如不注意发现、挖掘，往往被忽视。四是随机性。治安信息的随机性，主要是由治安信息的复杂性决定的，具体是指影响客观事物发展的必然性中表现出来的不确定性，即偶发性。从公安实际工作看，由于违法犯罪活动的发生、群体性事件的形成等都难以预测，具有很强的随机性，这就决定了公安机关和公安民警收集、掌握的治安信息，也具有很大的随机性，需要在警务工作中具有高度的责任心和敏感度才能很好地把握。五是时效性。治安信息具有很强的时效性，有的稍纵即逝，有的会发生变化，如果不及时收集、掌握就会随着时空的变化而消失或失去现实作用。治安信息的掌握是公安机关进行科学决策的前提和关键。因此，公安机关和社区民警必须坚持不懈地及时收集、了解治安信息，充分发挥社区信息的作用，提高工作效率。六是涉密性。公安工作的性质决定了治安信息有一定的秘密性。为了保证治安信息充分有效地利用，在对治安信息的收集、传输、处理、使用等各个环节中必须强调做好保密工作，以充分保证治安信息的自身价值和有效利用，更好地发挥其正常作用。

在公安信息化的背景下，治安信息具有以下几个特征：

1. 治安信息内容的社会化、综合化。治安信息既包括敌情动向、社会治安形势、刑事犯罪动态等纯粹的公安业务信息，也广泛涉及与公安工作相关的政治、经济、文化、宗教、社会思潮、思想动态等方面的情报信息。其中，敌对分子、违法犯罪人员和其他公安工作对象进行的危害国家安全、影响社会稳定的各类违法犯罪活动的情报信息，与公安机关内部管理各类情报信息（包括警力配置、警务动作、公安队伍建设、组织结构等），以及相关关联情报（与公安部门有密切联系的其他政府机关、单位如纪检、法院、安全、军事、工商、外贸、海关、税务等方面的情报资料)，三者相结合，形成多层次的、具有较强辐射力的情报体系。

2. 治安信息收集手段的多样化。除通过侦查手段、秘密力量、日常办案等传统途径获取情报外，更多的是通过公开资料、日常管理、社会调查、群众来信来访、互联网等途径获取情报；不但通过刑侦、经侦等部门专门的情报工作获取情报，而且还要依靠广大公安民警和人民群众，广泛开辟情报来源。

3. 治安信息管理的系统化。治安信息范围的扩大，对传统治安信息工作模式（情报工作分属于各不相同的业务部门管理，各自为政，条块分割）提出了挑战。公安机关对公安情报管理工作进行改革，成立专门的情报部门，建成了部、省、市三级联动的大情报网络，加大人力、物力、财力投入，对公安情报工作实行统一规范、高度集中、分工负责的管理模式，建立统一有序、高效运行、调控能力强的多层次、全方位的公安情报工作体系，以实现治安信息的共建共享和综合利用。

4. 治安信息工作功能的多元化。治安信息工作是公安机关履行其职能的重要保证，是完善各项公安工作的重要手段。它不但为侦查破案和预防、打击违法犯罪服务，有助于公安机关治安防控和打击犯罪能力的提高，而且还可以对治安环境起到监测作用和预警作用，同时它还是公安决策的基础和重要依据，是提高公安管理水平的重要手段。

（四）警务工作平台信息数据基本分类

“三分技术、七分管理、十二分数据”在信息化领域已成共识。公安信息化条件下，信息对于公安工作的地位越来越重要，已经成为业务工作、队伍管理、指挥决策的基础和条件。如果没有面广量大的信息，信息化建设就是无源之水，信息化应用就是空中楼阁。在信息化建设应用过程中，抓好数据“量质双升”，严格数据应用标准，充分挖掘数据潜能，使数据通过流程应用和研判应用上升为信息，是公安信息化实践的主要途径。“没有规矩不成方圆”，没有一套科学规范的信息分类标准，就无法实现公安信息的标准化和规范化。同时为了达到信息共享和交换，便于信息管理的目的，有必要对治安信息数据进行合理的分类。

由于分类标准及依据不同，分类角度及口径不同，目前的警务工作平台中，信息数据的分类并不统一。例如，有的地区警务综合平台将情报线索信息为：工作类信息，包括领导活动、专项行动、社情民意、创新举措等；治安类信息，包括刑事、治安、经侦、毒品类等；事故类信息；研判类信息；互联网类信息；维稳类信息；线索类信息。我们这里简要介绍按业务性质及按照治安工作要素的信息数据分类。

1. 按业务性质分类

（1）治安管理类，主要包括常住人口信息、暂住人口信息、工作对象信息、旅馆业住宿登记信息、出租房屋信息、治安案件信息、公用民用枪支信息、特种行业信息等。

（2）刑侦管理类，主要包括刑事案件信息、违法犯罪人信息、刑事犯罪综合信息、指纹信息等。

（3）涉外管理类，主要包括全国边防检查信息、港澳台居民往来内地通行证信息、全国护照信息、全国签证信息、临时来华住宿登记信息、其他各类证件信息等。

（4）监管类，主要包括看守关押人员信息、治安拘留人员信息、收容教育人员信息、强制戒毒人员信息等。

（5）交通管理类，主要包括驾驶员档案信息、机动车档案信息、驾驶员/机动车档案、道路交通违章信息、道路交通事故记录信息、全国进口机动车档案信息、全国机动车目录代码信息等。

（6）办公管理类，主要包括公安各类统计信息、全国公安要情信息、全国公安地理信息、全国公安多媒体信息等。

（7）CCIC 数据，主要包括在逃人员信息、失踪人员信息、无名尸体信息、被盗抢机动车信息、被盗抢枪弹信息、犯罪嫌疑人员信息、禁毒、经济犯罪、国内安全保卫和消防等其他公安业务信息等。

2. 按要素分类

为实现各类信息的全面关联整合，不少警务工作平台数据库是按照“人、案、物品、机构、地址、警情”六要素来进行分类。

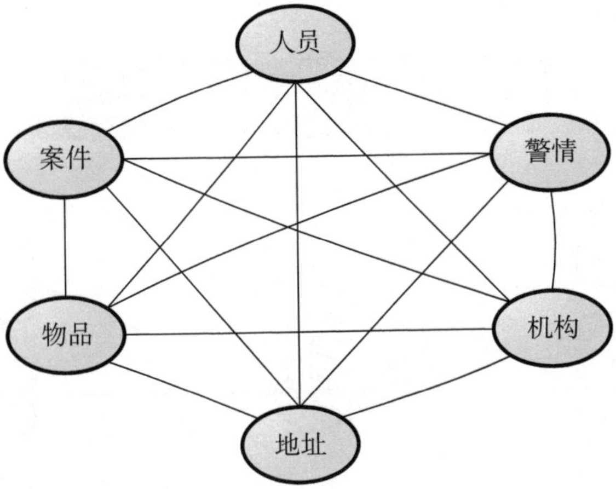
人员
案件
警情
物品
机构
地址

(1) 人口数据

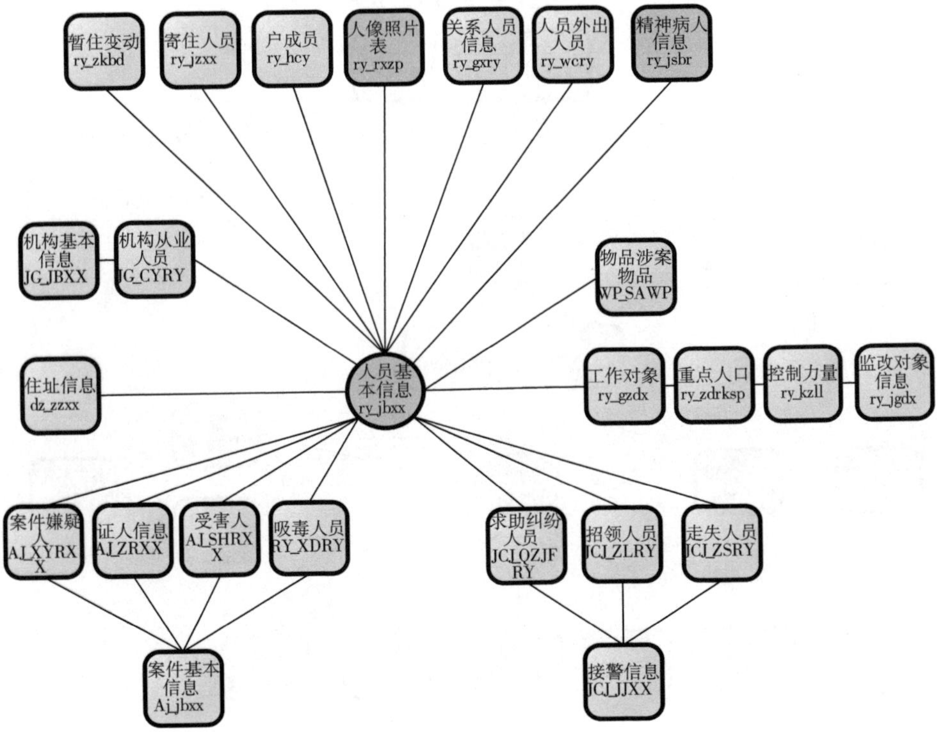
暂住变动
ry_zkbd
寄住人员
ry_jzxx
户成员
ry_hcy
人像照片表
ry_rxzp
关系人员信息
ry_gxry
人员外出人员
ry_wcry
精神病人信息
ry_jsbr
机构基本信息
JG_JBXX
机构从业人员
JG_CYRY
物品涉案物品
WP_SAWP
住址信息
dz_zzxx
人员基本信息
ry_jbxx
工作对象
ry_gzdx
重点人口
ry_zdrksp
控制力量
ry_kzll
监改对象信息
ry_jgdx
案件嫌疑人
AJ_XYRXX
证人信息
AJ_ZRXX
受害人
AJ_SHRXX
吸毒人员
RY_XDRY
求助纠纷人员
JCJ_QZJFRY
招领人员
JCJ_ZLRY
走失人员
JCJ_ZSRY
案件基本信息
Aj_jbxx
接警信息
JCJ_JJXX

(2) 案(事)件数据

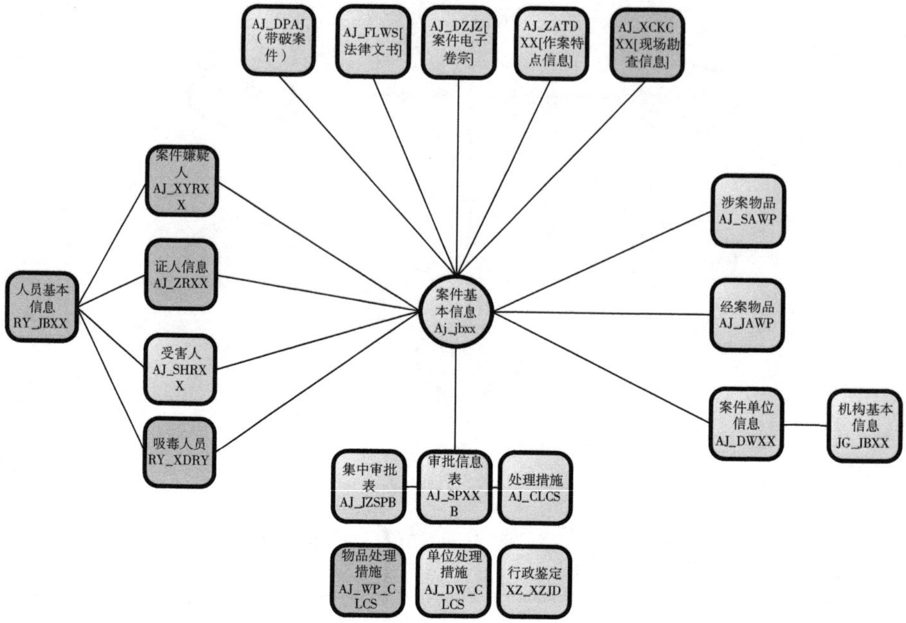

(3) 地址数据

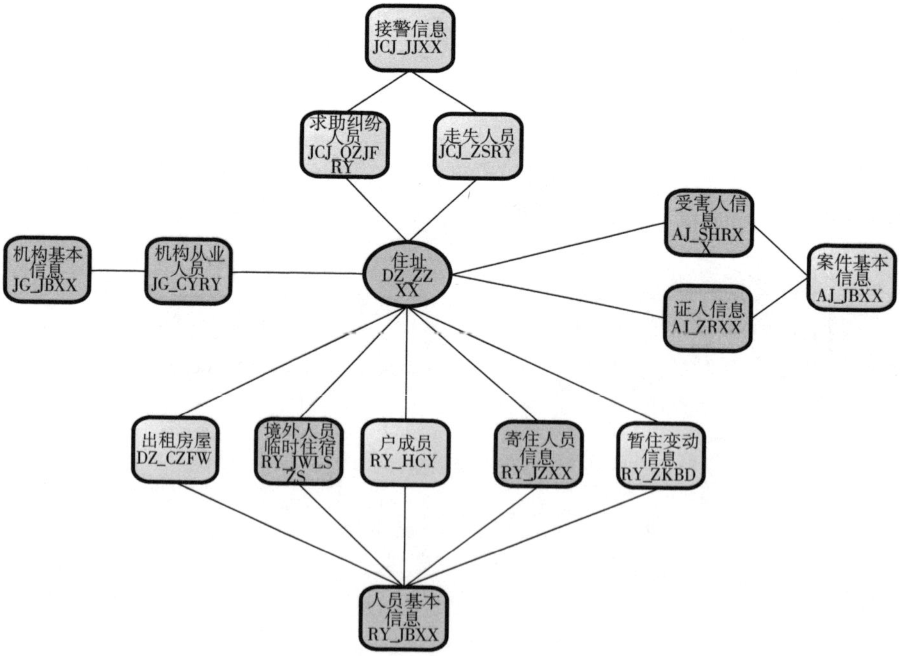

（4）警情数据

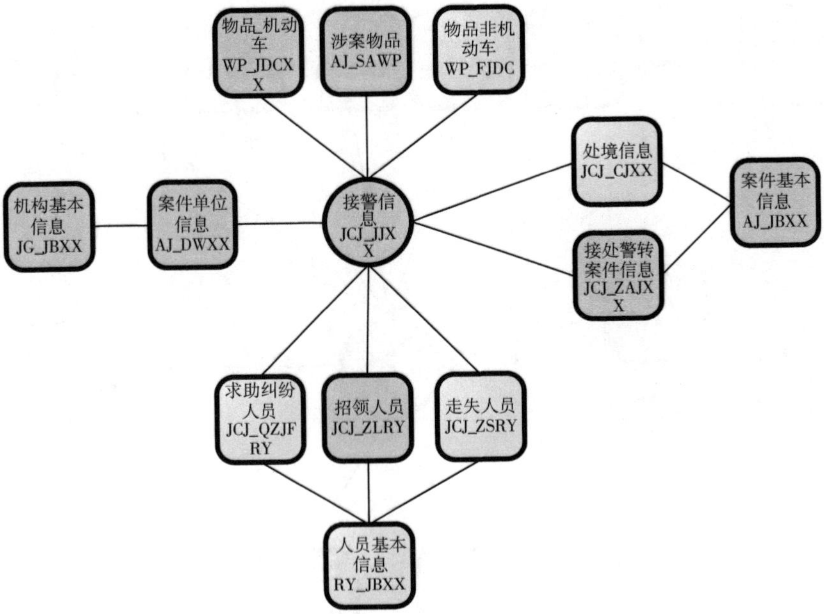
物品_机动车
WP_JDCXX
涉案物品
AJ_SAWP
物品非机动车
WP_FJDC
处境信息
JCJ_CJXX
案件基本信息
AJ_JBXX
机构基本信息
JG_JBXX
案件单位信息
AJ_DWXX
接警信息
JCJ_JJXX
接处警转案件信息
JCJ_ZAJXX
求助纠纷人员
JCJ_QZJFRY
招领人员
JCJ_ZLRY
走失人员
JCJ_ZSRY
人员基本信息
RY_JBXX

（5）单位数据

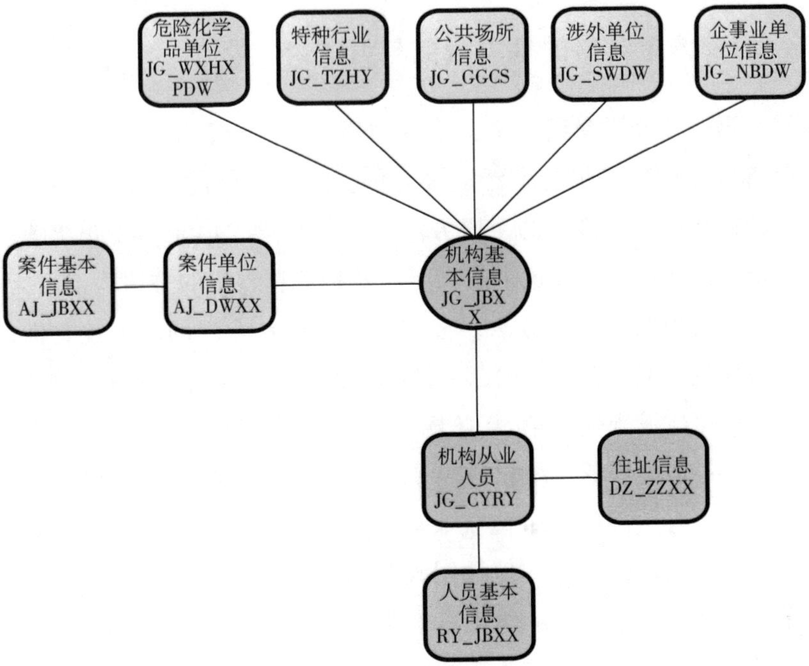
危险化学品单位
JG_WXHXPDW
特种行业信息
JG_TZHY
公共场所信息
JG_GGCS
涉外单位信息
JG_SWDW
企事业单位信息
JG_NBDW
案件基本信息
AJ_JBXX
案件单位信息
AJ_DWXX
机构基本信息
JG_JBXX
机构从业人员
JG_CYRY
住址信息
DZ_ZZXX
人员基本信息
RY_JBXX

（6）物品数据

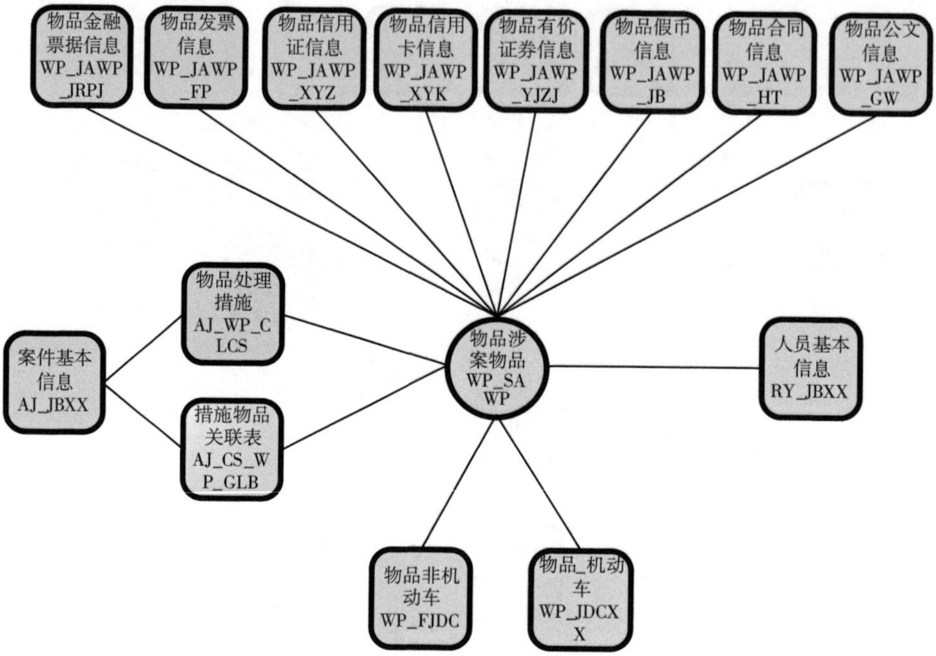

二、治安信息收集的基本渠道与方法

从我们第一部分所介绍的治安信息的概念及特点，不难判断，治安信息收集的渠道与方法也是极为宽泛、多元的。既有专门的渠道与专业的方法，更有广泛的社会渠道与多样的手段方法。我们在第二单元将要介绍的治安调查、入户走访，在信息工作这个意义上，就是信息收集的方法。正因为如此，关于治安信息收集的渠道与方法，官方并没有出台专门的规范性文件，更没有强制性的规定。但是在一些内部文件中，也有一些指导性意见。例如，《公安派出所正规化建设规范》第50条规定，公安派出所民警一般通过下列方式收集情报信息：通过广泛接触群众特别是治安积极分子获取情报信息；通过走访基层组织、有关部门和单位获取情报信息；通过治安耳目、信息员提供情报信息；通过人口调查、阵地控制收集情报信息；通过教育、管理、监控工作对象发现情报信息；通过处理各类案件、事件获得情报信息。

现实工作中，公安机关结合日常业务工作，往往采取正面与侧面相结合，公开与秘密相结合、主动与被动相结合、直接与间接相结合，专门工作与依靠群众相结合、广泛部署与重点攻坚相结合，打进去与拉出来相结合以及观察、检查、调查、勘查、搜查、走访、询问、讯问、监视、跟踪等多种方式和手段收集情报信息。我们可以大体归纳为以下几个方面：

1. 通过日常的治安管理工作收集。主要通过人口管理、公共场所管理、特种行业管理、危险物品管理等工作收集。

2. 通过查处各类案件收集。在承办治安案件、刑事案件过程中收集情报信息。

3. 通过信息员收集。派出所根据需要，在辖区单位、公共场所、居民小区、社区服务等管理、保卫、服务人员中建立信息员，利用他们特定的身份条件、公开管理与服务手段收集。

4. 通过建立使用治安秘密力量收集。

5. 通过安全防范工作收集。主要通过组织群防群治、创建安全文明社区与无毒社区等工作收集。

6. 通过为民服务工作收集。主要通过为群众调解纠纷、帮难救急、抢险救灾等工作收集。

7. 通过单位内部保卫工作收集。

8. 通过媒体、互联网收集。主要通过报纸、杂志、电台、电视、国际互联网、公安局域网、政府局域网等途径收集。

9. 通过技术设施、技术手段获取。

治安信息的社会化采集是近年来各级公安机关普遍推行的做法。社会化信息采集，一是依托场所行业治安管理信息系统，及时获取进入场所行业的顾客、旅馆相关信息；二是与有关行业的数据交换；三是流动人口社会化信息采集，即全面加强用工单位、建筑工地、出租屋房主等信息采集责任，按照“谁用工留宿、谁采集输入”的原则，将流动人口信息采集录入工作直接分解到用工留宿的单位和社区，提高信息采集录入率和鲜活准确性。同时，鼓励引导行业协会、中介机构、社会组织等参与流动人口信息社会化采集工作，积极探索培育房屋出租户、中介机构、洗浴场所等通过网络、短信、电话申报等形式传输流动人口信息。

同时，近年来，一些地区在实践探索的基础上，针对门牌、流动人口等，编制形成了部分治安信息的标准化采集渠道、方法。

三、如何提升治安情报信息收集的能力与水平

毋庸置疑，公安信息化背景下，“大数据”“云计算”对于治安情报信息收集的能力与水平提出了新的更高的要求。为此，治安情报信息收集首先必须有专门的机构和队伍，承担情报信息工作的管理、规划、汇总、研判、运用、反馈等工作，实现情报信息工作统一规划、分类管理、互通共享。目前，各地公安机关普遍的做法是，按照公密结合、专群结合、内外结合的要求，以专业警种部门和派出所为主体，以秘密力量为支撑，以信息员为补充，建立健全覆盖全面、布局合理、触角灵敏、反应快捷的情报信息收集网络。在此基础上，侧重强化“三项采集”，即：第一，全警采集。鉴于采集和传递情报信息是建立情报信息系统的基本工作，各警种、各部门都要结合本职工作采集各类情报信息和情报资料，每名民警均应承担情报信息采集任务；第二，全方位采集。凡是在有效时限内涉及国家安全、政治稳定、治安情况、社情民意等方面的情报信息均应采集。要扩大信息来源渠道，广泛搜集情报信息；第三，分类采集。要根据情报信息的应用目的、采集手段、本质属性等特征对情报信息进行统一归类，各基层单位、业务部门主要负责线索类情报信息的采集、传递，加强实战性信息的专业分析，侧重为侦查破案和现实斗争服务；专门综合情报信息机构主要对情报信息进行综合分析，负责资料类情报和预测类情报的处理工作，侧重为领导决策服务。要加强对全体民警的情报意识教育，形成全警收集、主动收集情报信息的格局。要强化建情意识和用情能力，按照织网、选点、拔尖的要求，突出重点群体、重点人员、重点事件、重点舆情和新领域、新阵地、新目标，扎实推进秘密力量和信息员建设，努力提高获取深层次、预警性、内幕性情报信息的水平。

为便于大家学习领会如何提升治安情报信息收集的能力与水平，我们这里介绍一些地区的总结提炼：

（一）信息采集工作“六点要诀”①

1. 树意识，重结合。任何信息的采集，无不来源于日常的警务工作。例

① 来自公安内网，江苏省徐州市局经验总结。

如：人口管理和治安管理信息系统中的各项内容，需要社区民警下社区开展基础工作，以采集相关的信息；执法办案信息系统的正常运行，依赖于接处警、受理立案、破案、裁决和执行等过程中的信息采集。由此可见，信息采集不是一项独立的工作，广大民警要树立正确的信息采集意识，必须立足于日常警务活动，将两者紧密结合起来，及时关注和采集日常警务活动中的信息“点”，这也是做好信息采集工作的重要基础。工作中发现个别信息系统中的子项目信息内容缺失，原因就在于民警的信息采集意识淡薄，没有把正常的警务活动与信息采集紧密结合起来，导致此项信息的流失。

2. 多操作，细准备。信息采集前，应当做一定的准备工作，特别是对于日常警务活动不是非常熟悉的民警，要事前进入信息应用系统内进行录入、查询等操作，或者观察其他民警信息采集、录入的情况，进一步明晰信息采集的项目、内容、规范及要求。在当前缺乏移动终端设备的客观条件下，社区民警下社区可以下载系统内设计的固定表格，或自行设计简易、方便的信息采集表，便于及时填写，同时作好采集计划，准备好纸、笔、数码照相机等必备的采集工具。

3. 明目的，取价值。一般涉及警务活动或反映工作对象特征性质的文本、图片、其他描述都可以称作信息，但这里我们所要采集的信息，特指那些符合系统设计要求、有价值的信息资料。所以，采集的目的性一定要明确。例如：在治安管理信息系统——单位场所——外观及内部结构图片信息采集中，少数民警使用数码照相设备对准某旅社的灯箱进行采集，这明显是无价值的信息。稍做分析：采集幼儿园、网吧、旅社等外观及内部结构图片信息，目的是一旦该场所内发生火灾、劫持人质等突发案事件，可以通过事前采集的信息资料，采取有针对性的措施，故此类信息应尽量反映或描述场所的外部面貌、门窗位置和房间结构等具体情况。

4. 知特性，巧关联。信息的一大基本特性是：可以在系统内关联、分流，实现共享，避免了人力、物力的低水平反复投入。例如：社区民警在基础工作中发现某人经济状况可疑，可以在人口管理信息系统特定人群信息的“违法犯罪事实或可疑依据”项目中，对可能参与盗窃的可疑状态进行描述。其他民警在侦办案件中，通过键入关键字查询，上面民警所采集的信息就会自动关联显示，便可以积极为破案提供线索。此外，在人口管理信息系统——高危人群信息采集中，可以针对一些有违法犯罪嫌疑、但无证据证明的特定人员，将相关嫌疑内容采集并录入系统，当串并案件时，就可以通过信息关联将其纳入视线。

5. 善总结，讲成效。信息采集还要讲究成本，重复采集不仅消耗民警的时间和精力，还占用了系统资源，得不偿失。所以在警务活动中，注意一次性采集完毕，尽量保证信息的完整和及时，杜绝重复劳动。例如：人口管理信息系统——高危人员的信息采集中，少数民警采集录入了姓名，但容易忽视对其别名、绰号、身份证号的采集，其他民警查询嫌疑人员违法犯罪经历时，会因同名同姓的情况而无法确定身份，导致需要重新核实、再次采集录入，无形中增加了办案及信息采集的成本。

6. 查变动，保鲜活。过时、陈旧、已变动的信息毫无应用价值，甚至会误导研判和工作的方向。所以，查找相关变动、保持系统内信息的鲜活，应当是信息采集中最为重要的环节之一。对于一线民警而言，实有人口、暂住人口、工作对象、场所经营业主和务工人员、部分地理或建筑物等相关信息，最容易发生全部或部分项目变动，需要及时发现和更改。及时查知信息项变动的方法有：针对不同类信息的特征与性质，合理进行安排，调整好调查、采集和录入的工作频率，保证工作的针对性、日常性和长期性；充分调动各类社会资源，物色楼（院）长、社会治安积极分子等调查力量，协助民警搞好信息采集工作。

（二）“八要”工作法推进基础信息采集工作①

基层基础信息采集是公安信息化建设的根本和核心。ZC 派出所紧密结合工作实际，善用“八要”工作法，做实、做细、做强基层基础信息采集工作，取得了明显成效。

一要时刻牢记“恒”字。现代公安工作要适应社会发展的新形势、应对和解决产生的新问题，基础信息采集工作必须切实加强并长期坚持。而信息采集工作又是一项比较单调、历时长且较难出成绩的工作。时间久了，民警难免会产生厌烦情绪。因此，要做好基础信息采集工作，必须克服厌倦情绪，着眼长远，持之以恒。要进一步树立和增强做好基础信息采集工作的自觉性和责任心，乐于在基层工作、甘于做基础工作。在入户采集信息时，经常会

① 来自公安内网。

碰到群众不在家或者相关信息暂时提供不上来的情况，这就需要采取多次上门的办法，不怕麻烦，不厌其烦，群众被我们民警的执着感动，也会主动地配合工作。只有这样我们才能够真正地把信息采集工作做真、做深、做活。

二要不懈充实“学”字。派出所基础信息采集工作在不同的时期有不同的内容，辖区的情况也是随着时空的变化而不断变化的。作为基层民警，要想做好基础信息采集工作，必须不断自我充电，汲取和更新知识。要以“苦练基本功”为抓手，坚持自学，积极参加相关培训，长期开展“大练兵”，不断提升自身综合素质和做好信息采集工作的能力与水平。这既是信息采集工作的一项重要内容，更是做好信息采集工作的关键。学习相关业务知识，学习好的经验与做法，学习先进典型，并将学习到的理论知识和借鉴来的经验本地化、具体化。先强内功，再去做信息采集工作，就会得心应手，游刃有余。

三要日日践行“勤”字。情报信息主导警务，已成为新形势下做好公安工作的必然要求。“基础工作信息化，信息工作基础化”不再是空洞的口号，而是通过大量具体的工作来充实、来体现的。其成果如何，也是可以直接被实践检验的。从“完整、准确、鲜活”的信息质量要求，决定了要想做好信息采集工作，必须“勤”字当先，切实做到“六勤一活”，即勤学、勤跑、勤问、勤记、勤看、勤思，活用。基础工作其实就是民警对辖区情况的调查摸底过程，这个过程是和人民群众面对面的接触。需要民警养成经常进入辖区的习惯，这就需要人“勤”。要腿勤，勤跑；口勤，勤问；手勤，勤记；脑勤，勤思。全面、深入、细致地收集敌、社、政三情信息。回所后，及时地登记、整理、归档，注重平时积累，做到兼收并蓄，厚积薄发，灵活运用，这样在遇到实际问题时就能够运筹于帷幄之中，决胜于千里之外。

四要处处体现“诚”字。专门工作与群众路线相结合是公安工作的一项根本原则，做好公安工作必须紧紧依靠群众，信息采集工作也是如此。基础信息采集工作的一项重要内容是把可能影响社会稳定的人、地、物、事等信息收集起来，并实现资源共享。在这些要素当中，出发点和落脚点都在“人”这个核心要素上，离开了群众的支持，做好基础信息采集工作根本无从谈起。因此，我们开展基础信息采集工作时必须为民、亲民、爱民。在理清自己要做的工作时，还要学会换位思考，想想此时群众需要我们帮他做些什么，我们能做些什么。譬如可以结合入户调查工作开展送证上门活动，在信息采集时可以就户口等问题为群众解难释疑等等。通过这些途径，以“诚信”为着力点，密切警民关系，增进警民情谊，为基础信息采集工作的顺利开展创造良好的群众基础。总之，我们要做好基础信息采集工作，就必须将为民服务的根本宗旨贯穿始终。只有这样，才能真正在深入下去的同时把信息采集工作活跃起来。

五要努力追求“细”字。过程造就精品。没有细密的过程，就不会有理想的结果。做好基础信息采集工作，我们就要对辖区内相关信息纵向到底、横向到边地收集，我们对任何信息都要做到：勿以其即时有用而取之，勿以其当时无用而弃之。要学会做“小”事，哪怕是一丁点的蛛丝马迹，我们都要看在眼里、记在心上，并加以思索，剥茧抽丝，由静态的现象预见其动态的发展变化趋势，由此做出相应的准备和防范工作，实现基础信息采集工作由静态管理向动态掌控的转变，增强为公安现实斗争和社会管理服务的能力。目前，信息采集的范围不局限于本地户籍的常住居民，而是扩展为“在辖区的实有人口”，包括常住人口、流动人口、暂住人口、其他务工人员等，做到以房定人，深入每家每户、每个场所，全面细致、一个不落地采集各类人口和人员信息，分类登记，录入相应的信息系统。这样，我们才能最大限度地压缩违法犯罪的空间，最大限度地减少违法犯罪的机会，使基础信息采集工作发挥其实战效益。

六要紧紧扣住“新”字。相对的静止，绝对的运动。基础信息采集工作价值在于“鲜活”。做基础信息采集工作，我们不可能一蹴而就，坐享其成。无论任何时候，我们都要将自己当作一只“缺口杯”，既能装住原有的，又能容纳新生的，且永不自满。在深入辖区时，不仅要掌握新产生的“人、地、物、事”的相关信息，还要对曾经了解和掌握的相关信息进行核实和修改，保证信息的“新”。信息不及时更新就减少了应用的价值，也就失去了警务平台信息资源共享的真正意义，很可能就错过了打击违法犯罪的最佳时机。只有确保信息的“新鲜度”，我们所做的大量的工作才能有效服务于实战。如若不然，很可能因此误导我们的工作，走不必要的弯路。

七要灵活运用“联”字。基础信息采集工作，就内容而言，与过去我们所做的业务工作有许多关联之处。在当前基层警力不足，保障困窘的情况下，责任区民警不可能天天泡在基础信息采集工作这个专项工作里。因此，要想做好基础信息采集工作，我们必须将其融入其他工作当中，把基础信息采集工作和其他工作有机结合，以基础信息采集工作促进相关工作，从其他工作当中不断完善基础信息采集工作，把在其他工作中积累的好的经验与方法灵活运用到基础信息采集工作当中，使基础信息采集工作与相关工作互相促进，相得益彰，共同进步。对公安工作来说，所有信息都应进行采集，信息怕少不怕多，信息化建设先进地市的成功经验告诉我们，不论哪方面信息都有它的价值，也许若干天或若干年后，一条不起眼的信息发挥了重要作用。所以，我们要把目光放的远一些，不能拘于现状。

八要全面落实“整”字。整合社会资源，拓宽源头信息的采集渠道。源头信息的广泛性特点要求公安机关不能仅依靠入户调查走访等传统的信息采集方式开展工作，必须正视公安机关当前警力相对不足，短期难以全面更新各类信息的问题，结合公安工作对各类信息的需求状况，公安机关应积极整合当地政府部门、基层社区、企业单位、金融机构等各方面社会资源，主动联系劳动、税务、工商、电信、医疗、银行、证券公司等与群众日常生活密切相关的部门和单位，共享信息资源，形成信息采集和应用合力，把各种社会源头性、基础性信息筛选转化为服务公安实战的信息数据。

（三）加强“五知”“五会”基本功训练提高民警收集情报信息的能力①

1. “五知”。一是知情报信息概念。凡是在维护社会政治治安稳定和国家安全工作中获取的、能够反映当前形势、工作动向和动态的各种情况、消息、资料以及对其分析、判断、综合、提炼或研究的成果，都称之为“情报信息”。情报信息具有传递性、价值性、预测性、预警性、内幕性、实战性等特征。二是知情报信息的表现形式。情报信息有动向性（动态性），有资料性（静态性）的，有背景性的，工作中最基本、最常见、最实用的是动态性情报信息，其大多以语言、文字形式表现，但相关的数据、符号、信号、图像、图表等也同样是其表现形式。只要符合情报信息概念及特征的文字、音像、实物等、能够为我所用，无论其以什么形式表现出来，都要搜集、收集或采集。三是知情报信息的工作任务。情报信息工作是一项系统工程，包括搜（收）集、加工、通报、积累、反馈、指导等具体任务，最基本的任务是搜集收集、甄别鉴定、分析研究，得出符合客观事实的结论和符合客观规律的预

---

① 来自公安内网。

测。四是知情报信息的范围。从广义和最高要求来讲，公安情报信息的范围要能够覆盖整个社会各个领域，不能留下漏洞和空白点（涉及经济、科技、军事领域的除外），当前情报信息的重点范围是：有可能影响社会政治安定和治安大局平稳的各种不安定因素、群体性事件、、突发性事件，对国家重要事件的社会反应以及媒体、网络等舆情动向。五是知情报信息的要求。情报信息必须及时、具体、准确、实用、安全。对影响、危害稳定和国家安全的新情况、新问题、新动向和新线索，必须及时发现，及时掌握，及时处理，及时报告；经过处理上报和通报的情报信息必须客观真实，准确可靠，能够为领导决策和部署工作提供正确的依据。

2. “五会”。一是会观察。俗话说，“言之无意，听者有心”，基层民警要学会做一个维稳工作的有心人，努力做到“眼观六路，耳听八方”，既要有敏锐的直观感觉，又要有明察秋毫的洞察力。大量的信息存在于社会生活的各个层面，散落于大街小巷的各个角落，任何事物（事件）的发生总要有一些苗头或动向，总是离不开其特定的时间、人物、空间、环境。民警在广泛接触社会的活动中，始终保持高度的政治敏锐性，树立强烈的情报信息意识，充分发挥自身特长和优势，善于利用各种机会、条件、方式、方法，观察并捕捉一切与社会、政治、治安有关的苗头、线索、迹象，凡是能为公安工作服务、为党委和政府中心工作和决策服务、为相关部门的工作服务的，都务必细心观察、精心收集。二是会调查。收集情报信息仅靠观察是不够的，民警不仅要在思想上时刻绷紧情报信息这根弦，还要学会深入细致地调查。善于从各种蛛丝马迹中发现可疑情况，顺线跟踪，追根求源；要通过信息员、联络员、目击者、知情者、参与者、涉及者等渠道和专业秘密力量等，按照情报信息的时间、地点、人员、组织、背景、原因、过程、结果等要素要求展开调查，力求情报信息的客观准确；同时，还要积极拓宽调查渠道，围绕各项中心工作和情报信息搜集范围开展专项调查、调研，以求情报信息的完整性、系统性。三是会研判。具体来说，就是民警要学会从采集到的大量原始性、零散性、表象性的信息中找出带有规律性、普遍性、倾向性的问题，通过有针对性地分析、研究、综合，实现由直观类信息向综合分析类信息的转变，从滞后性信息向超前性、预警性、前瞻性信息的转变，从泛泛的反馈型信息向决策参谋型信息的转变，充分发挥情报信息的预警、先导、服务职能作用。四是会思考。民警要针对情报信息和情报信息工作培养正确的思考方法，养成思考的习惯。民警对收集到的情报信息一定要善于思考，要用全面的、联系的、辨证的、发展的观点对待，由此及彼，由表及里，去伪存真，去粗取精，努力思考得多一些、深一些；对不同时期、不同领域、不同层面的情报信息工作要善于总结，能够透过现象抓本质，系统思考找规律。通过思考，更加准确地把握问题的普遍性、特殊性，不断提高情报信息的“爬高钻深”能力。五是会上报。对收集到的情报信息要整理形成文字、音像、实物等形式的情报信息素材，安全及时地传送和报送上级或相关部门。录入、上报情报信息既要注重真实性、准确性，又要注重完整性、系统性，更要注重及时性、实效性；对重要情报信息一时搞不清的，要边报告、边核实，注意跟踪调查，连续上报，及时追述，补充报告；上报要把握“文字表达客观准确、叙述事实言简意赅、反映观点明确具体”的总体要求，力求实现情报信息主导决策、引领实战的总体目标。

四、治安信息的处理与应用

（一）治安信息的整理

即对所收集的信息进行校验、鉴别、剔除、补充、浓缩 ，使信息更加清晰、准确，并转换成便于观察、传输、分析的文字、图片、声像形式。

1. 治安信息的选择。是指在社区治安信息处理中，为了满足使用的要求，从大量的信息中选择出所需要的信息，同时排除多余信息的过程。通过选择，可以排除无用、虚假信息的干扰，为有用信息的正常使用创造更好的条件。

2. 把信息的原始形式变换成便于加工处理的形式 ，如制作成文字材料、图片或录入计算机。

3. 进行校验、鉴别，剔除，去伪存真、去粗取精，提高信息质量。

4. 按照一定的要求进行分析、研究、计算、对比，将不同层次、不同渠道、不同地区、单位、场所的信息按性质、类型、作用等加以合并与归纳。

5. 进行分类、统计、编码。

6. 进行综合固定，将经过加工处理后的有价值信息以一定的规范化的形式固定下来，如文字描述、制作卡片、填写统计报表、绘制图表、存入磁盘、录人光盘等。

（二）治安信息的录入

各级、各部门、各警种所有民警必须将工作中获取的情报信息全部录入警务平台。民警采集信息的录入，一要制定标准化数据字典。明确情报信息时间、地点、分类等的项目属性及必填项，特别是要针对文本信息与数据信息智能比对，制定人、车、物基本属性的数据项；二要根据智能化界面提示录入。录入信息时，可智能或人工检索系统内相同信息，从源头减少垃圾信息的产生；涉及人、车、物的可从相关系统中自动提取有关数据项，减少工作量和差错率。

（三）治安信息的应用

治安信息的采集、传递报送、评估的根本目的是为了充分利用情报信息，发挥情报信息的支撑作用，挖掘潜在价值，为公安工作服务。基于情报信息管理的整个业务流程，在各个环节可以结合业务，利用工具开展多样化的应用。

1. 分析研判。综合运用系统内各类情报信息资源为基础，整合使用情报信息分析方法和工具，提供面向各警种信息研判工作手段和模型，通过数字、图表等多种形式，直观显示分析研判成果。包括若干专题研判。

2. 智能比对。通过智能比对工具，指定数据进行碰撞比对，从中发现匹配数据并进行直观展示。如利用情报信息文本数据中人、车、物属性数据与相关公安业务系统、社会信息系统数据进行比对，发现相关活动轨迹、现实状态；将有关人员与情报信息文本数据进行比对，发现掌握其活动情况。

3. 预警防范。

（1）自动预警。一是根据一个时期的维稳工作重点设置预警主题词，凡是入库的情报信息中含有预警主题词的，即进行自动预警提示。二是从录入数据字典中选择或自定义敏感主题词，按敏感主题词自动对入库情报信息进行全文检索和分拣归类，直观展现敏感主题词出现的频率并排序，对高频出现的敏感主题词进行自动预警提示。

（2）人工分析。提供通过人工对自动预警信息时间、空间等情况进行详细分析的工具，关联发现倾向性苗头。

（3）预警发布。建设统一发布预警信息的功能模块，具备按预警等级发布、签收、督办、反馈等功能，并对预警信息发挥作用情况进行统计分析和评估。

4. 重点人员管控。与重点人员库紧密关联，综合分析发现具有重大现实危害的重点人员，通过比对及时掌握重点人员的现实活动情况和活动轨迹，及时发布管控工作指令，督促责任单位落实管控工作责任，实现对重点人员的动态管控。

（四）治安信息的编报

1. 标题醒目

情报信息标题是信息内容的提炼，要醒目、贴近主题。如“××村50村民欲上访省政府”“××桥发生一起抢劫案”“××村一房屋被焚”等，而不能用“不稳定因素”“情况信息”“火情信息”“信息一则”等作为标题。

2. 时效性强

上报的信息时效性要遵照上级规定。根据公安部规定重大信息1小时内上报，不能平台上报者，应先口头先报，然后以最快的速度通过平台上报（指挥室以平台报送的信息为依据）。不得迟报，严禁漏报。对退回的信息要按照退回的意见，抓紧时间重新查核编辑报送。为了便于指挥室核查信息有关内容，请各单位在警务综合平台“联系电话栏”填写信息采集人的手机号码。一般信息24小时内上报。

3. 事由具体

对事情产生的原因要叙述清楚，不能将道听途说而得或者未经核实的信息上报，特别是群体性事件，一定要弄清事件的规模。如：“涉及多少人”“涉及多少钱”“涉及多少地”以及事件的起因、发展的过程等。

4. 数字准确

在上报信息中所涉及的数据一定要准确有据，不得猜测或者凭空想象，如案值、年龄、损失等。

5. 人员清楚

信息中所涉及的人一定要注明姓名、性别、年龄、家庭住址、工作单位

（犯罪嫌疑人要注明户籍地和暂住地）等自然情况，对于群体性事件所涉及的人员要注明领头人的自然情况。

6. 措施明确

对一些重大信息要写明已采取和准备采取的工作措施。

7. 分类适当

要根据情报信息的分类方法，分别对应上报。如“发案信息”“破案信息”“稳定信息”“灾害事故”“治安动态”“社情反映”“互联网信息”“工作动态”“110 动态”“队伍建设”“其他信息”，在录入时不仅根据信息的内容选择相应的分类，而且要根据相应的分类到具体的根目录类。

8. 上报规范

民警采集的原始信息，上报单位的领导要认真审核把关，不仅要审核信息标题是否贴切，内容是否符合“七何”要素，还要审核信息的来源是否可靠。对重大信息一定要核查清楚。单位领导要及时审核、签发上报，单位领导如不签发上报将导致指挥室无法签收、上报，因此必须严禁。对一些重大信息要做好跟踪续报。

第二部分　参考范例

范例 1.1：社区警务管理系统提升警务工作效能

按照公安部和省厅关于基础工作信息化、信息工作基础化的要求，YZ 市公安局将社区警务与信息警务结合起来，依托警务信息综合应用平台，针对全市经济社会发展快、辖区基础信息变化大、新警加入多，少数民警对辖区道路不熟悉、对人员情况不掌握等问题，市局经过调研论证，选择某派出所试点推行农村警务图表工作法，组织民警进村入户绘图制表，将辖区道路、河流、房屋和居民基本情况等在图上一一标注，直观反映辖区情况。在此基础上，配套开发了社区警务管理系统，将所有图表制成电子地图输入系统管理，与各类基础信息自动关联，初步实现警务工作数字化、基础信息可视化、人口管理精确化。该系统具备电子地图、快速导航、一查到位、发案预警等多种实战功能。一是基础信息快速检索。通过快速导航功能，只需依次点击要选择的镇村组，就可迅速进入该村组平面图，直接查找户主及家庭成员情况、房屋结构及照片等信息；通过一查到位功能，只需在检索栏目输入关键字，即可查询人员、单位、场所、警务室等信息，并直接定位所在村、组、房屋的具体位置，切实方便民警工作。同时，系统与二代身份证、在逃人员、警务信息综合应用系统对接，输入的数据均进行自动比对，进一步提高了信息采集准确率、高危人员管控率和违法犯罪人员发现率。二是人口分级管理图上标注。分别将党员干部、高危人群、治安信息员、暂住人口、特殊人群在电子地图上标注为红、黄、蓝、绿、橙五色，只需打开村组地图，即可了解五类人员的分布情况，便于社区民警及时掌握人员底数，有针对性地组织开展警务工作。三是发案预警图上发布。指挥中心对每日警情进行研判分析，确定各派出所辖区警情等级，并及时录入系统发布四色预警指令，社区民警每天上班一打开系统即可了解辖区及周边治安情况，有针对性地落实防控措施。

范例 1.2：治安信息编报范例 4 则

1. 某街道“皇家浴都”疑似卖淫窝点

2014 年 11 月，陆续有群众通过 12345 政府服务热线、信访投诉等渠道向我局反映：位于某街道某商业街的“皇家浴都”内存在严重的卖淫嫖娼现象。经了解，该浴室戒备森严，进入大厅有门禁系统，并且安装了一套报警提示系统和监控探头，还设置了专门的监控室监控周边情况，每个部位均安排专人负责把守。稍有异常情况，该浴室立即转变成正规的按摩，建议查处。

（关键字：2014. 11，举报、涉娼、治安）

2. 某街道徐某因民事纠纷可能报复制造事端

近日，某街道徐某饲养的鸽子丢失，其怀疑是其邻居张某所为。报警后，警方调查排除张某嫌疑。但徐某一直压抑在心里，扬言报复。经走访了解民警获悉，徐某暗地在龙都集镇一农药店购买了“敌杀死”农药。建议做好社区矛盾化解和侦控工作。

（关键字：纠纷转化可能，治安，预警）

3. 某街道安民社区居民扬言至省政府堵门闹事

近期，民警工作中获悉，某街道某社区某村居民，以某机场二期飞机起降噪音污染问题为由，要求减小污染或拆迁安置，其中 30 多人（大多老年妇女）扬言至省政府堵门闹事。某机场二期飞机起降造成部分村民家中电视干扰、噪音较大，该村 70 多户村民强烈要求政府给予补偿或尽快拆迁。建议派出所会同街道社区做好解释宣传并密切关注事态。

（关键字：安民社区，机场噪音，省政府堵门）

4. 某小区 × 幢多间住宅疑似传销窝点

近日有业主反映，某小区 × 幢有多处住宅疑似传销窝点。据了解，某公寓 × 幢 1603 室、1502 室、1101 室等多处住宅均为私房出租户，近期每天都有不同的外地陌生人频繁进出。经社区民警走访，发现室内现场有大量宣传资料、墙上挂各类管理制度，并以“自愿连锁经营、纯资本运作、国家支持的 1040 工程”为幌子进行宣传，建议查处。

（关键字：举报、经侦、传销）

第三部分　实训方案

一、实训目的要求

本单元实训项目通过实地收集或者互联网、警务工作平台治安信息及其研判训练，使学生加深对治安信息理论和知识的理解，掌握治安信息收集、排查、分析社情动态和突出治安问题的能力，具备运用警务工作平台，汇聚、研判情报信息的基本技能。

二、实训内容

一是选择学院周边道路、街巷、公交站点、企事业单位、住宅小区，运用实地观察、现场访谈的方式，及时收集、上报涉及社会政治稳定和治安稳定的有关信息；排查、分析社情动态和突出治安问题（课余时间完成）。二是公安警务工作平台收集治安信息并开展信息汇聚与分析研判。

三、教学重点

基于警务工作平台的重点人员及其他指定对象的治安信息收集研判。

四、学习难点

离散性治安信息的不定向汇聚与综合分析研判。

五、实训条件

实景社区或者具备社区基本条件的模拟街区，公安网机房，互联网终端。

六、实训组织

（一）教学准备

1. 课前检查公安网专用教室教学设施；
2. 学习区队长清点人数，分配公安网专用账号；
3. 学员向主讲教官报告相关事项；
4. 宣布教学目标和内容，强调教学与训练重点；
5. 强调教学训练纪律要求。

（二）教学实施

1. 案例分析

【内容及要点】

（1）情报信息收集相关案例——以模拟案例讲解信息采集基本方法和要求。

（2）讨论内容

①本案例中，收集情报信息的渠道有哪些？

②本案例中，结合大平台，如何将收集的情报信息输入大平台？

（3）教官点评

治安信息收集，对于维护社会稳定关系重大。治安信息就是指一定时期内国家通过法律和治安行政管理规范所确认的社会治安秩序及其运作情形在社区的综合动态反映。对一定时期社会治安状况的把握，是制定治安管理方针政策，调整治安力量部署和对策的重要依据，是加强各项治安专业管理的基础。

【组织和安排】

（1）讨论：主讲教官引导学员针对所示案例材料进行分组讨论（五人为一个小组），以小组为单位找出情报收集信息收集的方法。辅助教官协助主讲教官组织讨论。

（2）案例导入课程内容

（3）组织形式

①讲解授课形式

此阶段由主讲教官为一个区队全体学员进行统一讲授。

②学员讨论形式

此阶段学员分为 2 组，主讲教官和辅助教官各组织 1 组学员进行讨论，然后汇总讲评。

2. 理论提示

【内容及要点】

（1）治安信息的概念

治安信息是反映公安工作过程中主客体矛盾运动状态或方式的各种情况、消息、资料以及对其分析、综合、提炼或研究的成果。

（2）公安派出所民警一般通过下列方式收集情报信息：

①通过广泛接触群众特别是治安积极分子获取情报信息；

②通过走访基层组织、有关部门和单位获取情报信息；

③通过治安秘密力量、信息员提供情报信息；

④通过人口调查、阵地控制收集情报信息；

⑤通过教育、管理、监控工作对象发现情报信息；

⑥通过处理各类案件、事件获得情报信息。

（3）治安信息的社会化采集方法

一是依托场所行业治安管理信息系统，及时获取进入场所行业的顾客、旅馆相关信息；

二是与有关行业的数据交换；

三是流动人口社会化信息采集，即全面加强用工单位、建筑工地、出租屋房主等信息采集责任，按照“谁用工留宿、谁采集输入”的原则，将流动人口信息采集录入工作直接分解到用工留宿的单位和社区，提高信息采集录入率和鲜活准确性。

四是引导行业协会、中介机构、社会组织等参与流动人口信息社会化采集工作，积极探索培育房屋出租户、中介机构、洗浴场所等通过网络、短信、电话申报等形式传输流动人口信息。

【组织和安排】

（1）主讲教官运用大平台讲解情报信息收集的注意要点及其正确输入方法：

根据派出所综合信息应用系统，情报信息分为五个方面：

①案（事）件信息；

②违法犯罪人员信息，包括身份情况、相貌、指纹、笔迹、DNA 等个人特征信息；

③物品信息，可能用于违法犯罪或有涉案可疑的各种物品、案件物证等信息；

④线索信息，涉及各类案（事）件的可疑事、人、行为、物品等线索信息；

⑤组织信息，违法犯罪组织网络结构、骨干成员、行为目标与特点等信息。

（2）组织形式：

1 个区队学生进行统一授课，在公安网专用教室采用投影演示和学生电脑终端同步，并安排互动问答。

3. 讲解演示

【内容及要点】

（1）公安网信息平台正确使用

①案（事）件信息正确采集；

②违法犯罪人员信息正确采集；

③物品信息的正确采集；

④线索信息的正确采集；

⑤组织信息的正确采集。

（2）边讲解边演示，同时要求学生能够准确录入信息

【组织和安排】

主讲教官组织现场进行讲解演示；

辅助教官配合主讲教官，进行补充，并提示要点及易犯错误；

组织形式：整个区队统一进行。

4. 组织练习

【内容及要点】

实有人口信息收集

（1）理论提示

社区的实有人口包括户籍登记且居住在该社区的常住人口；户籍在本市、县的其他社区，但已连续居住在该社区一月以上的寄住人口（包括因投亲户口待定人员）；离开其常住户口所在地的市区或乡镇，拟在该社区居住3日以上的暂住人口等。

人口的基本信息指人参与各种社会交往和管理活动所必要的、以公民身份、居住地、亲属关系为中心的人口情况的总称。人口基本信息这一概念是公安机关自20世纪80年代中期开始使用的，公安机关目前统一使用的一系列户口簿册的登记项目，都是反映了公民身份、居住地、亲属关系等人口基本信息。实践中，人口基本信息主要有公安机关依法采集，且大多数地区已基本实现微机管理。按规划，通过一段时间的建设，人口基本信息将全国联网，资源共享。

社区实有人口信息采集的作用：保障性作用；基础性作用；服务性作用；威慑性作用等。

实战教官结合公安大平台，讲解各类实有人口登记的方法及其对相关信息更改与研判。

①重点人员信息采集及其研判。关于家庭情况、近期的交往人员、经济来源及收入状况、持有车辆的情况的录入。通过公安大平台，模拟了解重点人员的当前情况，撰写一份评估报告并录入大平台。

②常住人口信息采集（更新）。包括通讯号码、工作单位、QQ号、电子

信箱、1 名社会关系（家庭成员或者主要的亲戚朋友、同学）的基本信息的正确输入。

③暂住人口信息采集（更新）并录入平台。包括姓名、性别、身份证号码、联系电话、户籍地、现住址、职业、同住人员姓名、与同住人员的关系、同住人员身份证号码、同住人员联系电话、同住人员职业等相关信息的正确输入。

④寄住人口信息采集（更新）并录入平台。包括姓名、身份证号码、联系电话、户籍地、现住址、职业、房东姓名、房东联系电话等基本信息的维护。

⑤房屋出租户信息采集（更新）并录入平台。要求收集户主姓名、性别、身份证号码、联系方式、职业、出租房屋的面积；并登记承租人信息，包括该承租人姓名、性别、身份证号码、户籍地、联系电话、职业。把户主和承租人信息录入平台。

（2）学员练习

①体会练习

主讲教官讲解，辅助教官示范，学员体会练习。

②分解练习（着重解决重点问题）

将实有人口信息采集更新等重点内容进行分解，教官先示范要领，然后指挥学员在公安网进行正确操作。

③现场练习

在准备好的模拟人口基本信息材料基础上，将采集信息内容分别练习。

④纠错练习

将学员练习中存在的共性问题集中整理并公开演示，教官归纳总结，明确错误之处，重复练习正确操作方法。突出重点、难点环节，讲解易犯错误的原因及后果。

（3）强化练习（着重解决难点问题）

对重点人员的信息采集及其研判进行重点讲解，要求学生了解并掌握公安模拟平台中重点人员与重点人口的区别及其信息的采集与维护。教官采用现场随机抽选的方法邀请学员进行公开演示，其他学员在座位上进行观察。

（4）检查验收

抽选1小组学员进行现场演示，检验训练效果。

【组织和安排】

①学员练习：主讲教官讲解，辅助教官示范，学员体会操作，教官逐一指导，集体练习，完整练习；

②纠错练习：存在共性问题的学员出列演示，指出错误之处，提出纠正方法，重复操作正确方法；

③强化练习：互为配手，重复训练，强化熟练程度，教官逐一指导；

④检查验收：抽选学员现场演示，观摩讨论，教官总结。

【重点提示】

（1）情报信息采集的方法；

（2）线索内容的正确描述及其输入平台；

（3）重点人员现实表现评估报告的撰写及其平台输入；

（4）重点人员审批列管等。

5. 总结评议

【内容及要点】

（1）讲评公安网情报信息收集与实有人口信息采集情况；

（2）指出存在的问题及解决的办法。

【组织和安排】

（1）根据学员学习、练习情况，教官以讲授法、演示法进行总结评议；

（2）主讲教官针对课程内容提问；

（3）组织形式：公安网机房进行操作练习。

（三）教终小结

【内容及要点】

（1）整理训练器材；

（2）课后讲评；

①重述教学提要；

②总评课程教与学的情况；

③布置课后作业及复习内容；

④学员针对课程内容提问。

（3）警体区队长组织学员整队带回。

【组织和安排】

（1）主讲教官将学员调整为授课形式，进行总结讲评，并布置课后思考题和复习内容，辅助教官个别答疑；

（2）组织形式：根据教室安排统一进行。

七、实训考核

（一）考核内容（第 1、2、3 题必做，4～7 题自选一题）

1. 利用自身的知识以及网络、报刊等媒体途径撰写一份关于治安方面的情报信息并录入模拟平台。要求能够反映辖区治安状况、社区稳定、重大事故等相关情况。（25 分）

2. 根据辖区的入户调查情况收集 1 份案件线索，按规范录入线索登记表。（25 分）

3. 通过走访了解重点人员的当前情况，撰写一份评估报告并录入大平台。包括家庭情况、近期的交往人员、经济来源及收入状况、持有车辆的情况。（25 分）

4. 采集（更新）1 份常住人口信息，包括通讯号码、工作单位、QQ 号、电子信箱、1 名社会关系（家庭成员或者主要的亲戚朋友、同学）的基本信息。（10 分）

5. 采集（更新）1 份暂住人口信息并录入平台。包括姓名、性别、身份证号码、联系电话、户籍地、现住址、职业、同住人员姓名、与同住人员的关系、同住人员身份证号码、同住人员联系电话、同住人员职业。（10 分）

6. 采集（更新）1 份寄住人口并录入平台。包括姓名、身份证号码、联系电话、户籍地、现住址、职业、房东姓名、房东联系电话。（10 分）

7. 采集 1 户房屋出租户，要求收集户主姓名、性别、身份证号码、联系方式、职业、出租房屋的面积；并登记承租人信息 1 份，包括该承租人姓名、性别、身份证号码、户籍地、联系电话、职业。把户主和承租人信息录入平台。（10 分）

（二）提交材料

1. 考核内容的纸质版（答题纸），答题纸上注明区队、姓名、学号、登录账号、模拟平台中的责任区。

2. 将考核内容录入大平台。

（三）考核要求及评分标准

1. 第 1 题和第 2 题

（1）模拟情报信息和线索信息各一份并撰写在答题纸上，字数 100 字以内，简明扼要，信息规范完整。（15 分）

（2）录入平台准确无误。（10 分）

2. 第 3 题

（1）通过账号登录模拟平台后，在自己所在责任区内自选一名重点人员。

（2）模拟一份重点人员评估报告并撰写在答题纸，报告字数 100 字以内，简明扼要，信息规范完整。（15 分）

（3）录入平台准确无误。（10 分）

3. 第 4 ~7 题

（1）通过账号登录模拟平台后，在自己所在责任区内自选一名常住人口、暂住人口或寄住人口。

（2）根据具体的题目要求完善、更新现有的人口信息。

（3）把录入平台的相关信息抄写在纸上。（10 分）

（四）成绩构成

课堂表现 15 分；网上平台操作 85 分。

第二单元　入户走访

问题引导：

无论是开展治安调查收集获取治安信息，还是人口服务管理、治安宣传教育，乃至整个公安群众工作，都离不开一种极为重要的基础性勤务——入户走访。在实践中，入户走访是全体公安民警必备的基本功。对于新任民警而言，入户走访应把握哪些环节；掌握哪些技巧；可能面对哪些情形；可能遇到怎样的困难和问题；如何妥善应对等是本单元重点解决的问题。

第一部分　业务详解

一、入户走访的概念

入户走访又称入户调查、走访调查。狭义的入户走访是指社区民警走进社区、村庄，进入机关、学校、企业事业单位和居民家庭等群众生活、工作的场所，登记、了解实有人口、出租房屋等情况，掌握重点人员的现实表现与动态，以及对发案的单位、居民进行回访，了解最新线索，征求意见和建议的活动。广义的入户走访在主体上不限于社区民警，在内容上往往还包括了解社情民意，对被走访对象开展宣传发动，实地检查，发现安全隐患，警情通报（向群众通报辖区治安情况和可能危及辖区安全的周边警情动态，有针对性地提出防范措施，通报重大案件、重要情况，提前预警）。近年来相继开展的全警“大走访”“万警进社区、为民保平安”等活动，就属于广义的入户走访。

在现实公安工作中，入户走访通常主要由社区民警来开展，但也是各级公安机关、公安机关各部门和各警种全体民警的基本勤务方式和基本功。无论是社区民警的入户走访还是其他入户走访，在内容上则一般是广义的。

入户走访包括日常工作走访和专项工作走访。日常工作走访又分为居民家庭户走访及一般单位商店走访。专项工作走访是指对重点人员、案件受害人、重点出租户、特殊家庭（如在押人员家庭、特困家庭）、治保积极分子、各级人大、政协代表等对象的走访。

（一）对居民家庭户的入户走访

对于居民家庭户的入户走访，其主要目的是采集实有人口信息，发放“警民联系卡”、宣传公安工作、密切警民关系，发现治安隐患、进行安全防范提示或宣传教育、征求意见建议、掌握社情民意、为群众排忧解难，收集涉及社会政治稳定和治安稳定的各类信息，发动、组织群众维护治安秩序等。其主要内容包括：

1. 核准、调查实有人口，采集源头信息。如调查核实户口登记情况；调查了解实有人口基本情况；调查了解重点人口的情况，等等。

2. 收集各种案事件线索。包括已发刑事案件的线索；已发治安案件的线索；已发群体性事件的线索；已发治安灾害事故的线索，等等。

3. 收集其他治安信息。主要包括：当地近期高发的违法犯罪活动；群众对党政近期重大决策、活动的反响；群众对当前社会热点问题的各种反映；各种纠纷、矛盾可能引发的不安定因素；治安灾害事故发生及造成的影响情况，等等。

4. 收集群众意见、建议。如群众对防范、打击的支持度；群众对防范、打击的建议；群众对治安保卫活动的满意度；群众的安全感等。

5. 开展法制、安全防范宣传。主要包括：群众易触犯的法律、法规；群众维权常用的法律、法规；与群众较密切的治安管理政策、规定；群众自防、互防的安全知识、技能；当地常见违法犯罪作案手段、动态。

6. 开展实地检查，提出建议和意见。主要包括：检查是否有可疑的人和物，了解贵重物品的保管情况、询问家庭车辆情况，检查门窗、电、气，发现安全隐患，及时进行安全防范提示。

实际居住人口登记表

居住地址：__________　　　　　　登记时间：____年____月____日

关系	姓名	性别/民族	居民身份证号	户籍地址	身高	婚姻/文化	服务处所	联系方式	户籍类型
房主		身份证号				联系电话			
群众对公安、社区、物业工作的建议和意见。					安全防范宣传、建议。	财务保管 水、电、气 门、窗、锁芯 家庭、车辆 对周围邻居的熟悉情况			

请见到面的群众签名：

（二）对单位商店的入户走访

对于单位商店的入户走访，一是应全面开展可侧重单位商店基本情况、安全防范情况等基础信息采集，如有无营业执照，法人、负责人姓名，身份证号，联系方式；单位建筑、营业面积、经营范围；单位工作人员花名册。可对单位财务情况作简单了解。一般应对单位门头进行拍照存档。二是应侧重单位商店发现排除治安隐患，如是否存在易燃易爆及剧毒物品化学品的生产、使用、销售、储存、运输等情况；是否建立健全了内部安全保卫制度，安全设施、消防设施是否齐全有效。三是开展安全防范宣传，落实安全防范措施。如要求单位商店安装监控设施，要求监控设施覆盖到街面。

单位、商店登记检查表

单位、商店地址：______________ 登记、检查时间：____年__月__日

<table>
<tr><td>单位名称</td><td></td><td colspan="2">实际使用名称</td><td colspan="2"></td><td colspan="2">单位电话</td><td colspan="2"></td></tr>
<tr><td>法人姓名</td><td></td><td colspan="2">身份证号</td><td colspan="2"></td><td colspan="2">联系方式</td><td colspan="2"></td></tr>
<tr><td>法人姓名</td><td></td><td colspan="2">身份证号</td><td colspan="2"></td><td colspan="2">联系方式</td><td colspan="2"></td></tr>
<tr><td>营业执照号码</td><td></td><td>开业时间</td><td></td><td>建筑面积</td><td></td><td>营业面积</td><td></td><td>员工人数</td><td></td></tr>
<tr><td>经营范围，是否涉燃、爆、毒。</td><td></td><td>安全设施</td><td colspan="3">监控 是 否
防盗门、窗 是 否
保险箱 是 否
现金保管 是 否</td><td>消防设施</td><td colspan="3">灭火器
应急照明灯
应急疏散标志
应急门</td></tr>
</table>

单位员工签名：

（三）专项工作走访

1. 对重点人员，应定期上门走访管控

根据警务平台推送的未列建人员名单、辖区被打处人员名单、高危地区承租人员信息、重点人员预警信息以及其他部门转交的社区矫正对象、刑释解教人员、涉稳人员名单、精神病人等信息，及时上门见面，开展谈话教育，围绕其经济状况、交往人员、活动场所等进行调查，了解掌握其现实表现。

重点将 14 岁至 18 岁有劣迹的青少年、无业闲散人员和外来重点地区流动人员纳入工作视线，在做好帮教挽救工作的同时，对可能进行违法犯罪的，要开展跟踪调查，及时发现和提供违法犯罪线索；主动配合地方党委、政府和相关部门做好涉稳人员的教育疏导工作，重点涉稳人员要跟踪掌握其动态信息，扎实落实控制措施，力争稳控在当地；对可能肇事肇祸的精神病人，要督促其监护人、单位严加看护，必要时送医院治疗。

2. 对重点房屋出租户，应及时采取管控措施

按照“以房管人、以业管人”的工作要求，通过平房地区“标识化”管理、楼房小区“图表作业”、房产中介获取租赁信息以及推进用工单位社会化信息采集等方式，结合“两图一表”信息系统，摸清辖区实有人口底数，及时采集录入房屋出租户、暂住人口和寄住人口信息，房屋出租户采集录入率达 95% 以上，与房屋出租户主治安责任保证书签订率达到 100%，暂住人口、寄住人口采集率达 95%；对房屋出租户实行分层次巡查管理，对单身租住户、无业人员租住户、高危地区人员租住户、同乡结伙租住户、多人合租群租户、旅馆式出租户（按床位出租），曾经被处罚、曾经暂住过违法犯罪人员以及其他需要纳入公安机关视线的出租户，作为重点户，对单位承租户、家庭租住户等其他租住户，作为一般户，应分别布建治安信息员，加强阵地控制，提供案件线索。

3. 做好接处警和案后回访工作

对在工作时间内本社区发生的警情，社区民警应当到场，掌握案情、协助排查；主动开展邻里纠纷等矛盾化解、积极应对居民求助，规范制作调解协议书、处理情况应当做好记录；案件发生后社区民警应主动、及时上门回访群众。通过案后回访，及时完善防范措施，加强重点人排查管控，提供有价值破案线索。案件回访时社区民警应用“执法随时录”进行拍摄。

二、入户走访的工作要求

（一）入户走访的基本要求

公安民警开展入户走访，必须牢固树立群众观点，始终尊重走访对象，时刻关心群众利益，同时，应做到警容要整，举止文明。为此，第一，在认

识上，应警惕脱离群众的“官僚主义”、为我所用的“功利主义”“另辟蹊径”（如通过网络、通过二手资料）的“替代论”，还要警惕“矮化”（甚至“妖魔化”）群众的“刁民论”。第二，在态度上，应建立起与群众的情感对接，带着感情开展走访。要克服侥幸心理，避免投机取巧；克服抵触心理，避免消极应付；克服畏难情绪，避免逃避问题。如果遭遇误解、拒绝、挑衅，除了开阔胸怀、冷静应对，更应该迎难而上、主动化解。要把困难和压力化为动力，在解决难题中锻炼、提升自己。第三，在方法上，避免漫无目的，避免眉毛胡子一把抓，避免简单冒进，避免有色眼镜，避免蜻蜓点水。第四，在技巧上，应根据不同的对象，有效使用言语疏导、说理阐述、心理认同、亲情感化等手段，尽可能融法、理、情于一体。

对于社区民警而言，应结合辖区单位、住户及实际人员结构，有计划地安排入户走访对象，保证入户走访常态化。每周不少于一定数量（一般 30 户）。对国家重大政策调整、国内外发生有影响重大事件，以及逢重大节庆活动、政治敏感时期，应针对性走访，及时收集上报社情民意。社区民警入户走访采集的实有人口联系电话、车辆信息等，应及时录入警务平台“社区实有人口信息”模块的常住人口、寄住人口和暂住人口的“人员公共信息”系统。

（二）入户走访工作流程图

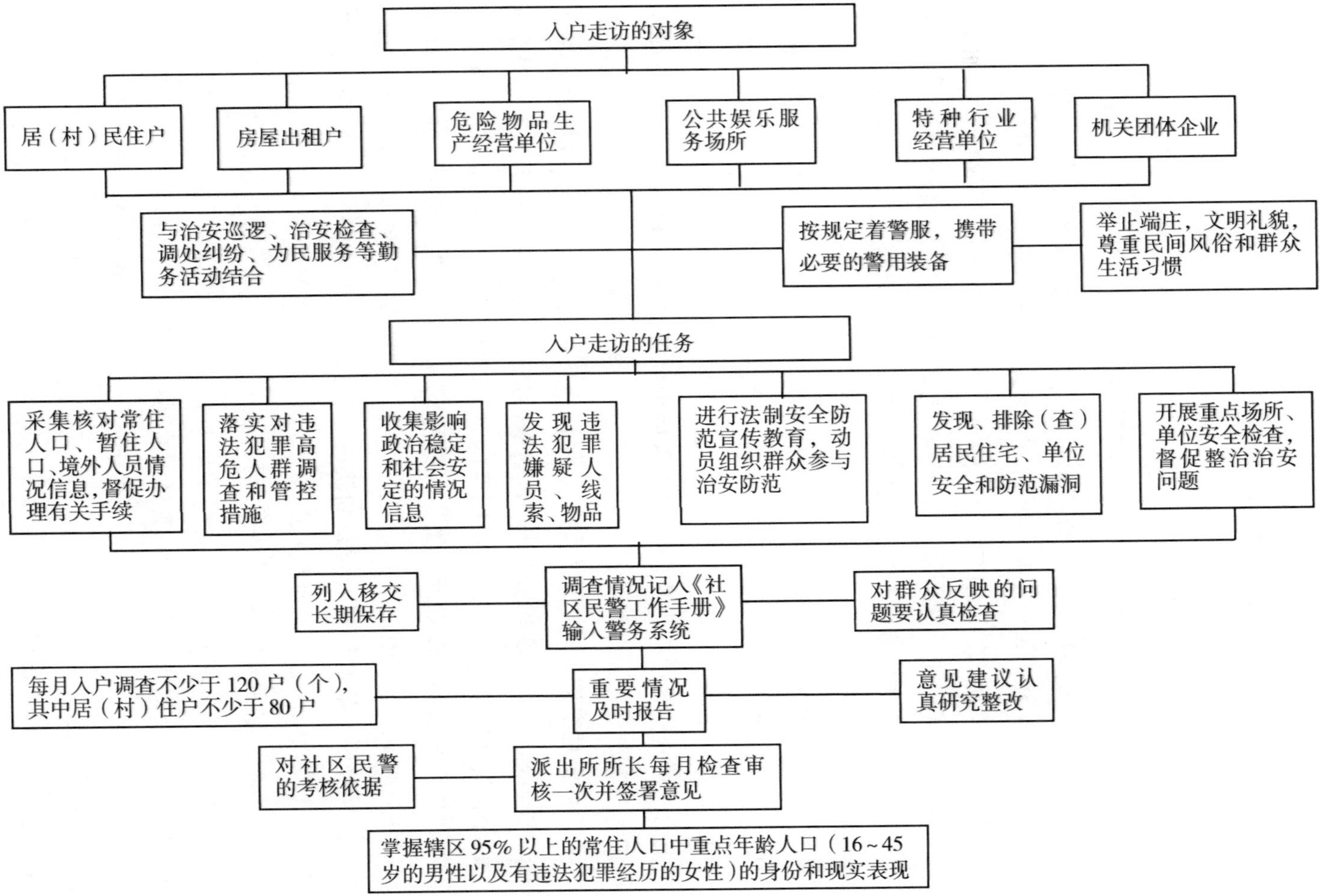
入户走访的对象
居（村）民住户
房屋出租户
危险物品生产经营单位
公共娱乐服务场所
特种行业经营单位
机关团体企业
与治安巡逻、治安检查、调处纠纷、为民服务等勤务活动结合
按规定着警服，携带必要的警用装备
举止端庄，文明礼貌，尊重民间风俗和群众生活习惯
入户走访的任务
采集核对常住人口、暂住人口、境外人员情况信息，督促办理有关手续
落实对违法犯罪高危人群调查和管控措施
收集影响政治稳定和社会安定的情况信息
发现违法犯罪嫌疑人员、线索、物品
进行法制安全防范宣传教育，动员组织群众参与治安防范
发现、排除（查）居民住宅、单位安全和防范漏洞
开展重点场所、单位安全检查，督促整治治安问题
列入移交长期保存
调查情况记入《社区民警工作手册》输入警务系统
对群众反映的问题要认真检查
每月入户调查不少于120户（个），其中居（村）住户不少于80户
重要情况及时报告
意见建议认真研究整改
对社区民警的考核依据
派出所所长每月检查审核一次并签署意见
掌握辖区95%以上的常住人口中重点年龄人口（16～45岁的男性以及有违法犯罪经历的女性）的身份和现实表现

三、入户走访的重点与难点

（一）入户走访的几个重点环节

1. 进得了门

入户走访前应提前了解走访对象基本情况，选择恰当时机，随身携带警官证、登记表，注意警容严整，做到门前有礼，做好自我介绍，讲究礼仪，熟知民俗禁忌。走访民警敲门时，有的居民故意装作家里无人不给开门，此时，就不要再敲门了，下一次再来时可以通过电话提前预约或与社区干部一同去。有的居民警惕性非常高，在民警敲门时，会问许多问题，这时不能认为是居民难为民警，而要耐心解答。具体可注意以下几点：

（1）循序渐进。对于社区内的广大群众，民警可采取分层次、分步骤入户的方法。比如将社区干部、人大代表、政协委员、社区党员作为第一批走访对象，从中了解社区的主要情况以及人员特点；其次，可将社区内有一定影响力的群众作为第二批走访对象，争取他们的支持，这样一步一步分层次推进入户工作。

（2）合理安排入户走访时间。为保证入户走访的成功率，应尽量选择合理的时间段。一是主动利用下班后的傍晚时段。一般而言，每天下午 6 时至 9 时，是社区居民集中，入户效果明显的黄金时段，尽量减少因时间、时机不恰当，从而影响入户效果的因素。二是主动利用双休日。在双休日为不打扰居民住户的休息，一般上午 10 时至 11 时，下午 5 时至 7 时是最佳入户时间，在这期间登门，最容易得到群众的认可。三是主动利用节假日。如元旦、春节、元宵节期间。总之，民警入户走访，在时机上要尽量选择在群众方便时、需要帮助时、重大喜庆或变故时，因为这一时机走访，群众愿意沟通交流，也更需要安慰和帮助。特别是选择节假日，着便服走访，这会让被访者产生亲切感，认为你把他当朋友看，自然更容易得到他们的信任和支持。

（3）提前预约。根据入户计划确定的走访的户数和人员，提前通过户籍管理系统或者综合应用系统，查询居民的电话号码，然后进行电话预约，讲清拟入户走访的时间和内容，使群众理解、支持，或者主动与居民商量入户时间。一次预约不行的，多次预约。必要时，可请社区（村组）干部、物管人员或者邻居与其沟通，打消居民的疑虑。

有的住户经常不在家，对这种情形，首先要获得住户联系方式，通过电话与之取得联系并向他们说明情况，了解他们在外面什么地点暂住，做何工作，有什么需要帮助，什么时间回来，相互间留下联络方式。对电话无法联系上的居民，社区民警可通过物业管理公司、居委会、周围邻居了解该户情况，掌握居民的活动规律，避开工作时间，灵活开展走访。

（4）按照约定时间上门。基层民警事务繁忙，稍有不慎便会遗漏掉一些事情。对于提前约定的入户走访，民警必须做有心人，尽量不失约。因临时任务无法入户的，一定要及时告知、解释、致歉。不能让群众认为民警作风拖沓或者说话不算数。

（5）文明入户。敲门、进门应注意方式方法，不能太急促，防止群众产生反感。当居民开门或者询问来人时，先表明身份和来意，给被调查者留下好的第一印象。

2. 说得上话

（1）尊重群众。入户后，应客随主便，应邀入座，保持稳重而随和，切忌以管人者的姿态，居高临下。在交流中，多用“可以吗”“好吗”“能不能”等具有亲和力的协商性语言。交谈时间不要太短，交谈时注意认真倾听，积极回应。

（2）掌握群众语言。与群众交谈，要尽量“入乡随俗”，多用群众的语言，多用通俗朴实的语言。具体应注意以下几点：一是一般应不急于“直奔主题”，可以从拉家常开始，寒暄几句，慢慢寻找切入点。不过寒暄不宜过多——多了，既浪费彼此时间，也显得虚伪，反而谈不融洽。二是民警要善于提出适合居民回答的问题。所提问题要符合居民的身份，以便于回答和进一步沟通。要区别交谈对象，做到“看菜吃饭、量体裁衣”“到什么山唱什么歌”。

（3）话题集中。一般来说，找到共同话题是顺利交谈的一个捷径。民警需要向居民提出一些问题，宜以提小问题为主，提高居民最近、最切实的问题为主，这样易找到共同话题，增强沟通的效果。在与群众交谈中，要注意倾听，善于引导，注意把话题集中在一个范围内，不要离话题太远。在询问情况，特别是在征求意见中，语言应精练，想问什么，能清晰、准确表达清楚就可以了，一般不宜说话太多。必要时，可以阐述一点背景及有关情况，但一定要适可而止，不能不顾居民的感受，让群众感到民警在“显示自我”，洋洋万言，不知所云。当然，这不是绝对的。在条件允许、时机恰当的情况下，也可以与群众聊天、漫谈。

（4）关心群众的问题或诉求。民警的头脑中要装着“问题”，装着“情况”，对群众提出的问题，要认真记录，能办的及时回应，不符合条件的，要给予解释，切忌以“外交辞令”敷衍了事。

（5）接受不同意见。在入户走访中，不管遇到什么样的意见、建议，甚至是批评，都要虚怀若谷，认真倾听。对群众的批评建议不能厌烦，能解释清楚的，要调语平和、耐心解释、放下架子、以理服人，切忌粗暴打断、指责批评。真正把不同的意见当作一面镜子，去审视改进工作，取信于民。

3. 首次走访

对于第一次走访的住户，民警要保持态度和蔼，主动递上警民联系卡，介绍自己的姓名、职责、说明来访目的，而后再向群众了解相关情况，使被访群众感到和民警交流是基于平等基础之上，摆脱群众遇到民警来访产生的被调查感，树立民警亲和形象。对于初次接触的居民，在走访交谈时应注意把握以下细节：

（1）事前“备课”。通过查询信息系统、居民干部、邻里等，对拟入户对象有个大致了解，做到心中有数。

（2）注意礼仪。一是结合当地的习俗，根据性别、年纪、职业等，恰当称呼、礼貌问候；二是主动介绍自己，让居民了解自己，弱化“疏离感”；三是对于少数民族、宗教信仰以及特殊生活习惯等对象，要尊重其习俗、习惯。

（3）拉近感情。一是可关心其家中老人、小孩，或者夸奖其房屋、房屋装修、室内饰品等，取得好印象，拉近感情；二是可围绕热点话题或从对方可能感兴趣的话题入手，先“拉家常”，在拉近距离后，再切入正题。

（4）注意分寸。回避居民可能不愿触及的话题，避免戳到痛处，使双方尴尬，甚至产生逆反抵触心理。

（5）道别“留根”。邀请其抽空到派出所或警务区做客，或预约下次走访时间，或留下联系方法，记下联系方式，便于进一步开展工作。

4. 几类特殊对象的入户走访

（1）走访“两劳释解”人员和在押人员。应当首先了解该人员的有关档案资料，也可向最初的经办人员了解情况，做到对“两劳释解”人员因何犯罪做到心中有数，再有针对性地展开走访和帮扶。

（2）走访老弱病残等弱势群体。要经常主动地与他们接触，尤其是节日来临之际要主动登门问寒问暖，带去节日用品，如：米、面、油、果等表示慰问。还要留下通讯方式，及时为他们解决生活上的困难，以暖心的方式与他们交上朋友、结成对子。

（3）走访中流动人口。要坚持“公平对待，搞好服务，合理引导，完善管理”的原则，注重对流动人口的权益保护，向他们宣传政府对流动人口管理政策，为他们解决生活上的困难，尽可能帮助他们协调解决子女上学、就业等实际困难。

（4）走访上访户。平时要增加登门次数，做好化解疏导工作，采取关心帮助解决家庭问题、发动亲戚朋友做工作和讲解有关案例警示的办法，尽可能地疏导他们的思想情绪。对于虽然做了思想工作，但上访者执意声称还要上访时，应当在走访结束后及时报送信息，并第一时间向单位领导汇报情况，研究对策。

（5）走访“法轮功”痴迷者。首先要内外结合，全面了解该“法轮功”痴迷者的近况。在掌握国家有关政策的基础上，主动、多次入户，对其宣传讲解公安机关对“法轮功”组织的主张。如果是过去曾被公安机关处理过的，要教育他们彻底脱离邪教组织，彻底转变思想，同时要注意了解掌握该人员的近期活动情况或转化情况，必要的可以将情况向专业部门反馈。

5. 捕捉有效信息

入户走访在某种意义上是一种特殊的调查研究工作。俗话说：涉水浅者得虾，入水深者观鱼，潜入底者识龙。在入户走访时，民警要善于观察，善于提问，还要善于向群众请教、学习，真正将入户走访作为“访情”与“采智”的过程。还应注意运用多次走访、多形式走访，全面、深入地获取信息。

（1）做“有心人”。入户走访时，应眼、耳并用，既注意聆听，更留意观察。除了专项性登记、针对性提问外，在前述与群众聊天、闲谈时，民警不能“闲”，要注重从海阔天空的交流中捕捉住好的信息和好的线索。此外，有关社区概况、趣闻轶事、风俗习惯、历史传统等情况，这些“外围”信息，往往也是有价值的信息。

（2）主动求教。在登门入户时，多请居民谈谈对公安工作的看法，请他们为公安工作、平安建设谏言献策。

（3）与群众打成一片。民警入户走访，姿态要主动，工作时要主动，要以社区普通一员的面貌出现，走到哪里，就主动接近哪里的居民，善于和他们打成一片，不高人一等，不自恃特殊，和群众同呼吸、心连心。民警在社区工作时要多帮忙、多出力，碰到什么，只要能做的，就要因地制宜地出策出力出谋，把群众的事情当成自己的事情去做。民警不与居民打成一片，就成了无源之水，无本之木，在治安工作中无异于“盲”者、“聋”者。

（4）多方获取信息。入户走访获取的信息，一是未必全面、完整，二是很多信息是群众“转述”的，夹杂了群众自己的判断甚至感情色彩等主观因素。为此，民警一定不可偏听偏信，或者以偏概全。要多渠道获取信息，辨别真伪、寻找关联，以把握问题的全貌，善于从中找出规律性的东西来。

（5）多次入户走访

为采集信息或者获取更多信息，民警可以采取多次走访，必要时可以数次上门工作，特别是面对不认同、不友好、不理解、甚至误解的群众，有顾虑的群众，往往需要经过多次的走访，才能了解和掌握更全面、更准确的信息。

（6）运用多种形式走访

走访工作的形式不拘一格。可因人因事因时而异，可结合日常工作走访，也可利用参加社区、学校、单位的各类会议与各方面进行沟通了解；平时路上偶遇，只要工作需要，也可驻足交流。只要有机会，社区民警都可以用不同方式收集各类信息，了解社区居民状况，不要拘泥于固定的模式和程序。

（7）善于积累信息。民警在社区工作越深入，积累获得的信息就越多、越有价值，要善于建好“人员库”“信息库”“资料库”，把社区内与治安工作有价值的点点滴滴，时时积累，就能聚沙成塔，从中发现问题，发现线索。

6. 提高综合效益

入户走访不能停留在对表面上情况的了解，也不能满足于信息线索收集、汇聚民意民智。应围绕便民利民、服务民生、解决民忧，增进感情、改善警民关系，宣传、发动、组织群众，发现治安隐患、加强治安防范等多项任务目标，使入户走访实现“一访多能”。为此，民警在走访入户前要全面了解对象的基本情况，了解对象可能的需求，以及相关热点难点问题，充分考虑到走访中可能会出现哪些问题，对这些问题，如果能解决，那就用心去做；不好解决的，应该给予群众合理解释，以避免群众误会。比如：拆迁工作，有的问题民警是没办法解决的。民警走访拆迁户时，就不要盲目，而要了解拆迁中的各种因素和环节，在解答问题上“备好课”，民警“送去的”真是群众“急需的”，我们“所说的”真是群众“想听的”，这样才能减少“无效走访”，增加“有效走访”。

（1）力所能及解决具体问题。例如，对于治安状况较为复杂的社区，民警要具有“问题意识”，紧紧围绕治安隐患和突出问题，深入了解治安复杂的部位及其症结，通过广泛动员群众献计献策，组织群众参与群防群治，落实人防、物防、技防措施等，有效压低发案，让住户感受到民警走访实实在在的效果。

在走访中，群众会提出一些最关心的“小事”，诸如夜间车辆安全问题、近邻弹琴声太大、商店音响扰民、邻居养狗影响休息等。群众提出的虽然是小事，但直接关系其生活，既反映了居民合理要求与呼声，也体现出其对民警的信任。对此，民警要当成大事来对待，耐心倾听，认真记录，能办的马上办好；不能马上办好的要给群众提出解决的途径和建议；能帮助联系有关部门的要积极协调，帮助出谋献策；对涉及部分居民利益的，要牵头商议，起到纽带作用。这样一来，广大居民都能感受到民警能真正替他们说话，替他们办事。再如，民警在走访中如果发现纠纷苗头，一定要掌握情况，提前介入，使矛盾纠纷在萌芽状态就能被顺利化解，避免矛盾激化、发生不良后果。

总之，通过调解小纠纷、查改小隐患、整改小问题、侦破小案件和办理小事情，既解决了实际问题，也可以使广大群众感受到民警带着服务、带着温暖、带着责任走访入户。

（2）回应群众的合理诉求。在走访时如果有的群众提出一些合理的诉求，但不属于公安机关职责范围内的事项，要向他们介绍诉求解决的程序和方法，对涉及单位职能的诉求，要向单位领导汇报原因，并将解决的结果，告知有关群众。对属于公安机关职责范围，但不符合有关政策法律规定的事项，以及一时解决不了的问题，要向群众讲明白、说清楚，争取群众的理解和支持。对于长期形成的难题和矛盾，要善于调动社区干部、骨干力量的积极性，多开“诸葛亮会”，发动大家出主意、想办法。对工作进度要及时反馈给居民，不断巩固工作成效。

（3）与居民结下情谊，形成合力，良性互动。入户走访的最高目标，是与居民交朋友，建立友谊，并与他们保持经常联系，建立起感情，直至交成知心朋友。民警在社区有事无事都可以登登“三宝殿”，访问居民朋友。这样“一回生、二回熟、三回登堂入室”，达到了相互了解，就可以无话不谈。民警有了一些知心朋友，就有了一支稳定的辅助队伍，就能扎下根，就能够广泛获取信息。一个社区民警工作能量的大小，很大程度上取决于他在辖区交的朋友多少。但是，与居民结下情谊并非易事。在很大意义上，这份情谊不取决于方式方法或者工作艺术，而是取决于真诚、热忱、责任与关爱。民警首先要公正，要多付出，多给居民服务，多给予群众方便，真正把群众装在心里。做到这一步，民警就可以与更多的居民做朋友，民警遇到工作上的难题，社区需要解决的一些问题，居民群众会主动相助，形成良性循环。当然，民警在走访入户时要把握好交往分寸。毕竟走访对象是很广泛的，既有干部、一般群众、企业老板，也有帮教对象、高危人员，但绝不能不分远近、毫无原则地一味交往。对于干部、普通群众、弱势群体要多走访、多体察，多帮助；对帮教对象和高危人员要多了解、多关心。不要因为交往不讲分寸，使群众产生误解，而冲淡对民警的信任和支持。

（二）入户走访的常见难点

1. 走访对象抵触

入户走访对象千差万别，因职业、经历、年龄、性格等不同，会有不同的心理状态。实践中，既有接纳、欢迎等主动心理，也常遇到被动心理、抵触心理甚至敌意等负性心理。前者愿以主动配合民警入户走访，比如：有些群众认为民警工作是为了维护社区平安和谐，尊重公安民警，非常乐意接近民警；另有一些住户认为配合民警工作是应尽的义务；还有一些群众正好要向民警反映情况，发表意见，询问政策。碰到上述情况，民警登门入户一般比较顺利，能很快得到住户的合作。后者则需要民警妥善应对：

典型群众心理及其行为特征

	典型群众心理	行为特征
1	顺向心理	主动型：积极认同、友好合作 被动型：一般服从、不热情、不抵制
2	惧怕心理	害怕、恐惧、回避
3	防御心理	拒绝合作、推脱
4	偏执心理	不信任、敏感多疑、固执
5	敌对心理	情绪极端、行为对抗

（1）被动心理。被动心理往往表现为不能积极配合民警走访工作，既不热情、也不抵制。究其原因，有的是在认识上，不了解民警走访入户的目的、意图，缺乏主动合作的思想准备；有的是在方法上，平时与民警接触少，不清楚应该如何配合民警的走访；有的是在情绪上，由于对公安机关的片面认识，在与民警接触时不自觉产生紧张心理；也有是因为民警走访时机不当，入户时间不妥、沟通方法简单等，使群众不乐于配合。针对上述情况，民警平时要多做广泛宣传，多让居民了解自己，如传统的方法有张贴公示栏，设置咨询台，发放警民联系卡，召开恳谈会，经常到居民区巡查，参加居民联谊活动等，新媒介方法则有微信、微博、微警务等，总之，应着力营造“自己人效应”。同时，把握好入户登门的时机和艺术，让群众感知到入户走访的目的、意义，以及可能的具体收益。

（2）惧怕心理。惧怕心理大体有三种情形可能导致：一是对民警不熟悉，并极少与公安机关打交道；二是对公安民警、公安机关有刻板印象；三是民警本身过于“威严”。对此，可以运用“熟人聊天法”，即在走访一段时间后，依靠前期接触过的熟人，通过聊天方式，获取情报信息。可以通过“老朋友”结识新朋友，拓展熟悉面。积极参与社区内活动，与群众深入接触，广泛交流，熟悉更多群众。

（3）抵触心理。包括防御心理、偏执心理、敌对心理等，往往形成对民警入户走访的抵触与排斥，表现为不愿意配合民警，甚至明确反对入户走访。这一类情况尽管属于极少数，但也颇为复杂多样。有些住户对公安机关有成见，甚至以前受过打击处理；有些人认为民警入户走访是搞形式；有些人在工作特别忙、压力特别大或工作生活中受到某种挫折的时候，面对民警走访往往十分冷淡。还有一个方面的原因则可能在民警方面。比如民警言而无信、做而不实，因小不为、因大难为，急功近利、敷衍了事。对这类问题，民警一是面要坚持“一把钥匙开一把锁”，主动展示诚意，化解隔阂；二是要做艰辛、细致的思想工作，才能真正走进群众的心间；三是着眼于为社区群众办好事、做实事，切实做到服好务、保平安。尤其对于辖区孤寡老人、困难户以及其他弱势群体，要表现出民警的社会责任心和同情感，对弱势群体倾注真情实施关爱，提高警民之间的双向熟悉率，提升民警影响力。

2. 识别、应对可疑

民警在入户走访中应始终保持警惕，要善于发现识别可疑情况、可疑对象，更应妥善应对可疑情况、可疑对象。

（1）强化意识，留意观察。一是应始终保持警觉。对于房屋出租户、重点人员户等，尤其应强化“敌情观念”。二是遇有居住人员混杂，言行有嫌疑、物品可疑或其他可疑的，观察询问要巧妙、谨慎，可以“拉家常”方式，巧妙的问其生活、学习、工作情况等，注意发现破绽，留意观察其反应。三是找合适借口进行室内及物品观察。如借口欣赏其房子不错、装修不错等，借机进行观察，发现可疑物品，如果对方不允许，或者明显警觉，则不宜在室内走动、张望。

（2）巧妙甄别、内紧外松。对于有一般违法嫌疑的，可在继续“闲聊”过程中，巧妙进行试探性询问。

（3）相机求援、及时控制。一般情况下，入户走访由社区民警单独实施，这种情况下，绝对不要试图当场控制嫌疑人，而应利用短信、暗语或者待离开其居所后再汇报、求援，采取进一步查控措施。

四、治安调查

治安调查与入户走访是两个独立的概念，也是两个不同的警务活动，但两者又有紧密的联系。从不同的角度，两者呈现的关系不同。有时则呈现出你中有我、我中有你的情形。例如，我们既可以把入户走访看成是开展治安调查的一种形式，也可以把治安调查看成是入户走访的一项工作内容。本单元我们讲授入户走访勤务，因此，更偏重于在入户走访工作中学习运用治安调查的技术与方法。

（一）治安调查的含义与目的

治安调查，一般是指公安机关治安管理部门通过各种形式，有计划、有目的地对与社会治安有关的情况、信息进行收集、整理、分析研究的活动。

治安调查是公安民警尤其是治安民警的基本功。只有经常地进行调查研究，及时地掌握和了解社会治安的新情况、新问题，才能不断地探索研究社会治安现象的发生、发展和变化的规律，找出其发生的主、客观原因，并进行预测、预报，采取相应的治安防范措施，使治安管理工作更有针对性，克服盲目性，防止失误，取得最佳的管理效果。可以说，一切治安信息和情报都来自调查，治安调查可以把搜集到的信息由点到面汇集到一起，进行综合分析研究找出其具有本质性的规律性的动态资料。治安管理部门通过各种形式的调查研究，搜集一定地区，一定行业的治安情况和相关信息，从中分析研究治安情况及其发展动向。对一定时期、一定范围内治安方面存在的问题，发生的原因及其发展趋势，做出科学的判断和预测。

（二）治安调查的内容

1. 社情调查

社情调查的内容很多，主要包括：社会治安方面的重大情况，各个时期党和国家的重大方针、政策贯彻执行以及国内外发生的重大事件引起社会各阶层的反映、动态，一个时期社会上出现的某些带有萌芽性、倾向性的治安问题等。以下几种情况要调查清楚：

（1）动态。“动态”是指事情变化发展的情况。每当党的中心工作，重大方针、政策的贯彻执行或者政治、经济形势发生变化的时候，社会上各个阶层就会有不同的反映、议论、评价、意见和要求等各种动态。其中有些动态与治安有直接联系，有些是间接地反映出治安动向。

（2）苗头。“苗头”是指事物略微显露的发展的趋势或情况。对一些影响社会治安秩序的端倪和不良的治安现象，刚一露头，就要抓紧解决，防止蔓延。研究这些苗头可以使人见微知著，洞察治安形势的发展。

（3）倾向。“倾向”是指事物发展的方向或趋势。在一定的时期、一定的地区内的违法犯罪情况的发展变化都带有一定的倾向性，比如：数量、人员、手段、性质等。通过调查分析可以找出其特点和规律，以制定相应的措施。

2. 社会治安环境方面的调查

社会治安环境是指影响社会治安秩序发展变化的各种条件或现存治安状况的社会背景。宏观的社会治安环境主要是指影响社会治安秩序的政治、经济、文化等方面的状况，它往往决定社会治安秩序的性质和发展变化的方向；微观社会治安环境是对个人行为产生各种刺激和影响的自然和社会的条件，它往往制约社会治安问题的量的变化。派出所应侧重开展微观社会治安环境调查，也称社区环境调查。社区环境，既包括地理位置、面积、地形、地貌、山川河流、气候条件以及各种自然资源等，也包括社区道路、街巷、车站、码头、公园、绿地、文体场所（馆）等主要公共设施，更包括社区的产业结构、家庭结构、居民结构和其他人文因素。具体包括：社区的山川、河流、湖泊、水塘、树林的分布情况；社区的道路、桥梁、街巷、胡同的名称、部位、通向、宽窄等情况；社区各类建筑物的分布、结构、功能等情况；辖区各单位和村落的名称、分布、规模等情况；产业环境情况；供人们进行文娱、体育、游览、商品交易等活动的公共场所的分布、结构和场所周围的环境情况；重点保卫或保护的地区、行业和要害部位等情况；各基层组织对本单位成员的教育、管理、制约的状况以及居民的安全防范意识和社会道德、法律水平；居民的人际关系、邻里关系、协作意识状况和民间纠纷的调解处理情况等；家庭对子女的教育情况；不良家庭、缺陷家庭、破裂家庭的情况；青少年的学习、就业、婚姻、恋爱、娱乐等方面的社会环境、条件以及困难和问题。特别是劣迹青少年生活的家庭环境、街道邻里环境、职业环境和学习环境等；社会各阶层各方面人士，在各个不同时期对党和国家的路线、方针、政策、措施和国际时局变化或国内发生的政治、经济、文化和自然灾害事故等重大事件的反映。

3. 治安管理对象调查

（1）人口调查

①常住人口调查。主要包括常住人口的身份情况、经济状况、现实表现、经常往来的社会关系及其流向动态情况。重点是其中的成年人口中有某些特

定职业（如出租司机）、特殊专长（如攀爬、游泳）的人员。开展经常性的常住人口调查是人口状况调查的基本内容。常住人口的调查对象主要是年满16周岁以上的成年人口，侧重点是16～40岁这个年龄段的成年人。

②重点人员调查。包括其姓名、性别、年龄、文化程度、职业、体貌特征、行为习惯、语言特征、婚姻状况、工作单位、家庭成员情况以及前科劣迹、主要社会关系和经常交往人员、经济情况、现实表现等详细情况。

③流动人口调查。主要包括其构成、来源、流向、暂住时间、暂住地点、暂住原因、活动或就业情况、收入情况、生活状况等。流动人口调查的重点是：属于流出地重点人口的；落脚在有刑事犯罪活动嫌疑人员家中的；租住在国家重点建设单位、重要机关或部门周围的；有涂改、冒充或伪造证件进行违法犯罪活动嫌疑的；来历不明、身份不清、形迹可疑、经济收支反常的；无有效证件、无固定住所、无正当经济来源的“三无”人员。对于在私人出租屋、个体旅店、城郊结合部、水陆交汇处等复杂区域暂住的人员，应该重点进行调查了解；对于情况可疑或有违法犯罪苗头的要及时、全面、准确地掌握其历史表现、思想动态、流出的真实目的、活动规律及行为动向等。

（2）物品调查

物品是治安管理的客体要素之一。做好有关物品的管理、保护、控制工作是治安管理发现隐患、堵塞漏洞、消除不安定因素，防止治安灾害事故发生，减少违法犯罪的重要手段。物品调查主要包括以下内容：

①易燃、易爆、剧毒、放射性等危险物品调查。包括其性能、稳定状况和在生产、运输、贮存、销售、使用中的安全防范条件。

②枪支弹药、管制刀具等易于被违法犯罪分子利用作为违法犯罪工具的物品的生产、存放、销售状况、安全保管的条件与措施，以及在社会上的流失状况。

③消防设施的设置和功能状况。

④淫秽物品的来源、流通渠道和在社会面上的扩散状况。

⑤居民住户的门窗、门锁等安全防范条件的状况，贵重物品和重点部位的安全保卫条件和安全设备（如报警品等）的性能和工作状况等。

⑥机动车及其夜间停放、防盗措施情况。

4. 治安管理工作情况调查

（1）公安机关机构设置、警力状况、队伍素质、装备水平、运行状况、工作效率等。

（2）群众性治安保卫力量的情况及其活动情况。

（3）保障社区治安秩序稳定的控制力状况。

①公安机关对影响社会治安秩序的人、地（公共复杂场所、特种行业、重要部位等）、物（危险品、违禁品）的治安控制状况。

②对违法犯罪案件的及时侦破、依法打击处理状况，特别是重大恶性案件的侦破和打击状况；对违法犯罪分子打击处理的社会效益状况。

③对群体性事件的预防、疏解、处置情况。

④对危害公共安全的现象及隐患的发现、排除的状况。

5. 社会治安状况调查

对一个社区的治安状况的调查、分析和评估不能简单地用违法犯罪的数量变化来衡量，应该综合研究各方面因素进行全面评估。社会治安状况方面的信息主要内容包括以下几个方面。

（1）违法犯罪动向

①刑事犯罪案件。包括各类刑事犯罪案件的数量、刑事犯罪率特别是重大刑事案件发案率的变化状况；刑事犯罪嫌疑人活动的特点、规律；刑事犯罪在地区、场所、部位等空间方面的特点；在时间方面的特点；被侵害对象、侵害客体方面的特点；各种犯罪类型的发案规律及其表现形态等。

②治安案件。如各类治安案件的数量、类型、表现形式、危害后果及发展变化情况，治安违法行为人的情况，被害对象和客体的情况等。

③其他违法行为的情况及其发展变化状况。其构成、数量、破坏能量的扩散状况及发展变化状况。

（2）社会热点问题及群体性事件情况。群体治安事件、一定时期影响社会治安的其他社会问题的类型、数量、起因、主体构成及其发展变化的状况、规律、特点。

（3）治安灾害事故发生及造成损失的数量及情况。

（4）社会动态。主要指国内外重大政治、经济、军事、社会事件，重大政策调整、自然灾害等引起的社会反响及其对社会治安的影响。

6. 居民群众主观评价

居民群众的主观评价作为人们对一定时期社区治安秩序的一种综合性的主观感受，涉及的因素很多，既有理性的，也有非理性的；既有较稳定持久的心态，也有容易变化的情绪化反应等。因此，一定要科学、客观地分析和评价。群众的主观评价主要表现为社区公众自身安全感的状况，具体可以通过两个方面得以反映：一是在日常生活中可以免受各种非法侵害，并且坚信这种可能性具有可靠的社会保障；二是对社会正义感、责任感的内在感受。群众的安全感强，则反映出群众的积极心态，相信社会正义和邪不压正；相信对不法侵害的斗争，能够得到社会的支持，能够取得最后的胜利。

群众安全感状况的调查，主要可以根据以下几个方面的指标进行分析：

（1）在当前的社会治安环境下，群众自身安全的总体感受状况。

（2）公众对自身遭受不法侵害时的态度如何。一是当自己遭受不法侵害时的态度，是坚决与之斗争，还是甘受其害；二是当他人遭受不法侵害时所表现出来的态度，是挺身而出，见义勇为，还是明哲保身，见死不救。

（3）女性上下夜班是否需要接送及所占的比例情况。

（4）当单独在家时，是否感到安全，是否害怕有陌生人来访。

（5）深夜是否敢单独外出。

（6）家中无人时是否担心被盗。

（7）群众出入公共场所是否感到安全。

（8）对自己未成年子女遭受侵害或受到不良诱惑而变坏的担心程度。

（9）群众对法律的权威性感受和依赖情况以及对公、检、法 部门的信任程度。一是当公安、司法人员正在执法时，群众能否积极协助；二是作为事（案）件的知情人，能否主动检举、揭发他人的违法犯罪行为。

（三）治安调查的基本要求

1. 主动、及时开展治安调查

治安信息的掌握是公安机关进行科学决策的前提和关键，是公安机关积极行政、执法为民的内在要求，也是公安民警履行职责的需要。因此，公安民警必须主动、及时收集、掌握治安信息，充分发挥治安信息的作用，提高工作效率。主动积极开展治安调查要求公安民警及有关力量要在树立正确的情报信息意识，增强对情报信息敏感性的前提下，充分发挥主观能动性，主动深入群众，了解掌握社会动态，积极发现、捕获治安信息。治安信息具有很强的时效性，有的稍纵即逝，有的会发生变化，如果不及时收集、掌握就会随着时空的变化而消失或失去现实作用。

2. 全面调查与重点调查相结合

治安调查要全面细致与重点调查相结合。所谓全面，是指对于社会上的各种有效治安信息，要尽可能地全部予以采集，尽量减少疏忽、遗漏。所谓细致，是指要提高对治安信息的洞察力，善于发现和掌握治安苗头、动态，能见微知著，从细枝末节之处洞察事物的本质。同时又要善于抓住主要矛盾进行重点调查，达到“窥一斑而见全豹”的目的，从而全面、系统、深刻地了解、掌握一定时期内的治安信息。

在具体的调查实践中，要注意从不同的角度、不同的层面上听取和了解各方面的情况和意见，力求做到内部与外部、宏观与微观、静态与动态、定量分析与定性分析、历史与现实等方面紧密地结合起来，在全面了解、掌握的基础上发现重点、突出重点，抓住主要矛盾和矛盾的主要方面，分清轻重缓急，做好当前的中心工作，进而为促进全局工作服务。

无论是全面调查还是重点调查，都不仅要求公安民警具有高度的责任心，还应具备较高的专业敏感性。治安信息往往不是以同一形式直观、单一地独立表现出来，而是几种信息相互交织在一起，有的信息被某一信息所包容，有的信息具有潜在性或被其他信息所掩盖，如不注意发现、挖掘，往往容易被忽视。从公安实际工作看，治安信息常常具有随机性和不确定性，违法犯罪活动的发生、群体性事件的形成等更是具有很强的不确定性，这就决定了公安民警收集、掌握治安信息，也具有很大的随机性，需要在治安调查工作中具有高度的敏锐度。

3. 依法、规范地开展治安调查

依法、规范既是公安民警开展治安调查的过程性行为准则，也是其结果性技术标准。第一，治安调查应符合国家有关法律规定和现代法治精神，避免调查过程中因滥用权力、方法简单、作风粗暴等造成对公民权利的侵犯。第二，对治安调查要符合一定的规格要求，使信息的表述、格式、符号、介质等具有统一的规格、统一的计算方法和标准，以便于下一步交流、处理、检索，使其成为决策的依据。

（四）治安调查的基本方法

大而言之，治安调查的基本手段包括人工手段和技术手段。所谓人工手段，是指由公安民警深入群众，深入社区中进行调查了解进行治安调查，或通过组织建立信息员治安调查。所谓技术手段，是指通过仪器，运用现代信息技术采集治安信息。目前，这类手段主要有：视频技术、计算机及网络技术、传感技术、激光技术及其他技术手段。运用这些手段，有很多具体方法。

1. 一般方法

即在任何治安调查工作中可以运用的具有普遍性的方法，主要包括登记法，观察法，访谈法，问卷调查法等。

（1）登记法

公安民警对社区人口的基本情况和与社会治安有关的情况经常进行登记，是开展社区治安基础调查的基本方法和重要基础，也是管理社区治安的有效手段。通过登记，可以正面了解社区人口个人的基本情况，可以对居民办理的有关事情进行审核，可以掌握与社会治安有关的一些基本情况，为社区治安基础调查和治安管理积累资料、奠定基础。公安派出所必须建立科学、规范的登记制度，以确保这项工作落到实处。

（2）观察法

是指治安调查人员在产生信息的地方，通过耳闻目睹而获得信息的一种方法。由于通过这种方法所得到的信息属于第一手资料，因而具有较强的客观性，但实践中应注意观察的全面性，并应加强对信息可靠性的分析，防止被表面现象所迷惑。

（3）访谈法

访谈法是指公安民警有计划、有目的地通过与被调查者面对面地进行交谈和讨论，以了解与社会治安有关的情况的一种调查方法。访谈是一种特殊的人际沟通形式，它不同于一般的日常交谈。访谈从表现形式上看是单向的，由公安民警提出问题，被调查者回答，但实质上是一个相互作用、相互影响的过程。公安民警在访谈中能否给被调查者以积极的影响，能否与被调查者建立起基本的信任关系，能否把握访谈的主动权，直接决定了访谈工作能否顺利进行，能否达到预定的目的。根据访谈对象的人数可以划分为个别访谈与集体访谈。个别访谈是公安民警对被调查者的单独访谈，不受外界或第三者的影响。其主要特点就是能够减少或消除被调查者的顾虑和心理压力，形成一个良好的谈话氛围，有利于双方的沟通和尽快建立起信任关系，实现深度访谈。但也有一定的局限性，存在诸如内容片面、代表性小、误差较大等问题，难以据此进行推断。集体访谈就是通过开座谈会的方式调查、了解有关情况的调查方法。集体访谈可以看作是个别访谈的扩展，也是直接的、面对面的调查，也是一个调查者与被调查者以及被调查者之间相互作用、相互影响的互动过程。

（4）问卷调查法

是指调查者根据一定的目的，通过统一设计由一个个问题组成的问题表格，而向被调查者了解情况、征询意见的一种调查方法。其主要特点为标准化、间接性和书面化。这种方法的突出优点是能够突破时空的限制，在较大的范围和较短的时间内，对较多的调查对象进行调查，从而获得大量的较为客观、真实的第一手材料，有利于对调查资料进行定量分析。在社区治安基础调查的实践中，这种方法常用于社会治安状况、群众的安全感以及群众对治安管理的意见和要求等方面的调查。运用问卷法进行调查的一般程序是：设计问卷调查表、选择调查对象、分发回收问卷、分析研究问卷。其中设计调查问卷是关键，设计的问卷质量如何，在很大程度上决定着问卷调查的回复率和有效率，乃至于整个问卷调查能否取得成效。问卷调查表一般由标题、前言、主体和结语四个部分组成。

2. 特殊方法

是指运用法律允许的特殊手段进行治安调查的方法。运用特殊方法可以采集到更深层次的治安信息，从而弥补普通采集方法的不足，保证所采集的治安信息的全面性。

（1）运用行政手段治安调查。即在治安管理活动中，通过运用公开的行政手段，向有关单位或个人获取信息，如有关单位或个人拒绝提供、不按时提供有关信息，公安机关有权强制其提供。

（2）采取专业手段治安调查。即通过讯问、录音录像、图像监控等公安专业手段来获取信息，也包括利用秘密力量治安调查。

第二部分　参考范例

范例 2.1：社区民警入户调查八法

一是电话预约法。开展入户调查必须事前做好充分准备，要有计划、有重点、分步骤地逐村逐户进行走访。为了提高入户调查的效率，防止吃“闭门羹”，每日下社区前，先确定走访的户数和人员，然后通过户籍管理系统或者综合应用系统，查询居民的电话号码，然后进行电话预约，讲清入户调查的时间和内容，使群众理解、支持入户调查，防止跑空腿或者打扰群众休息。对电话无法联系上的居民，社区民警可通过物业管理公司、居委会、周围邻居了解该户情况，掌握居民的活动规律，避开工作时间，灵活开展走访。

二是进门入户法。电话预约后，社区民警必须按照规定时间上门，最好不要穿警服，防止引起别人误解，给居民造成心理压力。敲门也要注意方式方法，不能太急促，防止群众产生反感。当居民开门或者询问来人时，社区民警必须表明自己的身份，保持谦和的态度，给被调查者留下较好的第一印象。当敲门无人应答或者居民拒绝开门时，社区民警可电话联系社区居委会、村组干部、物管人员或者邀请邻居共同开展工作，打消户主的疑虑，使其配合民警工作，破解“门难进”的问题。

三是因人施策法。对于比较熟悉的居民，社区民警可以开门见山，直接表明入户调查的目的，询问相关情况和破案线索，提高入户调查的效率，快速获取信息。而对一些不太熟悉的居民，社区民警谈话时必须掌握一定的方法，要求由远及近、由疏到亲，一般不直接进入主题，而是围绕社会焦点、热点问题或者从被调查者感兴趣的话题入手，采取拉家常的方式，谈论一些与入户调查无关的事情，在拉近距离后，再切入正题，开展入户调查，做好人员信息登记、情报信息收集、法制教育宣传等工作，破解“交谈难”的问题。

四是换位思考法。入户调查前，社区民警要熟悉调查对象的情况，看有无被公安机关处罚经历，有无离婚、丧偶、丧子等情况，有无特殊生活习惯和宗教信仰，从而确定调查方法和内容。入户调查中，社区民警要学会换位思考，回避居民比较敏感、不愿谈起的话题，多从对方的感受出发，注意说话的方式方法，否则戳到户主的痛处，容易使双方尴尬，甚至会使被调查者对社区民警产生逆反抵触心理，不利于入户调查的正常开展。

五是以退为进法。由于性格、兴趣等因素，入户调查中居民可能会对民警产生误解，甚至不配合工作，这时社区民警就必须学会稳控自己的情绪，不能意气用事，以管人者自居，以命令式语气要求户主该做什么、不能做什么，而需要以退为进，避开矛盾，谈一些与公安工作无关的话题，经过一段时间的降温，慢慢冷却居民的情绪，待对方心平气和时，民警再开展工作，保证入户调查顺利开展。

六是迂回侧击法。针对当前流窜犯罪不断增多，不少犯罪嫌疑人租房居住的情况，开展入户调查是发现犯罪的有效途径。社区民警在入户调查中，对陌生人要问清来此目的、工作情况，认真查验其身份证件，在发现其衣着穿戴、所用物品与其身份明显不符时，要提高查问艺术，讲究方式方法，不能直切主题，因为犯罪嫌疑人对民警保持高度戒备心理，需要采用声东击西、迂回侧击的方法，询问一些看似杂乱无章、无关紧要但却与犯罪有关的问题，仔细观察对方的表情，从中发现破案线索。

七是信息比对法。目前，有些公安机关为基层民警配备了警务通或者搭建了能查询疑人疑车信息的短信平台，入户调查中，社区民警要利用这一条件，在发现可疑情况时，及时查清暂住人口、高危人员的真实身份。在不能现场查询比对信息的情况下，社区民警可以及时与派出所值班人员联系，利用全国追逃系统和全国违法犯罪人员信息系统等，通过网上比对，让犯罪分子顿时现形。

八是分类入户法。入户调查既需要全面铺开、一户不漏，更需要把握重点，提高针对性和实效性。应每日将采集信息录入警务信息系统，每月对入户调查工作进行总结研判，综合辖区发案情况，确定入户调查的重点，一般分为三类：一类为案件高发地区，通过入户调查收集破案线索，及时发现疑人疑物，拓展破案空间。二类为重点“上访老户”，在敏感时期坚持每日走访，通过入户调查了解重点“上访老户”的思想、活动情况，帮助疏导情绪、解决问题，并通过物建信息员的方法，及时掌握重点信访人的行踪，切实将其盯紧盯牢，防止发生越级、过激上访。三类为普通居民，一般按计划开展入户调查。通过突出重点，调整方法，既克服了警力不足的问题，又提高了入户调查的效率。

范例 2.2：社区民警“入户调查六步法”

徐州市公安局泉山分局社区民警仇步光，探索总结了社区民警入户调查六步走工作方法：

第一步，入户准备很重要，11 项物品要备好。入户前准备一身警服、一本警官证、一个警务工作包、一盒警民联系卡、一双鞋套、“一脚蹬”皮鞋、一把手电、一本实有人口登记簿、一部数码相机、一盒印泥、一叠暂住证。

第二步，轻按门铃轻敲门，递上名片问声好。上门入户有门铃的要按门铃，按门铃时要有节奏不能急促；没有门铃的敲门力度要适中，要有节奏感，不能急促，避免引起主人的反感。主人开门民警首先问声好，递上一张警民联系卡。

第三步，自我介绍讲来意，进门脱鞋或戴鞋套。自我介绍“我是这一片的片警”，讲明来意，根据情况进门脱鞋或戴鞋套。

第四步，信息采集细又全，社区民意收集到。核对实住人口信息将能够采集的信息尽量采集，在与居民攀谈中获取社区民意，搜集情报信息。

第五步，嫌疑调查要谨慎，观察询问要巧妙。遇有居住人员混杂，行为活动有嫌疑或可能是网上逃犯的，此时要谨慎，观察室内物品时要巧妙的问其生活、学习、工作情况怎么样，夸奖其房子不错、装潢不错等找个借口借机进行观察，从而发现可疑物品，控制住嫌疑人。

第六步，防范知识宣传到，警民关系会更好。在入户调查的同时，对住户存在的安全隐患要及时指出，并做好防火、防盗、防诈骗、防治安灾害事故的宣传。送上一份宣传图册，或带有民警照片和安全防范知识的年画，通过经常性的入户走访调查，进一步密切警民关系。

范例 2.3：双向熟悉群众工作法

宝应县公安局治安大队民警蒋跃洲总结认为，开展责任区警务工作，履行好责任区民警职责，最重要的是要有群众基础，群众基础来源于警民之间的双向熟悉。实现双向熟悉，可采用以下方法：

1. “五步法”走访群众。一是主动表明身份，见到群众后，面带笑容，向被走访人问好，主动出示工作证件，让群众明白自己的身份，使群众愿意接受走访；二是用亲切的语言称呼，结合当地的习俗，根据性别、年纪称呼被走访人，拉近与群众的距离；三是先拉家常，不直奔主题，不急于询问想知道的事情，不让群众感觉专门来打听事，通过拉家常，逐渐了解有关情况，使群众产生亲近感，主动反映情况信息；四是带着感情访问，把群众当成自家人，想群众之所想，急群众之所急，将心比心，以诚相待，尤其关心困难群众的生活，并主动协调相关部门予以解决，即使一时解决不了，也要当面记录在工作簿上，让群众知道民警时时在惦记着他们；五是邀请群众到派出所或警务区做客，或预约下次走访时间，或留下联系方法，记下群众的联系电话，便于进一步工作。

2. “四多”了解群众。多询问。无论什么时候见到群众，都要与他们寒暄几句，谈一谈家庭情况，聊一聊家长里短，问一问辖区治安，听一听群众意见。多观察：要注意观察群众的情绪变化，辖区群众谁家夫妻闹矛盾、谁家有喜事，都要敏锐地从群众的情绪变化中捕捉到，逐步养成习惯，提高发现问题的能力。多记载：辖区发生的变化、群众家里的红白喜事等等，尽可能记在工作簿中。多思考：对于群众的事，光眼睛看不行，光用本子记也不够，最重要的是要琢磨。要经常认真思考开展群众工作的方法，研究如何通过群众之间亲密的关系化解矛盾，同时，根据群众的意见，反思改进自己的工作。

3. “三记”熟悉群众。用心默记：每天睡觉前，将走访对象的住址、个人特点及谈话内容在脑中放一次电影，将群众牢牢地留在脑中、记在心中。用本登记：为便于资料的积累和分类，除单位统一的工作日志外，最好分类制作辖区重点人口、暂住人口、单位情况记录本，专本专记。例如重点人口记录本，收集工作对象的照片、姓名、绰号、出生时间、体貌特征、列管原因、经济状况、现实表现、个人嗜好等；辖区单位情况记录本记载商店、餐馆等营业场所的名称、地址、门面招牌内容、联系电话、聘用人员、消防设施等等。用图标记：绘制一张责任区平面图，图中标明辖区群众住宅方位、户主的姓名等情况，用各种不同图标注明重点人口、贫困户等情况，让人只要看到图就能对责任区的基本情况一目了然。

4. “五个发动五个带动”让群众熟悉自己。作为责任区民警，不但自己要熟悉群众，更要让群众熟悉自己。可用“五个发动五个带动”的方法让广大群众认识、熟悉自己，即：发动村干部带动村民，发动治保人员、治安员带动其家人、亲属、朋友，发动治安秘密力量、朋友等骨干带动其亲戚朋友，发动学校老师带动学生和家长，发动企业、个体老板带动企业员工。此外，还可通过悬挂责任区民警联系牌（包括姓名、照片、联系电话和服务承诺）等方式让群众熟悉自己。

范例 2.4：冷静应对“挑衅者”

社区民警金某（男，26 岁）按照预约，于某日晚 8 时左右至居民冯某（女，49 岁）家走访。入户后，冯某招呼金某入座。但金某随后遭遇以下情形：

冯：“你是小金哈，我在警务室门口看过你照片。”

金：“谢谢您记得我！”

冯：“你来派出所几年啦?”

金：“三年了，不过这个社区才接手五个月。”

冯：“你们平常不忙哈！”

金：“挺忙的。”

冯：“忙给领导看?”

金：“……”

冯：“你们就不能干些正事?”

金：“您觉得我们不干正事吗?”

冯：“你们整天就忙着到我们各家瞎转悠，还晚上来，有窥私癖吧！”

金：“……”

冯：“我家助力车被偷了两辆，你们怎么不给破案啊！”

金：“案子也不是都能破的。”

冯：“6 栋那小子整天不三不四的，听说坏事从没停过。你们怎么不管管?

你们是不是专挑软柿子捏，你在躲他吧！”

金：“……”

冯：“你们派出所旁边那几家歌厅就乌烟瘴气，你们怎么不管管！”

金：“……”

冯：“我看你还是回去歇歇吧！要是不能干警察，就别在那儿当摆设了”。……

面临这一情形，金某的应对方法是：

当场：（1）“耐住性子”，听其倾诉。（2）感谢她直言批评。（3）询问其助力车被盗有关情形、是否报案？了解“6栋那小子”及“派出所旁边那几家歌厅”具体情况，询问是否有具体线索。（4）向冯某表态，一定改进自己工作，并把有关情况向派出所报告后，采取相应措施。（5）待对方情绪平息后，继续完成本次户访。

事后：（1）对于冯某提供的信息，及时向所领导汇报，自行或者根据安排进行查证。（2）反思自己或派出所工作中有否失误或者不足之处，如有，自己的及时改正，派出所的及时提出建议。（3）间隔一段时间后再次预约登门或直接登门，化解隔阂，争取信任支持。（4）如果冯某提供了有关情况、线索，在查证落实后，在不泄密的情况下，不论是否成立，均及时反馈有关情况。

第三部分　实训方案

一、实训目的要求

通过本项目实训教学，使学生认知入户走访的目的意义和工作任务；了解、掌握入户走访的基本环节和注意事项；熟练掌握入户走访方法和沟通交流技巧；具备开展入户走访的基本能力，培养“以人为本”的正确群众工作理念。

二、实训内容

1. 入户走访在现实运行中相关情况的评估，包括环境方面、群众方面和民警方面。

2. 入户走访基本环节、主要方法及常用沟通技巧。

3. 居民户入户走访勤务中重点难点问题及其应对策略方法。包括：怎样解决“入户”难的问题；对于初次接触的居民，在走访交谈时应注意什么问题；入户走访中如何识别、应对可疑情况、可疑对象；如何面对“挑衅者”。

4. 演示与组织演练，包括如何与初次接触的居民时拉开话题；与有一定可疑情形人员（分一般嫌疑、高度嫌疑、在逃人员三种情形）的交谈策略；如何面对居民提出的问题和要求。

三、教学重点

1. 入户走访基本方法；2. 入户走访中与不同群众沟通交流的方法、技巧；3. 识别、应对“可疑”的策略与方法。

四、学习难点

1. 如何合理、科学地使用教学方法，使学生感知并体验当前基层公安机关入户走访工作所面临的实际困难，存在的具体问题；2. 如何通过讲授与实训使学生扎实掌握入户走访中与不同群众沟通交流的方法、技巧；3. 如何通过教学设计，使学生在具备入户走访基本职业能力的基础上，树立“以人为本”的群众工作正确理念。

五、实训条件

1. 教学场地：多媒体教室、入户走访实训场地。

2. 实训器材：学生证（教师教官警察证），公文包，笔记本，社区民警联系卡，安全防范宣传册等。

六、实训组织

（一）实训教学准备

1. 教师准备

（1）编写教学教案，制作教学课件，明确教学内容、教学目标、教学重点难点、教学方法、教学流程；

（2）教师提前10分钟到达教学场地，准备及检查多媒体教学器材，做好上课前各项教学准备工作；

（3）在教学过程中保持优良的教姿教态，声音洪亮，语言表述清楚简练，讲解示范准确、规范熟练运用各类教学方法；

（4）以学生为主体，教师主要发挥组织、引导、控制作用；以实训操作为主，以理论讲解、知识传授为辅，让学生在实际操作中体会入户走访的重点和难点，掌握入户走访方法和沟通技巧，树立正确的群众工作理念。

2. 学生准备

（1）提前预习课前布置的教学资料，提前一周向学生发放案例材料、相关阅读材料，要求预习学习资料，了解入户走访（“入户调查”）活动相关背景情况，明确学习要求。

（2）实训期间严格听从教师口令实施，专心听讲、认真思考，积极参与实训，严格遵守教学纪律。

（二）教学方法

1. 多媒体教学法；2. 案例分析法；3. 提问法；4. 小组讨论法；5. 角色扮演法；6. 启发式教学法；7. 情景模拟训练法；8. 讲评法。

（三）教学实施

1. 理论提示

【内容及要点】

（1）入户走访的概念及相关概念；

（2）入户走访的主要工作内容；

（3）入户走访的主要任务；

（4）入户走访的基本要求；

（5）入户走访中的沟通技巧；

（7）入户走访中常见困难与问题。

【组织和安排】

（1）以上内容由主讲教师对全体学生进行集中授课，辅以提问、案例分析、材料分析。

（2）期间，可请2~3位学生结合见习、实习所了解情况发表看法。

（3）老师视学生陈述情况给予补充。经过学生发言或老师补充（只说结论、不剖析），以下要点应予涉及：

——“三懂四会”的基本能力要求；

——“身子沉下去，问题带上来，难题解决好，形象树起来”的基本工作要求；

——七个基本环节；

——“二八现象”与确立重点。

2. 导入案例：入户走访在现实运行中相关情况的评估

课堂播放视频，展示部分一线民警对入户走访勤务的看法，组织讨论。

（1）课件展示视频资料

民警甲：入户走访我们几乎每天都在做，但是见不到效果。主要原因是，容易见面的，都是没有什么问题的，那些我觉得可能有问题的重点对象，要么根本见不到人，要么找出各种理由，根本不配合我们走访。几年了，几乎没有获得有用的信息，也没有解决什么实际问题。感觉这项工作不值得那么认真。

民警乙：入户走访让我们“伤不起”，我们很多人心理不平衡。一些居民隔着防盗门猫眼，明明看见我们穿制服来的，硬是声称家里有客人，不让我们进门。就算让你进门了，不少也是明显与你保持距离，你想问什么情况，可难呢。有时说不了几句话，就有点下逐客令的意思。有一次，一对青年夫妇讥讽我“是不是有窥私癖？”

民警丙：我害怕入户走访这项工作，心理压力很大。居民不欢迎我们，我现在的方法是挑选熟悉一些的“好说话的”居民，把表格填填好，“对付对付”！

民警丁：你要了解群众，群众也要了解你。当群众还不太了解你，就难免会有所保留，不会反映全部意见，难以提供真实信息。群众认同你理解你，就会从“不愿让你进门”转而“将你看作自家人”。不仅入户时容易收集到有价值的信息，他们平时还会主动把有用的信息告诉你。

（2）组织学生讨论发言学生简要讨论后，自愿举手与老师指定相结合，每则材料分别指定 1 ~ 2 名同学指出其问题所在。

（3）老师简要小结与归纳

①对学生课余讨论、课堂发言过程及观点的肯定，今后类似讨论、发言进一步提升的建议。

②作为民警，应少找客观原因，多找主观原因；少从群众这边找原因，多从公安机关自身找原因。

③入户走访是个“细活”“良心活”，需要民警投入情感、不怕琐碎、不畏困难。

④从“六必访”到越来越多的“必访”，有不断“创新”、越来越“周到”的味道，但切记不要搞成“作秀”。不能急于求成，应量力而行、务求实效。

⑤入户走访任务及民警角色定位（1 分钟）

	入户走访任务	走访民警角色定位
1	采集治安信息	治安信息采集员
2	宣传法律政策	法律政策宣传员
3	指导安全防范	安全防范指导员
4	访察社情民意	群众情绪疏导员

3. 与群众沟通的基本技巧①

组织学生对给到案例进行讨论，对案例的对象进行模拟入户走访沟通实训。

① 本部分引用了浙江警察学院俞秋明副教授提交的第一届公安部全国公安院校教学技能大赛教案部分内容。

（1）形象良好（表情、眼神、体态、言谈、习惯、兴趣等）

社会交往印象的形成

	要素	内涵	比例
1	外表	服装、个人气质、形体、发型等	38%
2	自我表现	音质、语气、语速、语调、姿势、动作等	55%
3	讲述内容	具体阐述内容	7%

（2）运用群众语言

群众语言特征：通俗性、口语性、生动性、地域性、诉求性等。

民警需掌握的群众语言形式：适当的称谓语、恰当的体态语、必要的方言、独特的行话、基本的禁忌语、生动的网络语等。

（3）曲线迂回，寻找共同话题

形成共同话题要素：话题开放、贴近对象、态度诚恳、内容真切、解决问题等。

（4）发现问题，耐心倾听诉求

消极倾听、积极倾听的表现

		消极倾听	积极倾听
言语		打断别人讲述；装腔作势；声音太大或太小、窃窃私语、不予回应	等别人讲完再说；适当的语调；适当的音量；适时应和、解释、总结
非言语	眼神	看别的地方、目光呆滞、无神	适当的目光接触
	表情	过于严肃、冷漠、过度情绪反应	适当微笑、配合说话内容的恰当表情
	姿态	身体侧向说话者；双手放在胸前；坐在椅子上身体后仰；伸懒腰；玩东西……	面向说话者；身体微微前倾；适当地点头等安慰动作

4. 居民户入户走访重点难点问题

给出全部问题（课件上展示），让学生用5分时间准备，可以小声议论、讨论。

——怎样解决“入户”难的问题？

——对于初次接触的居民，在走访交谈时应注意什么问题？

——入户走访中如何识别、应对可疑情况、可疑对象？

——如何应对“挑衅者”？

（1）怎样解决“入户难”的问题?

①指定2~3名左右学生发言（简要陈述结论性观点即可）。

②老师根据学生发言，视情况进行引导，或者引导性再提问。

③老师点评。

④课件上展示本课程的意见（告知学生，只是参考，来自于一线民警的经验总结，并无规范性文件明示性规定）。

（2）对于初次接触的居民，在走访交谈时应注意什么问题?

①指定2~3名左右学生发言（简要陈述结论性观点即可）。

②老师根据学生发言，视情况进行引导，或者引导性再提问。

③老师点评。

④课件上展示本课程认为的要点（告知学生，只是参考，来自于一线民警的经验总结，并无规范性文件明示性规定）。

（3）入户走访中如何识别、应对可疑情况、可疑对象?

①指定2~3名左右学生发言（简要陈述结论性观点即可）。

②老师根据学生发言，视情况进行引导，或者引导性再提问。

③老师点评。

④课件上展示本课程强调的要点。

（4）遭遇“挑衅者”怎么应对?

课件展示案例（以视频形式表述，字幕提示对话内容，对话内容附后）

老师口述并辅以课件展示：如果你是民警小金，当场会怎么应对?事后又该怎么做?

①课件展示上述案例要点；

②组织学生议论；

③视时间情况安排学生发言；

④老师简要点评后给出自己的看法。

5. 操作技能演示与演练

本环节主要包括：告知演练规则、老师（实战教官）现场演示、学生模拟演练、老师（实战教官）纠正与点评。

演示演练1：与初次接触的居民打开话题

（1）实战教官现场演示，分老年人、小孩、流动人口、重点人口、监管对象五种情况，分别演示（见面称呼、自我介绍、寒暄、切入正题等）。

（2）学生小组交替模拟演练；任课老师（含实战教官）观摩。

（3）老师点评。

演示演练 2：与可疑人员的交谈策略

（1）实战教官现场演示，分一般嫌疑、高度嫌疑、在逃人员三种情形，分别演示。

（2）向学生提问：是否领会了？为什么要这样做？

（3）学生小组交替模拟演练；任课老师（含实战教官）观摩、纠错。

（4）老师点评。

演示演练 3：对居民提出的无法实现的要求的回应

（1）实战教官现场演示，分违反政策法律、超越职责范围、其他不合理要求等情形，分别演示。

（2）学生小组交替模拟演练；任课老师（含实战教官）观摩。

（3）老师点评。

6. 提问与答疑

7. 分组练习

七、实训考核

过程分（20 分）；入户走访态度认真、精神饱满；走访对象选择得当，并有效沟通（20 分）；选择具有代表性的走访对象，与相关对象积极有效沟通；获取、传递有效信息（40 分）；发现情况、线索，征求意见和建议，宣讲政策、法律法规，宣传安全防范；入户走访情况记载或者调查报告、调查心得（20 分）。

第三单元　治安巡逻盘查

问题引导：

在大多数西方发达国家，巡逻勤务被认为是“最普遍”“最常用”“最有效”的警察勤务方式。作为一种有组织、有计划的在岗执勤行为，治安巡逻勤务是公安机关强化社会面控制，预防和发现犯罪的一种有效手段，也是以动制动，严密治安秩序管理的一项重要措施，还是密切警民关系，了解社会治安信息的一种必要方式。在当前社会治安问题日益动态化、复杂化的情况下，巡逻勤务大大提高了公安机关社会治安动态控制能力，促进了公安机关维护治安、打击犯罪、以动制动、以快制胜的快速反应机制建设。治安巡逻勤务既可以对违法犯罪嫌疑人员形成一种强大的威慑力量，又可增强群众的安全感和对警方的满意程度。

第一部分　业务详解

一、治安巡逻

（一）巡逻勤务的含义

巡逻的字面含义是往来巡回，观察情况。作为一种勤务方式和工作方法，巡逻被诸多社会部门及个人广泛地应用于各项社会事务中。治安巡逻，即用于社会治安秩序管理活动的巡逻，是指由公安机关人民警察或者其他治安力量，为维护社会治安秩序和公共安全，以公开的方式，在一定的区域范围内展开的巡视、访询、临检、处置等活动。

（二）治安巡逻的形式

按照巡逻的区域、路线、时间、所采用的交通方式以及巡逻主体不同，对巡逻勤务可以作出若干类别划分。不同类别的巡逻勤务表现为不同的巡逻形式。

1. 按照巡逻所采用的交通方式来划分

按照巡逻所采用的交通方式划分，巡逻可以分为徒步巡逻、自行车（助力车）巡逻、摩托车巡逻、汽车巡逻、骑马巡逻、舟艇巡逻、直升机巡逻等。

徒步巡逻又称步巡，是治安巡逻勤务的最基本形式。步巡时，一般应以2到3名巡逻人员为一个巡逻单位，在情况熟悉的本社区或者单位内部，有时也可以由民警或者专职保安人员单人巡逻。步巡的主要优点是：巡行普遍，行动自如，不受气候、地形的限制；观察情况细致，又能运用听觉、嗅觉功能；接近民众，便于更多地获取信息，了解社会上的情况，也便于服务民众、指导民众；接受报警、求助，处理问题也更便捷；对潜在违法犯罪人员更有威慑力，更容易增加公众的安全感。缺点主要是：使用人力较多，容易疲劳，机动性不强，快速反应和区域策应能力差。

自行车巡逻的优点是：较徒步巡逻速度快、路线长、范围广；行动敏捷，无声音，无光亮，转弯迅速，停放方便；适用范围广，且易于保养、节省经费；不影响与民众的接触，有相当大的能见度。但在追捕逃犯方面自行车巡逻也经常显得力不从心，在车辆行人拥挤路段、崎岖道路，自行车巡逻也较困难。

摩托车巡逻的优点是：速度快，进入现场快，适宜于追击违章车辆，追捕人犯；能进入小街小巷以及边远地区；可携带通讯设备，担任传达、通信工作较佳；能保持巡逻人员焕发精神，神气十足；巡逻费用较小。但因其需要将注意力集中于驾驶上，对外界事物观察，注意力往往不能集中，安全性较差，尤其是两轮摩托车，容易发生交通意外。

汽车巡逻的优点是：速度可快可慢，巡逻范围大，活动力强，机动性强；通讯便利，因多装置无线电话于车上，随时可与指挥中心取得联络，故能迅速赶到现场，处理事故、事件；车身容量大，乘坐人数多，可随带一切应勤工具，救助急难，押解人犯等均较便捷；可以节省人力，巡逻人员体力不易疲劳，一次可工作较长的时间。但其缺点也较明显，如与群众面对面接触的机会减少，淡化了警民关系，造成信息不灵，还存在着费用大，保养困难，不良道路中无用武之地等缺陷。

2. 从巡逻的路线来划分

按照路线差别，可将巡逻勤务分为定线巡逻、不定线巡逻和混合巡逻。

定线巡逻是巡逻人员按照相对固定的线路在一定区域作有规律的来回巡逻；不定线巡逻则是巡逻人员以一定的区域范围内，根据治安秩序、违法犯罪现象的特点，自行确定巡逻路线，机动灵活地在辖区巡逻。混合巡逻是二者的结合。定线巡逻的优点是：监督容易，巡逻人员不易偷懒取巧；对于应该保护的处所及特定事物，能发挥保护作用，照顾周到。缺点是：视野和信息受到限制；易被不法分子掌握规律；巡逻人员容易产生枯燥、懈怠等心理。不定线巡逻的优缺点与之相反。混合巡逻旨在利用两者的优点，克服两者的不足。

3. 从巡逻的区域来划分

分为一般社会面巡逻、重要地区巡逻、道路（包括高速公路）巡逻、居民区巡逻和单位内部巡逻。

4. 从巡逻的机制来划分

可以分为二级巡逻和三级巡逻。省辖地级市所在地一般实行市局、分局、派出所三级巡逻机制；县（市、区）一般实行局、派出所二级巡逻机制。

5. 从巡逻的时间来划分

可以将巡逻分为：白天巡逻、夜间巡逻、二十四小时全天候巡逻。

6. 按照巡逻的主体来划分

可以分为：专职巡警巡逻、其他警种巡逻、群众性力量巡逻、警民混合巡逻。

通常而言，巡逻勤务以公开方式进行。但是，现实中，在治安复杂地段、违法犯罪多发区域，或者在某些特定情形下，必要时也可以有部分便衣力量秘密巡逻，作为公开巡逻的补充和策应。

（三）巡逻民警的任务、职责

巡逻勤务是治安秩序管理主体加强社会面治安控制，发现犯罪、打击犯罪的重要手段和有效途径。巡逻勤务的任务是：防范、打击违法犯罪活动，维护社会治安秩序，保护人民生命财产的安全，及时发现、处置突发事件，随时捕获、采集治安信息，协助有关社会管理事务，搞好社会服务，为群众排忧解难。

公安部《城市人民警察巡逻规定》第四条中规定了巡逻勤务中人民警察的职责，包括：

1. 维护警区内的治安秩序；
2. 预防和制止违反治安秩序管理行为；
3. 预防和制止犯罪行为；
4. 警戒突发性治安事件现场，疏导群众，维持秩序；
5. 参加处理非法集会、游行、示威活动；
6. 参加处置灾害事故，维持秩序，抢救人员和财物；
7. 维护交通秩序；
8. 制止妨碍国家公务人员执行职务的行为；
9. 接受公民报警；
10. 劝解、制止在公共场所发生的民间纠纷；
11. 制止精神病人、醉酒人的肇事行为；
12. 为行人指路，救助突然受伤、患病、遇险等处于无援状态的人，帮助遇到困难的残疾人、老人和儿童；
13. 受理拾遗物品，设法送还失主或送交失物招领部门；
14. 巡察警区安全防范情况，提示沿街有关单位、居民消除隐患；
15. 纠察人民警察警容风纪；
16. 执行法律、法规规定由人民警察执行的其他任务。

结合其他规范性文件和巡逻勤务实践，以上第 16 项规定的暂未列举的其他职责主要包括：保卫首脑部门、要害单位的安全，盘查有违法犯罪嫌疑的人员，及时发现和抓获现行违法犯罪嫌疑人，遇有职责范围内的紧急情况，及时赶赴现场，妥善处理，等等。

（四）治安巡逻勤务规划与实施的基本技术要领

治安巡逻勤务规划与实施的基本技术要领主要包括：巡逻区域确定、巡逻路线设计、巡逻的速度、巡逻机构地点的选择、巡逻的分班制度与时间分配、巡逻警力的分配以及巡逻勤务制度等。

1. 巡逻区域

巡逻区域是巡逻人员所担负职责、任务的工作范围，应实行分区（巡区或警区）负责、按片（巡段）包干，建立巡区、巡段责任制。一般根据城市的街巷格局、敌社情和重点目标分布等情况，结合行政区划，来合理划分巡逻区域。

2. 巡逻路线

巡逻路线的确定，一般根据巡逻区域实际情况，采取基本线路和主干线路相结合的方法确定。基本线路，是指覆盖巡逻区域80%以上街区的线路；主干线路，是指包含确保的重点目标（如首脑机关、要害单位、公共复杂场所）及偏僻街巷、绿化地带等易发案地段的主要街道。

3. 巡逻速度

巡逻路线是个定数，巡逻时间愈长，巡逻速度就慢，反之则快。巡逻速度太快或太慢都会影响巡逻效果。速度太快了，使得巡逻人员对周围事态如走马观花，不可能细心观察，遇到事故事件的发生，只能草草处理，并且长久处于高速状态，巡逻人员容易疲劳。速度太慢了也会产生一些弊病，由于时间充实，巡逻人员易漫不经心，这样就形成了无效或负效警力。计算巡逻一次需要的时间，必须先将巡逻人员途中处理各种事件所需要的时间预算出来，然后再根据路线长度与合理的速度来决定。

4. 巡逻分班与时间分配

巡逻勤务的分班，即是将执行巡逻勤务的警员分成若干班，实行轮流更替服勤。一般分为：（1）静态的巡逻分班。如二班制、三班制、四班制、五班制等。（2）动态的巡逻分班。巡逻的班次与时间分配必须要遵循一个原则：巡逻的班次与密度与治安控制的必要成正比。要根据公众的报案、询问以及治安问题发生的数量、性质及时间等因素进行周密统计、分析及评估。

巡逻分班应该注意的几个原则：（1）全时空控制原则；（2）尽量缩短拘束时间的原则，该原则意在保证巡逻人员不易疲劳；（3）尽量做到昼夜分离的分班原则；（4）巡逻人员劳逸均衡的原则；（5）不增加警力原则，即分班不能建立在增加警力的基础上。

5. 巡逻力量分配

（1）巡逻力量分配两个原则：一是警力的分配以适应时、地、事的变化为最高准则；二是预备力量的保留。三种保留预警的办法：集中式预备警力——从整个巡逻人员中挑选一部分，集中于警察部门准备担任临时勤务；分散式预备警力——各巡逻勤务班，每班有一人以上轮值预备勤务，以备处理偶发事件，或代理伤病者值勤；专门化的预备警力——各警察机关设预备队，专做预备力量。

（2）巡逻警力分配应注意的几个问题：一是训练及准备出勤时间的安排；二是休息时间的安排；三是整理报告与交代工作时间的安排；四是临时紧急任务派遣。

6. 巡逻勤务制度

巡逻勤务制度主要包括巡前教育制度、值班制度、备勤制度、记事制度、情况报告制度、交接班制度、协同勤务制度、检查考核制度等。巡逻勤务制度应科学、合理，要结合本地区社会治安秩序的实际情况、现有警力情况而设定。

（五）公安民警治安巡逻的规范化要求

公安民警执行巡逻任务时，应当遵守下列规定：

1. 着装巡逻民警应当按规定着装和携带装备。

2. 执行便衣巡逻任务，应当报经所领导批准，并随身携带工作证件；对携带的警械、武器或者其他装备，应当进行隐蔽或者伪装。

3. 按照指定路线巡逻，不得无故超出巡逻区域，或者减少巡逻时间和巡逻密度。

4. 到达巡逻重点地区时，应当停留作小区域巡查。

5. 遇有违法犯罪嫌疑的人员、可疑物品，应当出示工作证件，表明身份，依法进行盘问、检查。

6. 遇有突发事件或者事故，应当进行先期处置，并及时报告。

7. 巡逻车辆的停放不得妨碍交通。

8. 下车巡查时，车上或者车侧应当留一人，保护车辆安全、负责通讯联络和必要时请求支援等。

9. 接受处理案（事）件任务后，将任务执行情况及时向下达指令的部门报告。

10. 记录巡逻起止时间、巡逻路线和任务执行情况，并向接班组进行工作交接。

（六）治安巡逻中常见形迹可疑的情形

1. 针对盗窃机动车案件

（1）车牌颜色与标准车牌颜色有明显差别的；

（2）车窗封条有被撕开痕迹的；

（3）道路畅通的情况下，驾驶机动车缓慢行驶的或司机驾驶车辆明显不熟练的（如："画龙"、熄火、高速低档或低速高档、夜间行驶不开车灯）；

（4）新车挂老牌照或旧车挂新牌照的；

（5）夜间驾驶摩托车、残摩形迹可疑的；

（6）机动车与近期通报的多发被盗车型相符且形迹可疑的。

2. 针对砸撬机动车盗窃车内物品的案件

（1）在餐饮、娱乐、购物、医院、幼儿园等场所周边，停车场或路边停放车辆旁，窥探机动车内部的形迹可疑人员；

（2）在餐饮、娱乐、购物、医院、幼儿园等场所周边，停车场或路边停放车辆，背靠车后备厢处的形迹可疑人员；

（3）故意踢、撞正常停放的机动车的形迹可疑人员；

（4）防盗器闪烁的机动车周边形迹可疑的人员。

3. 针对入室盗窃案件

（1）长时间在居民住宅周边游荡、窥视的形迹可疑人员；

（2）夜间从居民楼群小区或平房院内往外运送物品（如电脑、电视、空调等）的形迹可疑人员；

（3）携带手套、加力钳、锯条、微型手电等物品的形迹可疑人员。

4. 针对缠车条、拍车门盗窃、抢夺案件

（1）在路口、红绿灯处、立交桥下及交通拥堵路段，三五成群，窥视过往机动车（特别是女司机单独驾驶的车辆）形迹可疑的；

（2）自行车被异物缠住，骑车人下车查看时，周边形迹可疑的人员；

（3）尾随单独骑自行车的女性，形迹可疑的人员；

（4）在路口或路边相互之间打哑语手示，形迹可疑的。

5. 针对街头诈骗案件

（1）两三人主动与路边中老年人（妇女）搭讪、闲聊，且相互间明显不熟识，形迹可疑的；

（2）与中老人（妇女）一同出入银行，且相互之间明显不熟识，形迹可疑的；

（3）在车站、医院周边，交通枢纽、地下通道、过街天桥等处有意丢放物品，诱人拣拾，形迹可疑的；

（4）身着宗教服饰，有意与中老年人搭讪，形迹可疑的；

（5）在路边兜售电脑、电子元件、手表、金银饰品等，形迹可疑的；

（6）与过往行人兑换外币、有价证券，形迹可疑的；

（7）用“金元宝”“金佛”“人参”等贵重物品和药材做抵押，低价换取现金的；

（8）人员聚集，类似纠纷有“碰瓷”可疑的。

6. 针对拎包盗窃案件

（1）男性携带女士坤包形迹可疑的；

（2）在餐饮、购物场所门前或集贸市场、繁华场所周边，行为鬼祟可疑的；

（3）携带大包或用衣物套装、包裹小型手包、挎包的形迹可疑人员。

7. 针对抢劫、抢夺案件

（1）夜间单独或三五成群无目的长时间闲逛，形迹可疑的；

（2）驾驶机动车在僻静街道停留，有寻找目标，伺机作案可疑的；

（3）躲避在昏暗偏僻街道、胡同形迹可疑的；

（4）夜间尾随单独行走人员形迹可疑的。

8. 针对盗窃自行车案件

（1）夜间两人骑一辆自行车的形迹可疑人员；

（2）穿着、打扮与所骑新自行车不符，形迹可疑的；

（3）在小区、地铁口等自行车停放处周边长时间停留、窥视的可疑人员。

9. 其他人员的可疑情形

（1）穿着、打扮与本人气质不符的；

（2）穿着、气质与所携带物品不符的；

（3）见警察后有意躲闪、神色慌张的；

（4）行为举止有悖于常规，神态异常的；

（5）与通缉、通报的在逃犯罪分子体貌特征、年龄相一致，口音相符的可疑人；

（6）面带惊恐之状和疲劳困倦之意的可疑人员；

（7）故意在面部穿戴或佩戴遮、饰物，或整容化妆奇特，有意改变容貌的可疑人员；

（8）携带物品数量较多、体积较大或包装不规则的包裹，或身背、肩扛、用自行车、三轮车装运，且遮遮掩掩，怕碰撞，怕触摸，神色不安的；

（9）带有明显犯罪迹象的人员：包括身负枪、刀伤，身上有血迹或污迹的，衣服被撕扯破损严重，或手腕、脚腕有械具痕迹的；

（10）男女同行，女方表情异常的；成人儿童同行，儿童表情异常，有被强迫控制迹象，欲求搭救的；

二、盘查

（一）盘查的概念

盘查是指公安机关人民警察在执行勤务过程中，依法对违法犯罪嫌疑人员通过盘问和检查的方式，识别、判断违法犯罪嫌疑人员的身份，发现其犯罪事实和证据，并采取相应处置的一种执法手段。《中华人民共和国人民警察法》第九条规定“为维护社会治安秩序，公安机关的人民警察对有违法犯罪嫌疑的人员，经出示相应证件，可以当场盘问、检查”。盘查勤务是人民警察发现、识别、判定违法犯罪嫌疑人员的重要措施之一。盘查包括当场盘问、检查和继续盘问。其中，检查又包括证件检查、人身检查、物品检查、车辆检查等。

1. 当场盘问、检查的适用对象

公安机关的人民警察在执行追捕逃犯、侦查案件、巡逻执勤、维护公共场所治安秩序、现场调查等职务活动中，经出示表明自己人民警察身份的工作证件（表明执法身份），可以对形迹可疑、有违法犯罪嫌疑的人员进行盘问、检查。检查包括对被盘问人的人身检查和对其携带物品的检查。

2. 继续盘问的适用对象

对有违法犯罪嫌疑的人员当场盘问、检查后，不能排除其违法犯罪嫌疑，且具有下列情形之一的，人民警察可以将其带至公安机关继续盘问：

（1）被害人、证人控告或者指认其有犯罪行为的；

（2）有正在实施违反治安管理或者犯罪行为嫌疑的；

（3）有违反治安管理或者犯罪嫌疑且身份不明的；

（4）携带的物品可能是违反治安管理或者犯罪的赃物的。

3. 不得适用继续盘问的情形

对具有下列情形之一的人员，不得适用继续盘问：

（1）有违反治安管理或犯罪嫌疑，但未经当场盘问、检查的；

（2）经过当场盘问、检查，已经排除违反治安管理和犯罪嫌疑的；

（3）涉嫌违反治安管理行为的法定最高处罚为警告、罚款或者其他非限制人身自由的行政处罚的；

（4）从其住处、工作地点抓获以及其他应当依法直接适用传唤或者拘传的；

（5）已经到公安机关投案自首的；

（6）明知其所涉案件已经作为治安案件受理或者已经立为刑事案件的；

（7）不属于公安机关管辖的案件或者事件当事人的；

（8）患有精神病、急性传染病或者其他严重疾病的；

（9）其他不符合规定条件的。

4. 继续盘问的时限

继续盘问的时限一般为 12 小时；对在 12 小时以内确实难以证实或者排除其违法犯罪嫌疑的，可以延长至 24 小时；对不讲真实姓名、住址、身份，且在 24 小时以内仍不能证实或者排除其违法犯罪嫌疑的，可以延长至 48 小时。上述规定的时限自有违法犯罪嫌疑的人员被带至公安机关之时起，至被盘问人可以自由离开公安机关之时或者被决定刑事拘留、逮捕、行政拘留、收容教育、强制戒毒而移交有关监管场所执行之时止，包括呈报和审批继续盘问、延长继续盘问时限、处理决定的时间。

经继续盘问，公安机关认为对被盘问人需要依法采取拘留或者其他强制措施的，应当在上述规定的期间作出决定；在上述规定的期间不能作出上述决定的，应当立即释放被盘问人。

在继续盘问期间对被盘问人依法作出刑事拘留、逮捕或者行政拘留、收容教育、强制戒毒决定的，应当立即移交有关监管场所执行；依法作出取保候审、监视居住或者警告、罚款等行政处罚决定的，应当立即释放。

对符合规定条件，同时具有下列情形之一的人员，可以适用继续盘问，但必须在带至公安机关之时起的 4 小时以内盘问完毕，且不得送入候问室：怀孕或者正在哺乳自己不满 1 周岁婴儿的妇女；不满 16 周岁的未成年人；已满 70 周岁的老年人。

对上述规定的人员在晚上 9 点至次日早上 7 点之间释放的，应当通知其家属或者监护人领回；对身份不明或者没有家属和监护人而无法通知的，应当护送至其住地。

5. 盘问、检查的装备

（1）单警装备。专门执行盘查任务的民警应当携带单警装备，每个盘查组应当携带手持电台以及手持身份证识别仪器。各地可以根据实际情况，为盘查民警配备现场执法录音录像设备。民警执行设卡检查任务时，应当穿着防弹背心，戴防弹头盔，夜间视情穿着反光背心。

（2）车辆装备。专门执行盘查任务的民警驾驶车辆上应当配备轻型冲锋枪、防弹衣、反光背心、防弹头盔、防毒面具、车载电台、停车示意牌、救生器材、急救药箱、搜索灯、强光手电、阻车路障、警戒带、反光锥筒等装备。

（3）盘查卡点装备。专门盘查卡点应当配置机动车辆、通讯工具、阻车路障、强光手电、警戒带、停车示意牌、反光锥筒等装备器材，并视勤务需要配置防弹盾牌。

6. 盘查中的安全防范措施

（1）保持警惕。盘查过程中应当保持高度警惕，注意被盘查人的身份、体貌、衣着、行为、携带物品等可疑之处，随时做好应对突发情况的准备。对有一定危险性的违法犯罪嫌疑人，先将其控制并进行检查，确认无危险后方可实施盘问。盘查时由一人主问主查，其他人员负责警戒，防止被盘查人或者其同伙的袭击。

（2）盘查地点。民警应当选择光线较好、场地开阔、有依托或者容易得到支援的场地或者道路等作为盘查地点。盘查时，应当与被盘查人保持适当距离，尽量让其背对开阔场地。盘查多名可疑人员时，民警应当责令所有被盘查人背对开阔场地，并在实施控制后，分别进行盘查。

（3）请求增援。当盘查警力不足以有效控制被盘查人时，应当维持控制状态，立即报告，请求支援。

（二）截停与告知

当确定盘查嫌疑人后，巡逻民警在距其 2～5 米左右时，举手示意其停下，向被盘查人敬礼并告知："我是××（单位）民警，现依法对你进行检查，请你配合。"并出示人民警察证。

截停后，盘查民警应侧身站立，眼睛应注视对方上部身体，特别是双手、肩部和眼睛。

实践中，暴力抗拒盘问的现象越来越多。对于被盘问对象有作案迹象或者有袭警可疑的，接近时不能掉以轻心，但也不必如临大敌，应保持内紧外松，根据盘查任务、盘问对象的条件和可疑迹象，选择适当的接近方法。

一是正面阻拦。民警在公众场所以公开身份进行巡查，一旦发现嫌疑对象，可直接迎上去拦住对方，要求其接受盘问、检查。

二是迂回贴近。为不惊动被盘查对象，可从侧面悄悄靠近，再转为正面阻拦，或要求对方站停接受盘问，防止对象突然逃离。

三是明暗结合。有的被盘问对象犯罪嫌疑迹象较为明显，但在特殊时段和地段，难以判断其危险性，有时遇到的可疑人与通缉或协查对象条件相似。在此情况下，不能按常规公开发问，而要先将嫌疑对象控制住，进行检查，确认无危险后才能盘问。接近时，应采取突然袭击方式或远距离命令方式，要求盘查对象背转身、举双手，使其无法突然袭击，再由 1 名民警慢慢靠近，并由其他民警从旁边监视。

（三）盘问

盘问是人民警察对有违法犯罪嫌疑人员进行追究式发问，以获取被盘问人口述，从而查明事实真相的一种活动。盘问一般由1名进行，其他民警负责警戒。

1. 盘问的步骤

（1）接近对象。

（2）表明执法身份。执行盘查任务时，应当出示人民警察证。向被盘查人敬礼并告知："我是××（单位）民警，现依法对你进行检查，请你配合。"

（3）实施盘问。实施盘问的民警尽量在数量上要占优势。与盘问对象的距离，应保持在1.5米左右的距离，保证既能控制对方，又在对方可发力范围外。盘问时，尽量让被盘问人背对开阔街面或群众，让其无法准确判断周围形势、利用现场条件而有所图谋。问话时，应由一人主问，另一人负责监控。监控主要观察对方的眼神和双手动作，留心周围的人群，特别是对东张西望、有所企盼的盘问对象，要防止遭受其混杂在人群中的同伙的袭击。主问人要告知其有义务配合警察执行职务。表达的用语要简洁明了。

2. 盘问的方法和要求

盘问应注意方法和技巧，讲求策略。一般应注意：（1）提出问题，引导自述。提出问题让盘问对象自己陈述，尽量让其多讲具体情节，民警视情插话引导，从中判断是否可疑。（2）留有余地，善于迂回。（3）甄别谎言，利用谎言。谎言为大多数违法犯罪嫌疑人员惯用，发现对方说谎，要善于利用。既可以立即揭穿其说谎实质，步步为营，逼其说出真相，也可以诱其深入，扩大疑点。（4）分开盘问，发现疑点。对于两人以上的盘问对象，应分开询问，然后对照双方陈述，发现可疑点，确定真实情况。（5）选择突破口，分化瓦解。对于明显有违法犯罪嫌疑的团伙进行盘问时，可从中选择罪行较轻、易于就范的人作为查清真相的突破口。（6）利用地形地物，形成心理威慑。如利用警车、岗亭等进行盘问，可无形中给违法犯罪分子造成一定的心理压力。

（四）证件检查

检查的证件种类主要包括居民身份证、护照与签证以及机动车驾驶证、工作证、暂住证、学生证、律师证、特殊通行证等。证件检查的目的是查验被盘查对象身份，为此，应重点查验证件防伪暗记和标识，判定证件的真伪；查验证件内容，进行人、证对照；注意被盘查人的反应，视具体情况让持证人自述证件内容，边问边查；通过身份证识别仪器或者公安信息系统进行核对。

证件检查的具体步骤和方法主要包括：

1. 眼看。主要看证件的式样、文字图案、公开防伪措施等外观特征。法定证件都有统一的设计、制作标准，且制作精细，有的还有暗记。伪造的证件即使技术高超，细心察看即可发现疑点。

2. 手摸。涂改、变造的证件会留下破损，用手触摸即可感觉。如第一代居民身份证以聚酯薄膜塑封，封套与证件粘连一体，四周封口平整、光滑、笔直。如封套与证件脱离、周边封口不平实，则可能有假。

3. 仪器识别和平台比对。主要指二代居民身份证读卡器和移动警务通查询比对。

4. 人证对照。具体做法是“问证先看人，接证对照片”。首先，看着被查人，要求其出示证件，并用心识别其面部特征；接过证件后先看照片，以便将其面部与照片核对。其次，将证件上登记的项目，与持证人相对照。主要是看年龄，对体貌；看职业，对衣着举止；看住址，对携带物品；看民族、籍贯，对语言口音；看证件颁发时间、有效期限，对实际年龄。

5. 收缴和发还。检查发现、判定证件系伪造、变造、非法持有的，应及时收缴。查验无误的，应将证件发还持证人。如需滞留证件作技术鉴别，应向持证人说明。

此外，证件检查应注意以下事项：一是索要证件、核查证件、退还证件，都要密切注视盘查对象，寻找其疑点。二是让持证人自述证件内容，边问边查，注意从中发现问题。三是索要证件时，要让盘查对象站在面前、明亮处，发现异常，应即阻止，或先检查身体，后检查证件。查验、核对证件时，要密切注视持证人的情绪变化，防止盘查对象行凶或脱逃。

（五）人身检查

1. 检查的对象。一是持有伪造、变造证件，冒名顶替，企图蒙混过关的人员，或有其他违法犯罪嫌疑的人。二是捕获的被通缉或协查的犯罪嫌疑人。三是事先掌握有确实情报或群众指控、扭送的犯罪嫌疑人。四是经盘问、调查，证实确有违法犯罪行为或有违法犯罪证据的人。五是其他有现行违法犯罪行为的人。

2. 检查的内容。一是痕迹。主要有人身体上的伤痕、血迹、斑痕，衣服、鞋帽上的痕迹、斑痕，以及随身携带的物品上的痕迹。二是凶器。主要有枪支、刀具、绳索，以及其他能够伤人的物品。三是作案工具。因不同案件而形态各异，如撬锁工具、攀援工具、吸附工具等。四是危险物品。主要有爆炸物品、易燃易爆化学物品、放射性物品、剧毒物品等。五是违禁物品。主要有毒品、麻醉药品，煽动性的或淫秽的书刊、音像制品等。

3. 检查的方法。对违法犯罪嫌疑人进行人身检查，一般是在被检查人站立的情况下进行，也可根据需要令其跪地或卧地进行。

（1）一对一检查。当盘查对象处于较开阔的空地，或不需要贴墙、趴车时，可采取背立式检查。第一，要控制盘查对象，令其转过身去背对民警，举起双手，或双手十指交叉向上反扣在头上，双腿尽量叉开，脚跟高抬。第二，从侧后方接近盘查对象，在距其一米左右处停顿一下，观其反应。第三，上前检查时，将一腿靠于盘查对象一腿前，准备随时发力将其绊倒；一手在其身体一侧，经腋下检查，查完一侧再用同样方法查另一侧，上身查完后再查下身。第四，对危险性较大的盘查对象，应用跪地式或卧地式检查，或先上铐，再检查。

当盘查对象处于较狭窄的街巷、场所、居室等环境时，可采取贴墙站立式检查。第一，要控制盘查对象，令其面对距墙一脚左右的距离站立，双脚尽量叉开，脚跟抬起，身体紧贴墙上，眼看上方，双手侧举展开，手心朝外翻，或双手十指交叉握紧置于背后。第二，用左手按住盘查对象的左手，用右脚勾住其左脚，使其处于稍有外力便失去平衡的状态，再用右手检查其身体。第三，检查时，按左侧、右侧、背部、前面、下肢的顺序进行。

盘查对象处于交通工具外，可采取趴车站立式检查。第一，要控制盘查对象，令其面向汽车，举起双手，叉开双腿，抬起脚跟，再令其身体前倾，双手支撑于车体上。第二，从侧后方接近盘查对象。在距其 1 米左右处，有意停顿一下，观其反应。将一腿靠于其一腿前，如对方有反抗，即可后绊，使其重心失衡。第三，一手经腋下检查其身体一侧，查完一侧后，再用同样方法查另一侧，查完上身后，再查下身。

（2）一名民警对二名以上盘查对象检查。1 名民警对 2 名以上盘查对象的人身检查难度大、危险大，更要高度警惕，谨慎进行。一般情况下，可先不进行人身检查，想办法先控制、等待支援，或将其押至附近公安机关继续盘查。

（3）二对一检查。第一，2 名民警各自与盘查对象呈 45 度角，并保持相等的距离，慢慢向其靠近，在 1～2 米处停下。第二，令盘查对象做出站立、跪立或卧地式被查姿势。1 名民警担任掩护，在盘查对象一侧警戒盘查对象，另 1 名民警用前述“一对一检查”方法检查。检查民警变换检查位置时，掩护民警也要相应变化位置，做到动作协调、配合默契。

（4）二对二检查。第一，令 2 名盘查对象举起双手向后转身，贴墙站立平行，间隔不要太远。第二，1 名民警上前对 1 名盘查对象检查，另 1 名民警担任掩护，查完 1 名对象后，可将其反背铐住，令其躺在地上，并用衣服蒙住其头。然后，再对另 1 名对象检查。担任掩护的民警要密切注视盘查对象，防范其反抗。需注意的是，担任检查的民警，不可因有同伴的掩护而大意，仍要有条不紊地按要求进行检查。

（5）二名民警对多名盘查对象检查。2 名民警对多名盘查对象进行检查处于劣势，务必谨慎进行，可按前述“二对二检查”的方法逐一进行。

（6）多名民警对盘查对象检查。多名民警对盘查对象进行人身检查时，不可一哄而上，应由指定的 1 至 2 名民警上前检查，其余民警站在稍远的地方警戒，防止检查对象脱逃或袭击民警。具体方法，可分别按前述方法进行。

4. 检查的要求。

一是必须在确有必要的情况下实施。对情况紧急，又确有必要的，应迅速开展检查。对情况不紧急，又确有必要的，应考虑将盘查对象带离人多的繁华场所，选择适当安全的场合进行检查。同时，检查应尊重当地风俗习惯，不得采取有辱人格、有伤风化的方式进行。

二是必须在盘查对象已被控制的情况下进行。检查前，要对被盘查人采取控制措施。如是二人实施盘查，可由一人通过站位或用警械、武器进行控制，一人上前检查；如是一人实施盘查，必须在安全有保障的前提下上前检查。对重大犯罪嫌疑人、逃犯，或携带有凶器、武器、爆炸物嫌疑的盘查对象，要先上手铐后检查。检查时，要密切注视盘查对象的举动，如有反抗，应立即采取相应措施。

三是必须认真、彻底检查。检查要用手挤压触摸其身体各部分。必要时，要解开其衣服，甚至将其衣服脱掉，切不可轻拍轻摸，马虎行事。检查的部位，包括腋窝、胳膊、裆部、背部、胸部、双腿内侧、手腕、脚腕等处，对腰部衣服重叠之处、衣服口袋、皮带内侧、鞋里、帽边等处也要彻底检查。对女性进行人身检查，应由两名以上女性工作人员进行。女性的头发、内衣、内裤、卫生用品及首饰、化妆品等，都有可能隐藏凶器或违法犯罪证据，也应认真、彻底检查。

四是必须要沉着、冷静。检查时，应做好解释工作，消除其顾虑和不满情绪。对不服从检查的违法犯罪嫌疑人，在说服教育后仍拒绝接受检查的，可依法强制进行人身检查。

（六）物品检查

1. 检查的方法。违法犯罪嫌疑人往往利用箱包来隐藏各种赃物或凶器等物品。重点是箱包检查的方法。

一是令其放包，对其控制。首先令盘查对象将箱包放在适当位置，然后令其离开 1.5 米左右的距离，由 1 名民警负责对其控制。所检查的物品应在其视线范围内。

二是循序进行检查。按“一看、二听、三闻、四摸、五拆”的顺序进行。看，是看物品的形状、结构、包装、质地；听，是听物品是否有声响；闻，是闻一下物品的气味，有无异味；摸，是摸物品的形状、材料质地，掂物品的重量；拆，是通过以上环节不能确定物品性质的，要将物品拆开进行检查。

三是轻开慢拉，谨慎开启。先轻轻挪动一下拉链、纽扣，看是否方法正确，以防将其损坏。同时，要注意拉链、纽扣上是否另有机关，防止箱包内有爆炸装置。

四是轻拿轻放，依次查验。对箱包内物品要轻拿轻放，以防损坏，对有连线、有声响、有气味的物品，更要谨慎拿取。拿取物品，要从上往下，不要掏底取物，更不能将箱包内物品反复翻动；对赃物、凶器，尽可能用干净布垫手或戴手套轻取，或拿至一般人不常动的地方，防止破坏证据或犯罪痕迹。

2. 检查的要求

一要明确重点。重点是帮人携带的或者来历不明的物品；通报协查的物品；有可能是犯罪赃物或证据的物品；携带的物品与携带者职业、用途和季节等不符的物品；携带国家明令禁止的物品；人民警察认为有必要进行检查的物品。

二要人、物分离。将物品与携物人分离，以防止盘查对象突然抽、掏凶器，毁灭赃物，或引爆包裹，防止盘查对象袭击民警。一般情况下，不要让盘查对象自己开包取物，即使有必要让其开包，开包后，应迅速让其与物品离开一定距离，等待检查。

三要注意安全。检查物品时，要始终控制盘查对象。多名民警检查时，应指定 1 至 2 名民警实施检查，其他人负责控制被盘查对象。翻检物品时，要注意观察物品变化，不要硬拉、硬开，防止危险物品发生意外。

四要文明细致。凡是盘查对象携带的物品，不论大小，一律要查清，不得有遗漏，不能怕麻烦，能开则开，能拆则拆，各种夹层、内芯都要仔细观察。物品检查后要按原顺序装好、放好。对涉及宗教信仰和风俗习惯的物品，要注意尊重保护。查验女性箱包时，尽量不要将所有物品当众亮开。

（七）车辆检查

1. 检查的内容

车辆检查，包括对车辆的检查和对车辆载人、载货情况的检查。对车辆的检查，主要是检查车辆的证件、牌照、外观，确认车辆的合法性，发现车辆被盗、被抢和驾车作案的痕迹物证。对车辆载人、载货的检查，包括对车辆装载货物的检查和对驾乘人员及携带物品的检查，以确认货物的性质，识辨违法犯罪人员，发现、收缴隐藏的赃物和危险物品、违禁物品，以及凶器、作案工具等。

2. 检查的方法

一是严格检查程序。车辆检查先检查证件，后检查车体。检查车体按先外后内，由前向后的顺序进行，也可对证件与车体同时进行检查。

二是对人和车辆实施控制。检查前，应令驾驶员熄火停车、拉紧手制动后下车，必要时，应收存车钥匙。如车上有其他人员，也应令其下车等候。

检查期间，未经允许下车人员不得离开集合地点，不得随意走动或装卸物品。警戒人员应对停车现场巡视警戒。

三是查验证件和牌照。要将证、照与车辆的种类、产权性质、使用情况等核对，发现或排除疑点。

四是观察车辆外观和锁具。观察应从前往后，不能有遗漏。特别要注意观察汽车的前后保险杠、车灯是否有被撞痕迹；车门、车身两侧及摩托车车把是否有擦痕；车轮附着物、车辆四角、车身周边是否有血痕和其他斑痕；车门、锁具、点火装置是否有被撬压、破坏痕迹。

五是检查车载货物和车内物品。检查车载货物，一般采用翻动、抽查方法，必要时，可卸车或倒包检查。要注意检查货物中是否夹藏赃物、走私品、危险品、违禁品和凶器、作案工具。对车内座椅、后备厢等易藏物品的部位，应注意仔细搜寻。对通报协查的同类物品，要重点检查。

六是扣押违法车辆和违禁物品。驾驶人违法驾驶的车辆或携带的违法违规违禁物品，应依法予以扣留。对易燃、易爆、剧毒、放射性物品，要检查其是否持有合法手续，否则予以扣押，并妥善保管或移交有关部门。

七是协查逃逸车辆。接到嫌疑人驾驶车辆逃逸案件查缉的指令或协查通报的，要对被检查车辆进行辨认，核对嫌疑人体貌特征、车辆类型、颜色、车牌号、逃逸方向路线，发现为查缉车辆的，立即扣押。

（八）对特殊人员的盘查

1. 未成年人。首先，为防止当场盘问和检查引起围观、起哄和隐藏背后的犯罪分子干扰，可直接带至就近岗亭、公安机关或附近单位、学校进行盘问、检查。如需留置盘问的，应当及时通知其监护人或所在学校，必要时请监护人或教师到现场配合盘查。其次，盘问时，除应了解违法犯罪情况外，还应了解其学习生活环境、社会交往及性格、心理等情况。要有针对性地进行盘问。

2. 聋哑人。发现聋哑人有违法犯罪嫌疑，如巡警不懂哑语，不便当场盘问、检查的，可带至就近公安机关或单位后，聘请通晓哑语的人协助盘问。

3. 醉酒的违法犯罪嫌疑人。首先应采取约束措施，送入就近公安机关留置室，以解除对醉酒人自身及他人安全的威胁，待酒醒后，再予盘查。

4. 妇女。对妇女有必要进行人身检查的，应当带至公安机关进行，以防止造成不良后果。对其实施人身检查，应由女民警进行。

5. 外国人。对有违法犯罪嫌疑的外国人的盘查，如有语言障碍时，可以带至有通晓外国语的警员的公安机关盘查，或聘请翻译帮助。如需继续盘问的，应经县级以上公安机关批准。继续盘问外国人应立即将该人的姓名、性别、护照号码、入境时间及被留置盘问的原因、时间等报地市公安机关备案，并及时通报所在地政府外事部门。经继续盘问，确认有违法犯罪需要限制人身自由的，应按我国有关规定和国际公约及双边领事条约的规定经上级公安机关批准，通知其所属国驻华使、领馆。边远地区发现有外国人有重大违法犯罪嫌疑需要留置盘问来不及批准的，可先电话请示，经同意后补办手续。

（九）对被盘查人员的处理

1. 对没有问题的，应立即放行，并向对方敬礼，感谢其配合民警执行公务。

2. 对于虽然解除违法犯罪嫌疑，但有违背社会公德行为的被盘查人，应予批评教育。

3. 对查清嫌疑，证实有违法犯罪事实的被盘查对象，应依法处理。是犯罪分子的，则由盘查转入抓捕缉拿；属于违反治安秩序管理的行为人，则送交有管辖权的公安机关查处；属于违反其他行政法规的人员，则送至主管机关查处。

4. 对精神病患者、酗酒者，应通知其家属、单位领回或约束到醒酒，防止发生意外。

5. 对无理取闹、纠缠不休者，要设法带离现场，避免引起群众围观和双方冲突。

6. 符合继续盘问条件的，应严格遵守《公安机关适用继续盘问规定》。

第二部分　参考范例

范例 3. 1：夜间巡逻布警的“六选六不选”法

1. 选黑不选亮。指对巡逻环境的选择，通常选无灯光照明或相对较暗的地理环境。以应对大多数作案首选较暗地理环境的实际。实际操作中应注意二点：一是要在易发案部位周边选黑布警；二是巡逻人员要尽可能隐蔽自己，禁止灯光、声响等暴露己方目标行为。

2. 选静不选闹。指对巡逻地段的选择，通常选行人相对较少，又无家犬吵闹的地段。城郊结合部到了夜间往往路上行人少，加上部分群众养犬防盗的观念，发案出现了特有的现象：凡是夜间行人较少，又无家犬吵闹的地段违法犯罪活动相对突出，甚至一夜间同一地段连续多户失窃。在当前警力比较紧张的情况下，要将有限的警力布置到辖区内最重要的地段，坚决克服平均用警，发挥警力效能。

3. 选小不选大。指对巡逻路段的选择，通常选路面较窄，不便巡逻警车通行的小路。在城郊结合部，违法犯罪人员往往选择这样的小路作为出入通道。在小路上一定距离内设置卡点是抓获违法犯罪人员的有效方法。卡点设置应确保能够相互支援，每一个卡点，一般不少于三到四名队员，同时在与小路相连的外围路上安排不少于两个机动车巡逻组，相互策应，以机动性快的特点追捕向外窜逃人员。

4. 选通不选堵。指对巡逻卡口的选择，通常选便于案犯脱逃的交叉路口，不选死路、死胡同。违法犯罪人员通常白天踩点，选择好夜间作案时的进出路线，一般不选死路、死胡同。巡逻民警要根据易发案部位周边地理环境特点，选择违法犯罪人员可能脱逃的交叉路口布置卡点，卡点人员要以路口交叉点为中心，根据人员多少，进行分散定位，便于在紧要时刻对违法犯罪人员形成合围之势，提高抓获成功率。

5. 选富不选贫。指对居民住宅区的巡防，通常选居住条件相对优越，作案人易攀爬的住宅区，而不选那些较为贫困的住宅区。这里的“富”指的是老百姓的住房从外观上看，相对比较豪华气派，有的院内停放私家车，同时房屋防盗建设存有明显的弊端，如楼房落水管、围墙等设施紧靠阳台、窗户，给作案人员提供了攀爬进户的条件。“富”是在一定范围内相对而言的，布警时要结合警情而定。

6. 选差不选好。指对企事业单位的巡防，通常选规模较小，厂内自身保卫较弱的老小差企业，而不选条件较好且三防力量较强的企业。一方面，经济运行中的优胜劣汰，使得老小差企业在同一地区始终占有一定的比重，这类企业往往由于经济能力差导致自身三防力量建设比较薄弱，成了违法犯罪人员易袭击的目标；另一方面，一些经济运行较好的新型企业，往往由于企业主观上重经营轻防范，在企业三防建设方面也表现较差，出现了财会室安全防盗监控设施建设不到位，甚至违反规定，在保险柜中留存大量现金过夜，给违法犯罪创造了有利条件。这类案件一般为多人作案，且多以机动车作为交通工具，布警时要充分考虑上述因素。

范例 3.2：香港警方巡逻工作

1. 最大限度地把警力摆上街面，形成了动态控制的巡逻防控网络。香港警方共有警力 2.8 万余人，其中警署巡逻队、冲锋队和机动部队这三支参与巡逻的队伍警力总数占到了全港总警力的 65% 以上，个别总区巡逻警力所占比例甚至更高。加上交通警察、辅助警察等警力的参与，上路巡逻执勤警力人数多、巡逻密度大，大大提高了香港警方对社会面的控制能力。这些警力在各总区指挥及控制中心的统一调度下，根据不同的职责分工，在街面上开展巡逻工作，互相呼应、互相支援，形成了一张点、线、面相结合，全天候与全方位控制社会面的动态巡逻控制网，有力地维护了社会面治安的稳定。

2. 调动灵活、反应迅速。香港警察指挥系统包括四个指挥中心，既是有效控制总区及警区资源调配的中枢，同时也是总部及其他机构间互通行动信息的枢纽，承担着接听市民 999 紧急求助电话并及时做出反应的任务。三个陆上总区的指挥及控制中心可以随时通过电台调动总区内的街面巡逻警力，实现一级调警。在市区的任何地方，警察接警后均可保证在九分钟内赶到现场（香港警方对社会承诺：接受 999 报警至警察到场时间，市区为九分钟、郊区为 15 分钟），在一些地方警察三至四分钟就能到达现场，极大地提高了制止犯罪的几率。

3. 巡逻警察职责任务统一。香港的巡逻警察虽然隶属不同的部门、巡逻任务各有侧重，但他们的职责任务是一样的，都可以代表警方处理治安和交通问题。如警署巡警在巡逻执勤时都随身携带类似国内交警使用的交通违章通知单，一旦遇有交通违章情况即可进行管理、进行处罚。由于职责任务统一，巡逻警察能够在自己管辖的区域内充分行使警察的权力，避免了因为分工不同、“各管一摊”而造成的警力浪费。

4. 巡逻警力编制和队伍建制固定、配置合理，保证了巡逻工作的正常开展。香港警方的警署巡逻队、冲锋队和机动部队的人员编制、基本建制都相对固定，不能轻易改变，保证了巡逻队伍的稳定。另外，香港警方还根据巡逻队伍所担负任务的不同，最大限度地细化内部人员分工，合理配置警力，以适应各种不同勤务的需要。如机动部队的每个小队编制都固定为41人，内部分工十分明确，设有队长、副队长、传令员、大车守卫、小车司机、拘捕横排、催泪弹横排和枪械横排等分工，一旦需要小队整体出动，立刻就能集合成一个团结协作、分工明确的战斗部队。

5. 巡逻规范、装备精良实用。香港巡逻警察在佩带装备、岗前派勤、巡逻记事、巡逻交接等方面极为规范。每名巡逻警察在巡逻时都必须按照要求、按照指定位置随身佩带手枪、电台、胡椒泡沫喷剂、伸缩警棍、手铐、子弹袋和警务包等七大件巡逻必备装备；巡逻中，必须定时在巡区内设有签到簿的地方签到，并随时对巡逻中接到的指令、采取的行动以及巡区内的治安情况等做出记录。香港警方巡逻队伍的装备十分精良，包括对付犯罪的枪械、工具，对付骚乱暴动的武器、防护装备和救护器材等都一应俱全。其中，每辆出巡的冲锋车上都配备有一百余件各式武器和装备，如冲锋枪、催泪枪、胡椒泡沫喷剂、防弹衣、无线对讲机以及谈判装备、破拆工具、救生器材、药箱等，满足了冲锋队应付各种紧急事件的需要。

范例3.3：巡逻盘查要注意把握好四要素

在巡逻工作中，如何做才能既保证巡逻盘查效果、又赢得群众满意，值得我们思考，现笔者结合本地实际情况谈谈自己的一些认识。

1. 把握“时”的要素

一是巡逻盘查时段的选择。集中巡逻盘查的时段选择尽量避开上下班高峰、学校上下学、节日旅游等人流高峰时段，实行错时巡逻机制。二是提高巡逻盘查效率。根据实际盘查的情况，如盘查时间超过 15 分钟，70% 的群众普遍会出现焦躁心理，这就要求民警必须提高盘查效率，一般来说，可以通过提高自身盘查熟练度和科学使用警务通、电台等通讯、核录设备来完成。

2. 把握“人和物”的要素

一是可疑人的辨别。民警在巡逻过程中对来往行人的神色、衣着、举止等细节方面，要尽量做到细致入微、重点记忆。一般而言，违法犯罪嫌疑人常表现出心浮气躁、眼神游离、神色慌张等，对发现的可疑人员要仔细核查。民警在盘查中通过与盘查人员交谈，仔细听说话时的语气、口音及前后逻辑关系，也是发现线索的一种方法。而加强盘问力度是击溃犯罪嫌疑人心理防线的有效手段之一，通过多问，判断其陈述的逻辑关系，从而辨别其真实性。二是物品检查的注意事项。查验人员随身物品或车辆、车内物等物品时，应先问、多问。对车辆易被盗撬痕迹的重点部位加强检查。对非机动车机架号部位、电机号部位、电瓶部位以及后备厢部位加强重点检查，看是否有刮擦磨损、盗撬痕迹；对机动车要重点查车门锁、点火开关、后备厢等部位是否有破坏痕迹或是否重新换装等加强检查，同时，对无嫌疑的车辆，尽量让车辆所有人自行打开，如盘查民警检查物品，事后尽量恢复原状，将盘查物品排放整齐，以免引起被盘查人员不满。三是执法的人性化。民警与群众接触要注意应有“三心”，即公心——巡逻盘查民警必须做到“不因为内外有别而分厚薄，不因为关系亲疏而失平衡，不因为人情干扰而从轻”；耐心——民警巡逻盘查的过程也是与群众的交流过程，这就要求巡逻民警必须时刻保持良好的精神状态，务实的工作作风，克服一切不良情绪，耐心地向群众解释；爱心——爱民的方式有很多种，具体到巡逻盘查上，不仅要为人民群众提供更多更好的服务措施，在执法方式上要预防教育为主、处罚惩戒为辅，对主观恶性较小、违法情节轻微的以教育挽救为主，做到宽严相济。

3. 把握“地”的要素

一是占据盘查有利位置。民警应当选择光线较好、有依托、容易得到支援的场地或道路作为盘查地点。盘查中要明确分工，要保持高度警惕，注意被盘查人的身份、体貌、衣着、行为、携带物品等可疑之处，随时做好应急处置。同时，盘查时民警应当携带单警装备，如手持电台、移动警务通、执法记录仪等设备。设卡盘查时着防弹背心，戴防弹头盔。巡逻警车上应配备车载电台、急救药箱、防弹衣等装备。二是选择巡逻盘查重点部位。结合辖区警情研判，巡逻民警因选择在停车场、菜场、学校周围、出租房等重点部位开展巡逻盘查，一方面能震慑违法犯罪分子，压降案件，另一方面能提高见警率，提高群众对巡逻盘查的配合度，提高满意率。三是巧借地势。巡逻盘查中，民警可根据盘查地点周边环境，在提供服务救助的同时开展巡逻盘查，减少群众反感和焦躁心理，提高群众对巡逻盘查的配合及满意度。如在停车场，可以就停车场周边环境，做好防盗窃、防扒窃宣传，在景区公园，可以提供指路、救助等服务。同时，民警可以选择有监控探头的部位，对巡逻盘查过程做实时记录。

4. 把握“证据”的要素

要锁定、保留好巡逻盘查证据。在日常巡逻盘查中，可能遇到群众不满投诉、矛盾纠纷、警情处理等多种不确定因素，执法执勤过程的音频视频采集是深入推进盘查工作有效开展的重要补充，不仅有利于为执法民警应对群众投诉提供自我保护的证据，也能从客观上推动民警执法行为的规范落实。因此，民警在巡逻盘查中务必带好执法记录仪，所在单位必须及时将搜集的音频视频统一管理、统一存档。

（来源：《人民公安报》2014 年 4 月 3 日）

范例 3.4：盘查中的站位

1. 策应站位

2. 弧形站位

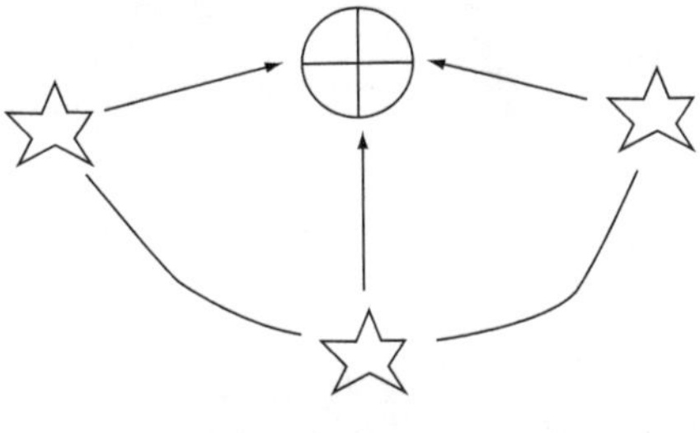

3. 三角站位

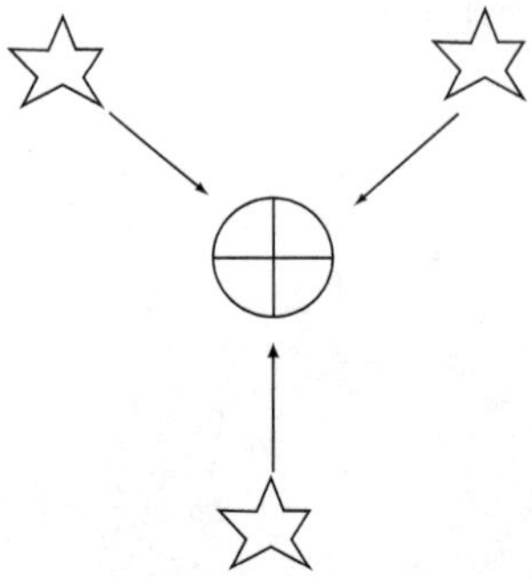

范例3.5：有关盘查的法律文书

表1

当场盘问、检查/继续盘问笔录

当场盘问、检查/~~继续盘问~~时间：201×年6月7日21时45分始至21时55分止

当场盘问、检查/~~继续盘问~~地点：×市×区×路76号××超市北门口外

当场盘问、检查/~~继续盘问~~人：魏××，单位及职务：××市公安局××区分局××派出所民警；　郭××，单位及职务：××市公安局××区分局××派出所民警。

被盘问人姓名：李×× 曾用名：李×× 性别：男

出生年月日：19××年7月31日 文化程度：高中 民族：汉

身份证件名称及号码：居民身份证××××××××

户籍所在地：××省××市××乡××村　现住址：本市××区××路××号×号楼××号

工作单位：本市××区××市场××号摊位

被盘问人被带至公安机关的具体时间：　　年　月　日　时　分

向被盘问人宣读其依法享有下列权利：

1. 对人民警察侵犯其合法权益的行为，有权提出控告。

2. 有权申请继续盘问人回避。

3. 有权为自己辩解。

4. 对人民警察的提问，应当如实回答。对与本案无关的问题，有权拒绝回答。

5. 有权核对笔录（如果被盘问人没有阅读能力，人民警察应当向其宣读）。如果笔录记载有遗漏或者差错，有权提出补充或者改正。

6. 有权对错误的继续盘问申请国家赔偿。

当场盘问、检查情况记录如下/~~继续盘问内容记录如下~~：

李××（捺指印）共4页，第1页

问：我们是××市公安局××区分局××派出所的民警。现在依法对你进行当场盘问、检查，请你配合。

答：（有点慌张，并将手中提的包往后藏）怎么啦？

问：请你按照我们的要求做。将手里的包放在地上，并请你背过身去，双臂高举过头，双脚尽量分开，双手扶墙站立。

答：是。（犹豫了一会儿，将包放在了地上）

（经过检查，从其左侧裤兜里检查出一把改锥。这是一个棕色的花花公子牌的女式坤包，拉锁上挂了一个机器猫的挂件。包里有一部银色的诺基亚手机，一个钱包，内有五、六百元钱和一张信用卡，一张名叫张××的居民身份证，还有一支口红及一些女用物品。）

向被盘问人宣读其依法享有的权利。

问：刚才给你宣读的权利听清楚了吗？

答：听清楚了。

问：你应当如实回答我们提出的问题，对与本案无关的问题，你有权拒绝回答，明白吗？

答：明白了。

问：改锥做什么用的？

答：修自行车。

问：车呢？

答：在家里。

问：那你为什么还随身带着改锥呢？

答：修完车随手就放在口袋里了，这有什么可怀疑的。

问：你拿的包是你自己的吗？请你大致描述一下你所提的包。比如，什么颜色、什么牌子、有什么明显标志？

李××（捺指印）共4页，第2页

答：是我女朋友的。是黑色的，什么牌子我没注意，没有什么明显标志。

问：你怎么拿着她的包？

答：（迟疑了一下）我们出来买东西，她先回家去了。

问：你女朋友是做什么的？她叫什么名字？

答：她在一家电脑公司工作。她叫……叫马××。

问：包里有什么？

答：有……有……我不太清楚，这得问我女朋友。

问：你女朋友有电话或者手机吗？我们好给她打个电话核实一下。

答：（有些慌张）没有，她单位有电话，但她已经下班了，她没有手机。

问：你说的好像不是实话，希望你如实回答。你再仔细想想，这个包是从哪里来的？

答：我说的是实话，请你们相信我。

问：张××，你认识吗？

答：（停了两三分钟）噢，我想起来了，张××是我女朋友的朋友，你怎么知道？包里是不是有她的东西？我想起来了，这个包是张××给我女朋友的。

问：包里面的东西也是张××送给你女朋友的？

答：对……不对……。

问：究竟是不是？

答：（更加慌张）这个包也不是送给我女朋友的，是张××托我带给别人的。

问：带给谁？

答：带给乔××。

李××（捺指印）共4页，第3页

问：乔××住在哪儿？有电话吗？

答：与我同村，没电话。

问：张××住在哪儿？有没有电话？

答：住在…住在…我不知道。

问：你不能说清楚包的来源，我们需要将你带回派出所依法继续盘问，请你配合。

答：我又没有犯罪，为什么带我去派出所？

问：你的回答无法排除你的违法嫌疑，你没有实事求是回答我们的问题。你要是如实回答，还是可以从轻处理的。你可以认真想一下。

答：我说的都是事实，请你们相信我。

问：目前还不能排除你的违法犯罪嫌疑，请你跟我们回派出所，我们要依照《中华人民共和国人民警察法》第九条的规定对你依法继续盘问。

答：（拔腿想跑，被公安民警及时制止）

问：笔录已经制作好，请你核对一下，如果有错误，你可以修改、补充。如果你没有阅读能力，我们宣读给你听。

答：我可以自己看。（看了约有5分钟）笔录没有错误。

问：如果没有错误，就请你在每一页上签字或捺指印。

答：好。

以上记录我已看过（~~或已向我宣读过~~），与我讲的一样。

被盘问人（签名~~或捺指印~~）：李××

201×年6月7日21时55分

对被盘问人拒绝签名和捺指印的，应注明原因：________

当场盘问、检查/~~继续盘问~~人（签名）：魏××；　郭××

记录人（签名）：郭××

共4页，第4页

表 2

×××公安局
继续盘问审批表

公×盘审字〔201×〕第67号

<table>
<tr><td>拟继续盘问人姓名</td><td>张××</td><td>曾用名</td><td>张××</td><td>性别</td><td>男</td><td>民族</td><td>汉</td></tr>
<tr><td>出生年月日</td><td>19××年6月30日</td><td>文化程度</td><td>高中</td><td>身份证件名称及号码</td><td colspan="3">居民身份证××××××××0631103</td></tr>
<tr><td>户籍所在地</td><td colspan="3">××省××市××路××号院××号楼××号</td><td>健康状况</td><td colspan="3">健康</td></tr>
<tr><td>现住址</td><td colspan="3">×省×市××街××号××工厂职工宿舍101室</td><td>电话</td><td colspan="3">×××××××</td></tr>
<tr><td>工作单位</td><td colspan="3">××市××工厂</td><td>电话</td><td colspan="3">×××××××</td></tr>
<tr><td>当场盘问检查情况</td><td colspan="7">201×年5月6日22时34分，张××手提一电脑包边走边东张西望，被拦停进行当场盘问、检查，张××坚持所提物品是他自己的，但对其主要特征描述不清，回答问题前言不搭后语，并从张××左侧上衣口袋里检查出一把螺丝刀和一把匕首，还从其所提电脑包中发现一张李××的身份证。</td></tr>
<tr><td>继续盘问理由</td><td colspan="7">经过当场盘问、检查后，不能排除其携带的物品可能是赃物的嫌疑，根据《中华人民共和国人民警察法》第九条和《公安机关适用继续盘问规定》第八条的规定，提请对陈××适用继续盘问。</td></tr>
<tr><td>继续盘问起止时间</td><td colspan="7">201×年5月6日23时始至201×年5月7日11时止</td></tr>
<tr><td>承办人</td><td colspan="2">罗××　闫××</td><td>承办单位</td><td colspan="4">×市公安局××区分局××派出所</td></tr>
<tr><td>公安派出所意见</td><td colspan="7">同意对张××依法适用继续盘问12小时。
（公安派出所印章）
负责人（签名）：耿××
201×年5月6日23时</td></tr>
<tr><td>备注</td><td colspan="7"></td></tr>
</table>

复印、传真或通过计算机网络报所属县、市、旗公安局或城市公安分局主管派出所工作的业务部门备案。

填表日期：201×年5月6日23时

表 3－1

×××公安局 **继续盘问通知书** 公×盘通字〔201×〕第 50 号 滑××： 你因涉嫌盗窃，根据《中华人民共和国人民警察法》第九条之规定，决定于201×年5月10日22时予以继续盘问。继续盘问起止时间：自201×年5月10日22时至201×年5月11日10时止。 你如果认为公安机关及其人民警察违法实施继续盘问侵犯自己的合法权益造成了损害，可以向××县（~~市、旗、区~~）公安（分）局申请国家赔偿。 特此通知。 （公安派出所印章） 201×年5月10日22：30时

此联交被盘问人

表 3－2

×××公安局 **继续盘问通知书** **（副 本）** 公×盘通字〔201×〕第 50 号 李××： 　　滑××（性别：男/女，出生：19××年9 月21 日）因涉嫌盗窃，根据《中华人民共和国人民警察法》第九条之规定，决定于201×年5 月10 日22 时予以继续盘问，现继续盘问于××市××县××公安派出所，继续盘问起止时间：自201×年5 月10 日22 时至201×年5 月11 日10 时止。 　　特此通知。 （公安派出所印章） 201×年5 月10 日22：30 时

此联交被盘问人家属或单位

表 3－3

×××公安局

继续盘问通知书

（副本）

公×盘通字〔201×〕第 50 号

滑××（性别：男/~~女~~，出生：19××年9月21日）因涉嫌盗窃，根据《中华人民共和国人民警察法》第九条之规定，决定于201×年5月10日22时予以继续盘问，现继续盘问于××市××县××公安派出所，继续盘问起止时间：自201×年5月10日22时至201×年5月11日10时止。

特此通知。

（公安派出所印章）
201×年5月10日22：30时

本通知书已于201×年5月10日22：30时送达被盘问人。被盘问人（签名~~或捺指印~~）滑××，或者因无 拒绝签名和捺指印。

已于201×年5月10日23时通过电话方式通知被盘问人家属或单位（直接送达的应由被盘问人家属~~或单位~~有关人员签名或捺指印：____；邮寄送达的应挂号并附邮局收据；电话通知的应注明电话号码：0×××－6255×××，接电话人：李××）。

如未在批准继续盘问后立即通知被盘问人家属或单位，应注明原因：________________

承办人：胡××；卫××
201×年5月10日23时

此联分别情况填毕后附卷

表 3－4

×××公安局
继续盘问通知书
（存 根）

公×盘通字〔201×〕第50号

继续盘问审批表编号：公×盘审字［201×］第50号
被盘问人姓名：滑××，男/女
出生年月日：19××年9月21日
身份证件名称及号码：居民身份证×××××××0921105
现住址：××市××县××号
家属姓名或单位名称：李××（妻子）
继续盘问起止时间：201×年5月10日22时至201×年5月11日10时止
继续盘问地点：××市××县××公安派出所
承办人：胡××；卫××
承办单位：××市××县××公安派出所
批准人：吴××
填发人：姚××
填发时间：201×年5月10日22：30时

此联集中保管备查

表 4

当场盘问、检查/继续盘问笔录

~~当场盘问、检查~~/继续盘问时间：201×年7月10日21时05分始至23时50分止

~~当场盘问、检查~~/继续盘问地点：×市公安局××区分局××派出所

~~当场盘问、检查~~/继续盘问人：白××，单位及职务：××市公安局××区分局××派出所民警；何××，单位及职务：××市公安局××区分局××派出所民警

被盘问人姓名：郭×× 曾用名：郭×× 性别：男

出生年月日：19××年10月18日　文化程度：高中 民族：汉

身份证件名称及号码：居民身份证×××××××1018107

户籍所在地：××省××市××路××号院×号楼×号

现住址：本市××区××街××号×号楼××号

工作单位：本市××商场

被盘问人被带至公安机关的具体时间：201×年7月10日20时35分

向被盘问人宣读其依法享有下列权利：

1. 对人民警察侵犯其合法权益的行为，有权提出控告。

2. 有权申请继续盘问人回避。

3. 有权为自己辩解。

4. 对人民警察的提问，应当如实回答。对与本案无关的问题，有权拒绝回答。

5. 有权核对笔录（如果被盘问人没有阅读能力，人民警察应当向其宣读）。如果笔录记载有遗漏或者差错，有权提出补充或者改正。

6. 有权对错误的继续盘问申请国家赔偿。

~~当场盘问、检查情况记录如下~~/继续盘问内容记录如下：

问：我们是××市公安局××区分局××派出所的民警。根据《中华人民共和国人民警察法》第九条和《公安机关适用继续盘问规定》第八条的规定对你适用继续盘问。这是给你的《继续盘问通知书》，你可以自己阅读吗？如果你没有阅读能力，我们宣读给你听。

答：我可以自己看。（看了约有两分钟）

问：（按照笔录载明的要求，向郭××宣读其依法享有的权利）刚才向你宣读了你所享有的权利，你听清楚了吗？能明白吗？

答：听清楚了，能明白。

问：你是否申请我们回避？

郭××（捺指印）共4页，第1页

答：不申请。

问：有一些关于你个人的情况，我们需要核实一下，请你如实回答。从《当场盘问、检查笔录》中得知你叫郭××，对吗？你还有其他名字或者化名、别名、绰号吗？

答：我叫郭××，高中毕业前叫郭××，我没有其他名字了，也没有绰号。

（按照笔录要求核实郭××有关情况，并填入笔录）

问：请把你的家庭情况讲一下。

答：父亲：郭××，58岁，××市××工厂退休工人。

母亲：李××，56岁，××市××工厂退休工人。

哥哥：郭××，29岁，××市××公司职员。

嫂子：符××，27岁，××市××公司职员。

问：请讲一讲你的主要社会经历。

答：是不是从小学说起？

问：可以。

答：19××年至19××年在××市××小学上学，19××年至19××年在××中学上初中，19××年至19××年在××市××学校读高中。高中毕业后，19××年至19××年在××市××工厂当工人，后来觉得工资太低，就辞职了。一直在家待业，这中间，也找过一些工作，都没有做长。

问：你有没有过违法犯罪的前科？比如，有没有因违法犯罪行为被判过刑或者被治安管理处罚、劳动教养、强制戒毒等？

答：没有。

问：我们还想再强调一下，你应当如实回答我们的问题，当然对与案件无关的问题，你有权拒绝回答，你听清楚了吗？

答：听清楚了。

问：你是几点钟被带到这里来的？

答：晚上8点半多一点。

问：你知道我们为何把你带到派出所，对你适用继续盘问吗？

答：（有点着急）我刚才在街上走得好好的，被你们派出所的警察拦住了，他们检查了我的包，问了我几个问题后，就把我带到这儿来了，我不知道你们为什么抓我。

问：你先别着急。我们看了我们同事对你的《当场盘问、检查笔录》，现在，你可以认真想一下，今天晚上，在警察盘问你之前，你在干什么？

郭××（捺指印）共4页，第2页

答：我没干什么，我只是路过那里。

问：那个地方很偏僻，你从哪里出来，要去哪里？

答：（停顿了一二十秒钟）我从家里出来，要去××迪厅。

问：从你家到××迪厅，完全可以不经过××厂仓库，而且从你家至××厂仓库大约有3公里路，你是怎么去的？

答：我是坐出租车去的。

问：你要去××迪厅，为什么要在××厂仓库停下来呢？

答：我不想去了，我想回去。

问：回去？你为什么没有叫出租车直接送你回家呢？

答：我想走走。

问：走走？从××厂仓库到你家至少有3公里路。你去××迪厅干什么？

答：去玩。

问：约了朋友吗？

答：没有。

问：去迪厅玩为什么带着改锥？

答：（有些慌张，很快镇定）我今天上午帮我爸修窗户，就顺手放口袋里了。

问：去迪厅还提着电脑？

答：我已经告诉你们了，那电脑不是我的，是我在仓库门口捡到的。

问：那电脑为什么在你手上？

答：（更加慌张）我看没有人要，正想问问是谁的，警察就过来了。

问：你知道吗？你在仓库门口捡到的电脑与××厂仓库里存放的电脑是一样的。

答：（很慌张，头上冒出细汗）不知道。

问：你为什么那么紧张？

答：没有，这里很热。

问：我还想告诉你，我们已经检查过了，××厂仓库的窗户是被改锥撬过的，你知道吗？

答：我怎么知道？（头上、脸上的汗更加明显）

问：你再好好想一想？你还有什么忘记告诉我们的？

答：我真的是无辜的，我没有偷电脑，请你们相信我。

问：我们不会冤枉一个好人的。我们还想告诉你，我们的技术专家已经去××厂仓库提取现场指纹，一会儿就可以回来了。现在他们还没有回来，你还有时间再想一下，有什么没有告诉我们。主动坦白，对你是有好处的。

郭××（捺指印）共4页，第3页

答：（双手抱头）我真的不知道。（有气无力地）

问：你可以再想一下，一会儿我们会将你送入候问室，你可以仔细考虑一下。这次先谈到这里，半小时以后我们再谈。现在请你看一下笔录，看看有没有错误，有没有补充或者修改？

答：（看了约有10分钟）笔录没有错误，没有修改、没有补充。

问：如果没有错误，就请你在每页上签名或捺指印。

答：好。

以上记录我看过（~~或已向我宣读过~~），与我讲的一样。

被盘问人（~~签名或捺指印~~）：郭××

201×年7月10日23时50分

被盘问人拒绝签名和捺指印的，应注明原因：________________

~~当场盘问、检查~~/继续盘问人（签名）：白××

何××

记录人（签名）：何××

共4页，第4页

表 5

×××公安局
延长继续盘问时限审批表

公×盘延审字〔201×〕第 85 号

<table>
<tr><td>被盘问人
姓名</td><td>白××</td><td>曾用名</td><td>白××</td><td>性别</td><td>男</td><td>民族</td><td>汉</td></tr>
<tr><td>出生年月日</td><td colspan="2">19××年 6 月 16 日</td><td colspan="2">身份证件名称
及号码</td><td colspan="3">居民身份证××××××××0616105</td></tr>
<tr><td>户籍所在地</td><td colspan="4">××省××市××县××乡××村</td><td>健康状况</td><td colspan="2">健康</td></tr>
<tr><td>现住址</td><td colspan="4">××市×街×号院××号楼××号</td><td>电话</td><td colspan="2">8894×××</td></tr>
<tr><td>工作单位</td><td colspan="4">××市××工厂</td><td>电话</td><td colspan="2">7940×××</td></tr>
<tr><td>继续盘问
通知书编号</td><td colspan="2">公×盘通字
〔201×〕第 42 号</td><td colspan="2">首次延长继续盘问
时限审批表编号</td><td colspan="3">无</td></tr>
<tr><td>延长继续盘问
时限理由</td><td colspan="7">因在继续盘问 12 小时内难以证实或者排除白××的盗窃嫌疑。</td></tr>
<tr><td>延长继续盘问
起止时间</td><td colspan="7">201×年3 月23 日10 时始至201×年3 月23 日22 时止</td></tr>
<tr><td>承办人</td><td>卫××
郭××</td><td>承办单位</td><td colspan="5">××市××县××公安派出所</td></tr>
<tr><td>承办单位
意见</td><td colspan="7">按照《中华人民共和国人民警察法》第九条和《公安机关适用继续盘问规定》第十一条、第十七条的规定，提请对白××延长继续盘问时限至 24 小时，请审批。
（公安派出所印章）
负责人（签名）：武××　　201×年3 月23 日9 时</td></tr>
<tr><td>县、市、旗
公安局
或城市公安
分局意见</td><td colspan="7">同意对白××依法延长继续盘问时限至 24 小时。
（县、市、旗公安局或城市公安分局印章）
负责人（签名）：刘××　201×年3 月23 日9 时</td></tr>
<tr><td>备注</td><td colspan="7"></td></tr>
</table>

此表须附在《继续盘问审批表》和首次《延长继续盘问时限审批表》后

填表日期：201×年3 月23 日9 时

表 6

×××公安局

继续盘问登记表

公×盘登字〔201×〕第52号

被盘问人姓名	马××	曾用名	马×	性别	男
年　龄	41	身份证件 名称及号码	居民身份证 ×××××630424221	民族	汉
户籍所在地	××省××市××区××路46号院3号楼3单元21号				
现住址	同上	电话	×××××××		
工作单位	无	电话	无		
有无外伤	无	暂存物品 清单编号	公×存物字 〔201×〕第43号		
被继续盘问 原因	所骑自行车可能是违反治安管理或犯罪的赃物				
继续盘问 起止时间	201×年9月1日22时至201×年9月2日10时止				
入候问室时间	于201×年9月1日23时20分入候问室。 被盘问人（签名~~或捺指印~~）：马××		候问室值班民警 （签名）：高××		
承办人 （本人签名）	雷×× 申××	承办单位	×××公安局 ××派出所	批准人	常××
处理结果	于201×年9月2日10时0分释放或转为刑事拘留。 被盘问人（签名~~或捺指印~~）：马××　201×年9月2日10时 承办人（签名）：雷××、申××　201×年9月2日10时				
备　注					

填表人（候问室值班民警签名）：高××

填表时间：201×年9月1日23：20时

表 7

×××公安局
暂存物品清单

公×存物字〔201×〕第21号

<table>
<tr><td>物品持有人
姓　　名</td><td>任××</td><td>性别</td><td>男</td><td>出生年月日</td><td>1981年7月6日</td></tr>
<tr><td>身份证件
名称及号码</td><td colspan="2">居民身份证
××××××810706121</td><td>继续盘问
审批表编号</td><td colspan="2">公×盘审字〔201×〕
第26号</td></tr>
<tr><td>户籍所在地</td><td colspan="5">××省××市××区××路××号院5号楼××号</td></tr>
<tr><td>现住址</td><td colspan="5">同上</td></tr>
<tr><td>工作单位</td><td colspan="5">××公司</td></tr>
<tr><td>暂存物品
编号</td><td>名称</td><td>型号</td><td>数量</td><td>特征</td><td>备注</td></tr>
<tr><td>1</td><td>居民身份证</td><td>××××××
810706351</td><td>壹个</td><td>一代证</td><td></td></tr>
<tr><td>2</td><td>自行车</td><td>捷安特牌</td><td>壹辆</td><td>××产；黑色；
钢印号：×××××</td><td></td></tr>
<tr><td>3</td><td>自行车</td><td>凤凰牌</td><td>两辆</td><td>上海产：
一黑：钢印号：
×××××
一绿：钢印号：
×××××</td><td></td></tr>
<tr><td>4</td><td></td><td></td><td></td><td></td><td></td></tr>
<tr><td>5</td><td></td><td></td><td></td><td></td><td></td></tr>
<tr><td>6</td><td></td><td></td><td></td><td></td><td></td></tr>
<tr><td colspan="3">物品持有人（签名~~或捺指印~~）：任××
201×年11月16日</td><td colspan="3">承办人（签名）：吴××、司××
201×年11月16日</td></tr>
<tr><td colspan="6">暂存物品处理情况：居民身份证发还本人，叁辆自行车随案移交。</td></tr>
<tr><td colspan="3">物品持有人（签名~~或捺指印~~）：任××
201×年11月17日</td><td colspan="3">承办人（签名）：吴××、司××
201×年11月17日</td></tr>
<tr><td>备注</td><td colspan="5"></td></tr>
</table>

此表一式两份，一份交暂存物品持有人，一份附卷。

第三部分　实训方案

实训方案 3.1：治安巡逻实景训练

一、实训目的要求

本实训项目通过治安巡逻实景训练，使学生加深对巡逻职责任务、巡逻方式、巡逻路线、巡逻密度、巡组间联勤策应等理论或知识的理解，掌握接受群众报警求助、识别疑犯、疑犯跟踪、遇有当场不法行为的处置等基本技能，初步具备开展巡逻防控、有关警情先期处置等实际工作能力。

二、实训内容

经共建派出所出面，联系其辖区具有代表性的路段，实地进行治安巡逻。具体包括四部分：一是指导教官现场讲解。内容包括巡逻路线、巡逻方式、巡逻民警警械具配备、巡逻密度、巡逻高峰时段、巡组间联勤策应、接受群众报警求助、识别疑犯、疑犯跟踪、遇有当场不法行为的处置以及巡逻中警察形象等实体性问题，以及巡逻部署、发现问题先期处置等程序环节的问题。二是学生实地演练。根据事前制定的方案，学生在没有老师指导的情况下临时自行编队，进行现场巡逻演习，在实际操作中体会巡逻勤务的技术要领。三是任课老师与指导教官跟随巡逻队伍实时观察，发现问题后及时给予纠正，巡逻结束时再次集中，指出巡逻中出现的共性问题。四是现场教学结束后，要求每位学生撰写心得体会，并利用课堂教学时间安排部分学生交流心得，以进一步强化和巩固教学效果。

三、教学重点

巡逻路线、巡逻方式，接受群众报警求助，识别疑犯，治安巡逻中遇有可疑情形及当场不法行为的先期处置。

四、学习难点

识别疑犯，遇有可疑情形及当场不法行为的先期处置。

五、实训条件

实景社区相对繁华路段、相关法律文书、执法记录仪、常用单警装备（七小件）等。

六、实训组织

（一）实训前准备工作

1. 任课教师就训练内容、方式、要求、操作流程、纪律作风、注意事项等进行部署、动员。

2. 学生角色分配分组。确定5人为被“可疑人员”。其中“犯罪嫌疑人员”2名，“一般群众”3名。确定3名学生为“后场”民警，负责一线盘查民警情况核查，“手续”办理、“增援”等事项。2名学生为派出所（大队）领导，负责接受“一线民警”“请示”“汇报”“审批”等事项。

3. 准备对讲机、手铐、道具警棍、道具警笛、道具赃物等器材、物品。

4. 准备巡逻所需的相关法律文书及工作日志。

（二）实训组织实施

1. 采取自愿报名和老师指定相结合的方式，也可以采取轮流担任的方式，确定所扮演的角色。原则上所有学生都必须担任“巡逻民警”。

2. 扮演巡逻民警的学生一律着装。

3. 以2~3人一组，轮流进行巡逻，其他同学现场观摩。

4. 采取徒步巡逻方式。

5. 巡逻中发现可疑对象不少于1批次。其中至少有1名“犯罪嫌疑人员”。要求对“犯罪嫌疑人员”或者其当场不法行为进行现场处置。

6. 至少有1次接受群众报警或者求助。

7. 至少有1次情况核查、1次请示、汇报。

8. 至少形成1份巡逻记录。

七、实训考核

1. 巡逻区域、巡逻路线的确定：20分；
2. 疑犯识别、当场盘查、现场处置：20分；
3. 巡组间联勤策应：10分；
4. 接受群众报警求助：10分；
5. 情况核查、请示、汇报：10分；
6. 巡逻记录或者盘问笔录：10分；
7. 书面总结或者心得体会：20分。

课后作业要求：以小组或者个人为单位提交实训心得。

实训方案3.2：盘查的方法与技巧

一、实训目的要求

本实训项目通过盘查的程序环节、要求，盘查的语言技巧、可疑人员控制等训练，使学生加深对盘查职责、程序等理论或知识等的理解，掌握当场盘查勤务基本技能，初步具备识别、确定盘查对象（疑犯）、对盘查对象进行当场盘查（包括盘问、证件检查、物品检查），并根据当场盘查情况进行进一步处理，能够按照法律规定制作相应的盘问笔录等开展实际工作能力。

二、实训内容

学生识别、确定盘查对象；对盘查对象进行当场盘查（包括盘问、证件检查、物品检查），并根据当场盘查情况进行进一步处理；能够按照法律规定制作相应的盘问笔录。具体包括：根据自愿报名和同学推荐，确定扮演盘查民警和被盘查人的学生名单。确定6人为被盘查人。其中“犯罪嫌疑人员”2名，“一般群众”4名。确定3名学生为“后场”民警，负责一线盘查民警情况核查，“手续”办理等事项。2名学生为派出所（中队）领导，2名同学为县级公安机关领导。负责接受“一线民警”“请示”“汇报”“审批”等事项。将被盘查人分成单个疑犯、2 名疑犯、多名疑犯三种情况。指导老师在相对封闭的情形下对其进行“辅导”，确定其在接受盘查时是否携带械具、配合程度、是否反抗、是否使用械具“行凶”（扮演警察的正面角色对此不知情）。实施盘查勤务的学生以 2 人为一组，共 5 组。在前一组盘查进行时，后面的盘查人员被处于隔离状态（以免受到前面操作过程的启发）。未扮演角色的学生现场观摩，每组盘查。

三、教学重点

治安巡逻盘查的主要技术环节，物品检查、身体检查。

四、学习难点

哪些对象可以采用身体检查措施，身体检查。

五、实训条件

模拟街区（或者其他便宜教学区域），相关法律文书、执法记录仪、常用单警装备（七小件）、箱包、作案工具、赃物等道具物品等。

六、实训组织

（一）实训前准备工作

1. 任课教师就训练内容、方式、要求、操作流程、纪律作风、注意事项等进行部署、动员。

2. 学生分组与角色分配。每小组 4 ~ 6 人，根据案情分别扮演盘查民警和被盘查人。

3. 准备对讲机、执法记录仪、九小件等，以及作为道具使用的箱包、作案工具、赃物等器材、物品。

4. 相关法律文书及工作日志。

（二）教学实施

1. 有关理论知识与法律规范讲解

【内容及要点】教学内容主要包括盘查的概念、法律依据、原则和基本程序等。

（1）盘查的概念

指对可能具有违法或犯罪行为的嫌疑人进行盘问和对其所带物品和人身进行检查，从而发现或确认违法、犯罪行为的手段和方法。

（2）盘查的法律依据

《人民警察法》第九条、《城市人民警察巡逻规定》第五条、《公民身份证管理规定》第十三条等。

（3）盘查的特点

①较强针对性和目的性；

②嫌疑人不易确定、身份不明确；

③易遭突然反抗；

④与缉捕相结合。

（4）盘查的原则

①针对性原则；

②目的性原则；

③公开警察身份原则；

④保持高度警惕性原则；

⑤妥善处理原则。

（5）盘查的基本流程

①盘查前的工作

1）发现可疑，观察判断；2）确定目标，评估形势；3）明确分工，制定方案。

②盘查的实施

1）查地点的选择；2）查时机的选择；3）接近与控制；4）合理的站位，明确分工；5）盘问和检查。

③盘查后的工作

1）登记（时间、地点、人物、基本特点等）；2）嫌疑排除，予以放行；3）嫌疑不排除，带回继续盘问。

（6）归纳与小结

【组织和安排】由主讲教官为一个区队全体学员进行统一讲授。教学方法包括：讲授、提问、案例分析、讨论。

2. 盘查的基本姿势

【内容及要点】

训练内容主要包括盘查基本姿势、侧应站位控制、前后夹击站位控制、三角站位控制、弧形站位控制，使学员掌握盘查基本姿势和站位控制的方法。

【组织和安排】

（1）要点提示：盘查基本姿势是警察实施盘查的基础。

（2）讲解示范：教官先做一遍示范，而后边讲边做。

具体要领为：首先开启执法记录仪；左脚向前一步，身体半面向右转，两脚距离与肩同宽，重心落于两脚之间，两腿微屈，右手放在枪套上，眼睛应注视对方上部身体，特别是双手、肩部和眼睛。

（3）分组训练：先进行个人体会然后分组练习，两人一组，主讲教官和辅助教官负责纠错，并过渡到学生相互纠正和检查。

一般而言，这一环节易犯错误注意包括：双腿分开过窄或者过宽；身体正面暴露过大；右手忘记放在枪套上；眼睛没有注视对方的眼睛和双手；未开启执法记录仪。

（4）综合练习：主讲教官组织，其他教官负责纠正动作。

（5）小结讲评。

3. 截停与站位控制

（1）要点提示：截停为防止盘查对象逃跑的措施；站位控制是为防止盘查对象逃跑和保护自身安全的一种措施。

（2）讲解示范：教官先讲解要领，然后先做一遍示范，而后边讲边做。

分别讲解和示范：①截停。民警在距其 2 ~ 5 米左右时，举手示意其停下，然后向其敬礼并告知；出示人民警察证。②针对单人、双人或者三人，如何侧应站位，前后站位、三角站位和弧形站位。

（3）组织训练：民警每组 2～5 人，针对单人、双人或者三人，各组分别先练习截停，再练习站位，再合成练习截停与站位，并结合基本姿势多次练习。学生轮流充当警员和盘查对象。主讲教官和辅助教官负责纠错，并过渡到学生相互纠正和检查。

易犯错误及纠正方法：截停距离太近或太远；站位距离太近或太远；站位角度过大或者过小；警员火力在一线；未出示人民警察证。

（4）小结讲评。

4. 盘问语言训练

（1）要点提示：盘问是查明情况的主要手段，可以采取提出问题，引导自述，迂回侧击等方法。

（2）讲解示范：教官演示问话的内容。

①对一般可疑人的盘问语言："我是××（单位）民警，现依法对你进行检查，请你配合。""你叫什么名字?""你从哪里来?""现在去哪里?""你是哪里人？家住哪里?""请出示你的证件""你今年多大啦?""在哪里上班?""你手里拿的示什么东西?""是你的吗?"

②对高度可疑人盘问语言。1）单刀直入式："我是××（单位）民警，现依法对你进行检查，请你配合。""站住，我们是警察，现怀疑跟××事有关，希望你合作。""你刚才从哪里来?""神色怎么这么慌张?""看到警察为什么要逃跑?""刚才跑的哪个人和你是什么关系?"；2）迂回式："我是××（单位）民警，现依法对你进行检查，请你配合。""你刚才说你是××的，对吗?""你们认识有多久啦?""××给你的时候，没有告诉你这是什么东西是吗?"；3）麻痹式："我是××（单位）民警，现依法对你进行检查，请你配合。""我们只是例行检查，请不用紧张!""你看起来没有多大嫌疑，但是我们还要完成工作，请谅解!"

要求：注意问话的语气和盘问的技巧，根据疑点的不同，采用不同的语气和告知词。

（3）组织训练：

训练方法：个人体会、分组练习。

划分场地：以小组为单位，在指定的地点轮流扮嫌疑人进行训练。

主讲教官和辅助教官负责纠错，并过渡到学生相互纠正和检查。

（4）小结讲评。

5. 物品检查

（1）要点提示：简介物品检查的方法。

（2）讲解示范：教官讲解动作要领，并演示物品检查的方法。

动作要领：箱包放在适当位置；按照一看、二听、三闻、四摸、五拆的顺序对物品进行检查；轻拿轻放，依次查验；发现可疑物品的处理；

（3）组织训练

个人练习：一看、二听、三闻、四摸、五拆的顺序对物品进行检查。用自备的道具箱包进行练习。

分组练习：为了便于训练，一般可以分为三步进行：

当听到“物品检查一”的口令时，责令被检查人放下提包；

当听到“物品检查二”的口令时，责令被检查人后退位置及负责对其控制民警的站位；

当听到“物品检查三”的口令时，进行检查。

分组训练：每三人一组，轮流扮演不同角色进行物品的检查。

主讲教官和辅助教官负责纠错，并过渡到学生相互纠正和检查。

易犯的错误及纠正：

常见错误：箱包距离被检查人太近或者太远；检查时没有民警负责对其控制；检查次序错误；未轻开慢拉，谨慎开启；箱包内物品反复翻动；对可疑物品未戴手套轻取，破坏证据或痕迹。

（4）小结讲评。

6. 人身检查

（1）要点提示：人身检查是查获嫌疑人身上的各种犯罪证据的主要手段。其方法有站式、跪式和卧式等。课堂分别讲解练习贴墙、趴车及背立式检查。

（2）讲解示范

①分别讲解示范贴墙、趴车及背立式检查：被检查人做出被检查姿势。负责检查的教官在警戒教官的掩护下慢慢接近目标。检查教官按照本单元“业务详解”的内容演示其动作要领。②被检查人反抗：立即采取相应措施。

（3）组织训练

责令被检查人做出被检查姿势：贴墙、趴车及背立式；对检查对象进行控制；开始检查；发现可疑物品的处理。

主讲教官和辅助教官负责纠错，并过渡到学生相互纠正和检查。

易犯的错误及纠正：常见错误如对被盘查人未采取控制措施或者控制措施不当；检查不细致、不全面；动作不规范；防卫意识淡薄；对可疑物品处理不当。

（4）小结讲评。

7. 综合训练

情景一：2 名民警在巡逻中发现 1 名穿着可疑的人，手拿着提包。

情景二：2 名民警在巡逻中发现 2 名可疑的人，2 人神色慌张，其中 1 人携带背挎包，内有可疑物品（作案工具）。

情景三：2 名民警在巡逻中发现 3 名可疑的人，其中 1 人与某在逃人员相像，此人携带背挎包。

七、实训考核

1. 执勤执法装备（5 分）

配备对讲机、执法记录仪、反光背心、警棍、手铐、催泪喷射器、强光手电、警用制式刀具、警绳、急救包、多功能腰带、防割手套等单警装备；配备移动警务通、手枪（枪套模拟）、身份证检测仪（手持式或台式均可）等执勤执法装备。每缺少一样扣 0.5 分，共 5 分，扣完为止。

2. 警容警姿及执勤执法言行（10 分）

要求现场态度认真、精神饱满。出现以下情形之一的，每项酌情扣 1～2 分，扣完为止：精神面貌不饱满、姿态不端庄、态度不严肃认真的；动作不标准，或动作无力的；盘查时未先敬礼的；盘查时未表明身份（您好，我们是某某单位民警）；盘查时未表明执法依据（现依法对你检查）的；盘查时未说礼貌用语（请你配合）的。

3. 当场盘查流程要点（75 分）

要求合理运用分工、站位、盘查地点、请求增援等安全防范措施，身份查验（包括问询、证件查验）、人身检查、物品检查等技术要点清晰、准确、规范；根据案情，合理采取被盘查人离去、采取强制措施、继续盘问等后续措施。

（1）盘查时人员站位（10分）。盘查时人员站位违反下列规定的，每项扣1~2分，扣完为止：责令嫌疑人站到指定位置；责令嫌疑人背对开阔场地；盘问民警与嫌疑人保持1.5米至2米距离；盘问民警侧身站立在嫌疑人左侧；警戒民警侧身站立在嫌疑人右侧；警戒民警与嫌疑人保持2米左右距离；采取侧应站位时，警戒民警与盘查民警保持90度夹角，或者采取前后夹击站位时与盘查民警保持135度夹角。

（2）疑点判断是否有依据（5分）。是否盘问盘查对象的身份基本信息、是否查清盘查对象携带物品、是否查清同行人员关系。

（3）嫌疑人是否有效控制（5分）。盘查时人员站位违反下列规定的，每项扣0.5~1分，扣完为止：责令嫌疑人双臂高举过头；责令嫌疑人面向车或墙；责令嫌疑人扶车或扶墙站立；责令嫌疑人双脚分开尽量后移的；民警在嫌疑人身后并将一只脚置于其双腿之间；嫌疑人有异常举动时，及时发出警告。

（4）启问、质疑是否有针对性、有条理（5分）。盘查时人员违反下列规定的，每项扣1~2分，扣完为止：人、物是先分离再盘问、检查；两个以上嫌疑人分开盘问；盘查中保持高度警惕。

（5）人身检查（15分）。人身检查对象确定依据是否准确、人身检查前的准备是否到位、对人身检查对象下达命令是否正确，检查顺序是否体现先重点部位、后全面。原则上应依照衣领、口袋、腋下、腰部、裆部、双腿内侧、鞋子等顺序进行，颠倒、遗漏、顺序错误的，每个部位扣0.5~1分。

（6）物品检查（15分）。检查物品时违反下列规定的，每项扣1~2分，扣完为止。不得由嫌疑人自行翻拿待检物品；开启箱包时仔细观察，注意避免接触有毒、爆炸、腐蚀、放射等危险物品；按照自上而下顺序拿取物品，不得掏底取物或者将物品直接倒出；对有声有味的物品，谨慎拿取；当着嫌疑人面检查物品；对需要扣押的违禁、可疑物品，装入物证袋；对不明物品或物品品名、数量、品质、真伪不能现场辨别的，现场装入物证袋并封口，封口应当由持有人在骑缝处签名捺印。

（7）采取上铐等约束措施符合法律依据，相应措施正确到位；采取措施防止嫌疑人吞、烧、撕物品、证据（5分）。

（8）法律文书制作（10分）。《当场盘问、检查笔录》按照规定要求填制；《证据保全决定书》中应当注明当事人基本情况、案由、法律依据、保全时间、申请复议的途径和当事人签字等项目；制作《证据保全清单》时应当会同当事人共同清点物品；警情设置的嫌疑物品应当登记齐全；当事人或执勤民警应当共同签字。违反上述规定的，每项扣1分，扣完为止。

（9）掌握继续盘问的条件，带离盘问对象的方式是否严密、科学、安全（5分）。

4. 登陆“警务信息平台”系统，正确录入信息（10分）。

第四单元　接处警与常见警情先期处置

问题引导：

接处警包括“110”接处警和其他形式的接处警，通常是指通过“110”报警服务电话，接受公民的报警和紧急求助并实施统一调度和处置的警务活动。接处警又分为接警、指挥调度、处警等基本环节。先期处置是公安机关人民警察在支援人员或者其他专门人员到达现场之前，在第一时间对发现或者群众报警、求助、投诉的案（事）件，依法采取维持秩序、中止危害行为、排除或者减低损害程度、保护现场、提供救助等措施，为开展后续工作提供方便的活动。先期处置虽然只是处置的先期阶段，却直接关乎警情和求助的处置质量。在警务工作实践中，接处警与先期处置是基层公安机关执法勤务机构乃至全体公安民警必备的基本功。

第一部分　业务详解

一、接处警服务系统

近年来，各级党委、政府和公安机关围绕科技强警战略，推进110系统建设，广泛应用现代通信技术、网络技术、自动化技术、电子监控、GPS卫星定位系统、警用地理信息系统（GIS）等先进技术，使公安指挥中心和110接处警的技术水平持续显著提升。目前，各地公安机关已基本建成了一个以公安信息化网络为基础，以视频指挥系统、信息报送系统、“三台合一”接处警系统为核心，以GIS、GPS卫星定位系统、值班管理系统等为辅助的一体化指挥平台。公安部指挥中心与全国各省级指挥中心的视频指挥调度系统已全部开通，并在实战中得到检验，为各级领导实施科学指挥决策提供切实保障。

各地公安机关指挥中心利用GIS、GPS、视频监控系统等手段，实现了“点击化”“可视化”指挥。接警人员结合GIS系统和“路灯杆报警定位法”等方法，能够迅速显示报警人精确位置，通过鼠标点击对巡逻车辆、派出所等警力实施调派；结合GIS系统和视频监控装置，指挥人员能够随时调看现场图像，必要时利用远程指挥车或直升机将现场图像传回指挥中心，实现实时指挥。

（一）“110”接处警系统的前台系统

1. 接警环节

接警工作是接警人员对群众报告的案（事）件情况和紧急求助事项进行询问、登记、了解情况，判明性质和轻重缓急，下达处警指令的全过程。

2. 指挥调度

指挥调度是指“110”接警指挥调度系统根据接警信息，发出处警信息和指令的决策过程。“110”接警指挥调度根据系统的接警信息迅速作出判断，具有直接性；根据“警情第一”的要求，各处警单位和人员要坚决执行处警信息和指令，具有权威性。

（二）“110”接处警系统的后台支持

“110”接警指挥调度的后台支持依赖于“110”接警指挥调度系统，该系统是诸多公安应用中十分重要的应用系统，是公安综合信息系统的龙头，它处于公安综合信息系统应用部分的最前端，是整个公安综合信息系统一个重要的子系统。它在系统构成上分成以下部分：

1. 接处警信息系统

用于对报案人提供的信息处理，包括案发地点定位、受理情况登记、案发地所在地区警力部署等。同时完成处警调度，包括报案信息的关联比对、处警转移、调度警力到场处理、处警情况反馈等。该系统由接处警数据库、接警模块、处警模块、关联比对模块、语音调度模块五大部分组成。接处警过程还与案（事）件信息系统的查询、查证模块，现场勘查模块发生联系。工作流程如下：

（1）接警模块

在指挥中心接警过程中，首先要做的工作是人工分辨，分析接警信息，通过询问、查询，了解并判明此次接警是否为有效接警，如果这个信息被判明为有效接警，接警人员首先要完成建立“案件信息”的第一步《接报警登记》。

（2）处警模块

对于登记的接警情况，由指挥人员确定接警处理的指挥权，即确定案别（刑事、消防、交通）后，将指挥权交给二级指挥中心或交管、消防、刑侦等部门，同时将接警纪录等已知信息转移给二级指挥中心，可以通过计算机系统直接看到被转移的警情。

（3）查询、查证模块

在处警系统启动后，依据获取的部分现场信息（如车牌号、详细地址等），指挥中心可以通过市局信息中心以及各个业务部门的应用系统，查询出详细的数据信息，或通过比对查询列出所有相关的信息，为指挥人员、现场办案人员提供材料。

（4）现场勘查模块

办案人员将检查、搜索现场的情况，询问在场的证人、证言，及时传达给“110”接警指挥调度系统，通过现场勘查模块查询、比对相关信息，及时将获取的结果通知现场办案人员，为下一步采取的行动提供依据。这个过程中的所有往来的数据信息，都需要记录、保存到数据库系统中。

2. 移动查询系统

用于为出警在街面上的警务人员，因现场警情处置工作的需要，提供对市局信息中心综合数据的查询。

3. GPS 警务系统

用于对移动警车的分布和行进方向跟踪定位，解决就近调集部署警力问题。

4. GIS（地理信息）系统

电子地图上的地理图形可以放大、缩小、漫游。图形可以动态分层，可以在基础地理层和公安专业地理图层上实施静态信息标注和动态信息标注，如：消防设施和消防警力位置、信号灯和交通警力位置、分局和派出所固定警力位置、党政机关位置、重要建筑物位置、水电汽油等要害部门位置、金融营业网点位置、科研院所位置、交通运输部门位置、厂矿企业位置等。可以点击查询地理特征，计算图上两点间距离。可以在 GIS 上动态显示 GPS 数据，车辆定位、运动轨迹、轨迹回放、车辆自导航等。

5. 监控系统

用于对重点部位和交通路口实时图像和声音的监控，使得指挥人员可以直接获取第一手直观、准确的信息，并可以保存需要的图像和声音，为今后的查询提供可靠的依据。

6. 大屏幕显示系统

用于对监控图像多种形式的显示，包括多画面显示、图像的局部放大和叠加、跨屏和分屏显示。

7. 移动指挥车系统

主要用于构建现场指挥系统，使得现场的指挥系统与指挥中心实现信息同步。通过卫星通信或 350M 无线通信技术与指挥中心进行现场图像、电话、数据、传真的实时传输。通过 GIS 系统了解现场周围的道路、建筑情况，以及附近的固定警力、消防、医疗设施情况。通过卫星定位技术，了解移动警力在市区的分布、行进方向，便于调遣离现场最近移动警力以最快的速度赶赴现场。同时利用自导航技术，了解目前移动指挥车的位置，便于采取合适的指挥调度。

二、接警的基本规范

（一）首接责任制

公安机关首个接受报警、求助、投诉的单位或者人民警察，对属于职责内的事项应当及时办理；对不属于自己管辖或者职责以外的事项，应当先行登记，及时移交有关部门和人员办理，并向报警人、求助人、投诉人说明情况。

（二）接警范围

公安机关及其人民警察应当受理以下报警、求助和投诉：

1. 报警。包括：刑事案件；治安案（事）件；危及人身、财产安全或者社会治安秩序的群体性事件；自然灾害、火灾、治安灾害事故、道路交通事故；其他需要公安机关处置的与违法犯罪有关的报警。

2. 求助。包括：发生溺水、坠楼、自杀等危急情况，需要公安机关紧急救助的；老人、儿童、智障人员、精神疾病患者等行为能力、辨别能力差的人员走失，需要公安机关帮助查找的；公众遇到危难，处于孤立无援状况，需要公安机关立即救助的；水、电、气、热等公共设施出现险情，威胁公众生命或者财产安全和生产生活秩序，需要公安机关先期紧急处置的；其他可能引发人身伤亡事故或者公私财产重大损失的险情，需要公安机关紧急处置的。

3. 投诉。公安机关及其人民警察正在发生的违反法律、法规和人民警察各项纪律规定，违法行使职权，不履行法定职责，不遵守各项执法、服务、组织、管理制度和职业道德的各种行为。

（三）110报警服务台（含指挥中心）、公安派出所、巡逻民警接警程序

1. 共同程序

（1）语言规范。

（2）文明接警。接警人员应当警容严整，语言文明，态度热情，语气平和。接警时，应当根据报警者心情和态度给予必要的答复和安慰。

（3）问明情况。受理报警、求助和投诉，应当尽快询问对方姓名、单位、住址和联系电话，了解警情的基本要素，如时间、具体地点和位置、案（事）由等。并针对具体警情，进一步问明下列情况：

①受理案件报警，应当尽快询问涉案人数、嫌疑人体貌特征、作案后去向，如嫌疑人驾驶车辆的，应当询问车牌号、车型、颜色等。

②受理群体性事件报警，应当尽快询问事件的参与人数、规模、人员构成，事由，是否持有器械、发生过激行为等情况。

③受理火灾报警，应当尽快询问燃烧物质种类，有无人员被困、伤亡，火势大小、蔓延情况，有无中毒、爆炸等危险情况，相邻单位情况等。

④受理交通事故报警，应当尽快询问车辆类型、车辆牌号、人员伤亡、是否载有危险物品、危险物品的种类等情况；受理其他事故报警，应当尽快

询问事故原因、人员伤亡、经济损失等情况。

⑤受理求助，应当问明需要救助的人数、事由、危险源等。

⑥受理投诉，应当问明被投诉者的基本情况、投诉事由等。

（4）指导急救。对情况紧急的违法犯罪、灾害事故、人身危险、严重伤病等报警、求助，可以视情告知报警人、求助人有关应急处置办法，指导其救人或者自救。

2. 派出所直接接警

公安派出所值班民警接到报警、求助、投诉，有条件的，应当与110报警服务台使用同一接警平台。需要处警，或者接到110报警服务台（含指挥中心）处警指令的，应当立即向公安派出所值班领导报告。

3. 巡逻民警直接接警

巡逻民警在巡逻中接到群众报警、求助、投诉，应当在受理的同时，立即向主管单位报告情况。

4. 其他部门、人民警察接警

公安机关其他部门、人民警察接到报警、求助和投诉，应当问明情况并制作记录，立即向负责人报告情况，并按照上述规定办理。

三、处警的基本规范

（一）处警准备

1. 处警人员

（1）公安机关各部门及其人民警察接到110报警服务台（含指挥中心）、本单位发出的处警指令，应当立即处警，不得推诿、拖延，影响警情处置。工作中发现警情的，应当立即报告并按指令处置。

（2）处警警力的配置应当与警情的性质和规模相适应。对案（事）件现场处置不得少于二人。对重大案（事）件、重大事故等，应当安排足够处警警力。现场局面难以控制，需要增援或者需要其他主管部门到场解决的，现场处置民警应当立即向下达处警指令的单位报告，要求增派相应力量，对涉及枪支、爆炸物、危险化学品、有毒有害物质的，应当要求治安、消防、刑侦、特警等部门增援，必要时通报政府有关职能部门赶赴现场共同处置。

（3）专职处警民警应当掌握基本的救援、救灾和医疗救护技能。

（4）处警单位不得安排见习民警、辅助工作人员、保安联防队员等不具备执法资格的人员单独处警。

2. 处警装备。处警民警应当依照有关规定着装，携带人民警察证、处警工作记录本和有关法律文书，配带有关单警装备和处警设备。

3. 处警时限。对危及公共安全、人身或者财产安全迫切需要处置的紧急报警、求助和对正在发生的民警严重违法违纪行为的投诉，处警民警接到处警指令后，应当迅速前往现场开展处置工作；对其他非紧急报警、求助和投诉，应当视情尽快处理。

（二）到达现场

1. 开始录音、录像。依照有关规定需要对处置过程录音、录像的，到达现场时，开启录音、录像设备。

2. 报告情况。到达现场时，立即报告下达处警指令的单位。

在处警途中发生严重交通堵塞、自然灾害或者报警不详等特殊情况，应当向下达处警指令的单位报告，说明原因，并尽快排除阻碍赶赴现场。

对于重大警情，处警民警应当随时向下达处警指令的单位报告现场情况，提出处置建议。后期处置人员到达后，应当及时向其介绍现场的有关情况，配合开展调查、处置工作。

3. 表明身份。到达现场时，处警民警应当出示人民警察证并表明身份，情况紧急来不及出示人民警察证的，应当先表明身份，并在处置过程中出示人民警察证。

4. 判断警情。处警民警应当根据现场警情的性质、危害程度、影响范围、涉及人数、当事人身份及警情敏感性等综合因素，快速判断，采取相应的处置措施。

现场警情发生变化的，处警民警应当及时调整处置措施。

（三）制止违法犯罪行为

处警民警现场制止违法犯罪行为，适用以下处置措施。处置重大恐怖事件和群体性事件等重大紧急警情，依照有关规定执行。

1. 处置措施的种类

为现场制止违法犯罪行为而依法采取的处置措施，由轻到重依次为：口头制止、徒手制止、使用警械制止、使用武器制止。

（1）口头制止，是指为制止违法犯罪行为而发出强制命令。

（2）徒手制止，是指使用身体强制力制止违法犯罪行为的强制手段。

（3）使用警械制止，是指使用《中华人民共和国人民警察使用警械和武器条例》规定的驱逐性、制服性、约束性警用器械制止违法犯罪行为的强制手段。

（4）使用武器制止，是指在紧急情况下，依照《中华人民共和国人民警察使用警械和武器条例》第九条的规定，使用武器制止暴力犯罪行为的强制手段。

使用较重处置措施时，可以同时使用较轻处置措施作为辅助手段。

2. 使用处置措施的基本要求

（1）适度。现场采取处置措施，应当以制止违法犯罪行为为限度，尽量避免和减少人员伤亡、财产损失；使用较轻处置措施足以制止违法犯罪行为的，应当尽量避免使用较重处置措施。

现场制止违法犯罪行为，应当注意方式方法，避免激化矛盾；发现事态有进一步扩大可能的，应当及时采取相应措施进行妥善处置。

（2）安全。制止违法犯罪行为过程中，应当对违法犯罪行为的危险性、可能还有未被发现的违法犯罪行为人等情况保持警惕，防止、减少自身伤亡。

3. 口头制止

（1）使用条件。对正在以非暴力方式或者以轻微动作实施违法犯罪行为的，处警民警可以口头制止。非暴力方式是指行为人以口头或者逃避等方式拒绝服从民警命令，或者口头谩骂、侮辱民警以及其他在场人员，但未主动与民警或者其他在场人员发生肢体冲突。

口头制止可能导致违法犯罪行为人逃跑、毁灭证据或者其他严重危害后果的，采取徒手制止措施。

（2）口头制止的内容。口头制止包括以下内容：

①命令违法犯罪行为人停止实施违法犯罪行为；

②命令违法犯罪行为人按照要求接受检查；

③告知违法犯罪行为人拒不服从民警命令的后果；

④根据警情需要，要求在场无关人员躲避；

⑤其他能够达到有效制止目的的口头命令。

（3）用语要求。口头制止用语应当明确、简洁、易懂，禁止使用侮辱性、歧视性语言。

（4）调整措施。违法犯罪行为人不听从口头制止的，处警民警可以将其传唤至公安机关处理；违法犯罪行为人不听从口头制止，并实施暴力行为的，应当采取进一步处置措施。

4. 徒手制止

（1）使用条件。对正在以轻微暴力方式实施违法犯罪行为，尚未严重危及公民或者民警人身安全，经警告无效的，处警民警可以徒手制止；情况紧急，来不及警告或者警告后可能导致更为严重危害后果的，可以直接使用徒手制止。

（2）使用限度。处警民警徒手制止，应当以违法犯罪行为人停止实施违法犯罪行为为限度；除非必要，应当避免直接击打违法犯罪行为人的头部、裆部等要害部位。

（3）约束。当违法犯罪行为人停止实施违法犯罪行为时，处警民警应当立即停止可能造成人身伤害的徒手制止动作，并依法使用手铐、警绳等约束性警械将其约束。

（4）调整措施。对徒手无法制止违法犯罪行为的，可以采取进一步措施。

5. 使用警械制止

（1）使用条件。遇有《中华人民共和国人民警察使用警械和武器条例》第七条所列危害公共安全、社会秩序、公民人身安全等情形之一，经警告无效的，可以使用警棍、催泪喷射器等驱逐性、制服性警械。

（2）使用限度。使用驱逐性、制服性警械，应当以制止违法犯罪行为为限度；当违法犯罪行为人停止实施违法犯罪行为时，应当立即停止使用。

（3）使用警棍。违法犯罪行为人的攻击尚未危及他人或者民警生命安全的，处警民警可以使用警棍制止。使用警棍时尽量避免攻击违法犯罪行为人的头部、裆部等要害部位。

（4）使用催泪警械。应当按照下列程序和方法使用催泪警械：

①根据现场情况，要求现场无关人员躲避；

②选择上风向站位和安全有效距离，直接向违法犯罪行为人喷射催泪剂；

③制服违法犯罪行为人并将其约束后，对有异常反应或者可能引发疾病的，应当及时采取适当措施救治。

（5）约束。制服违法犯罪行为人后，应当立即使用手铐、警绳等约束性警械将其约束。对受伤的违法犯罪行为人，应当及时采取适当措施救治。

（6）替代措施。符合使用警械条件，但是现场没有警械或者使用警械可能造成更为严重危害后果的，可以使用除武器以外的其他物品对违法犯罪行为人进行控制。

（7）调整措施。对使用警械不能制止违法犯罪行为的，可以采取进一步措施。

6. 使用武器制止

本课程暂不涉及，略。

（四）控制现场

1. 控制事态。处警民警判明警情后，应当依照前条规定采取有效措施制止违法犯罪行为，制服、约束违法犯罪嫌疑人，控制危险物品。必要时，采取交通管制措施，疏散周边或者围观人员。

2. 设置警戒。必要时，经现场负责人批准，划定警戒区，设置警戒带，夜间应当配置警示灯或者照明灯。未经允许，任何人不得跨越警戒带，进入警戒区。对破坏、冲闯警戒带或者擅自进入警戒区的，应当予以警告，警告无效的，可以强制带离现场，并可依法追究法律责任。

3. 排除险情。对涉及爆炸、火灾、中毒、放射性物质、传染性疾病以及其他可能危害公共安全和人身安全的警情，应当依照前款规定设置警戒，采取措施排除险情。排除险情时应当注意：

（1）抢救人员。在做好自身安全防护的情况下，立即抢救遇险人员，疏散周边人员至安全地带，做好外围警戒。

（2）专业排险。对爆炸性、腐蚀性、放射性、毒害性、传染性等专业性较强的排险工作，应当报告下达处警指令的单位联系专业人员到场处置。

4. 保护现场。需要持续保护现场的，依照以下规定执行：

（1）设置警戒。依照前述规定设置警戒。

（2）保护证据。除抢救人员、排除险情、保护物证等紧急情况外，不得进入现场，不得触动现场上的痕迹、物品和尸体。处理紧急情况时，应当尽可能避免破坏现场上的痕迹、物品和尸体。对可能受到自然、人为因素破坏的现场，应当对现场上的痕迹、物品和尸体等采取相应的保护措施。对涉及反动内容的标语、传单、大小字报等，应当采用适当方法加以遮挡，在调查取证结束后及时清理现场，防止扩散，造成不良影响。

（3）持续时间。保护现场的时间，从发现案件现场开始，至现场勘验、检查结束。不能完成现场勘验、检查的，应当对整个现场或者部分现场继续予以保护。

（4）报告情况。将现场保护情况及时报告现场勘验、检查指挥人员。

（五）救治伤员

现场有人员伤亡的，应当按照以下程序处置：

（1）处警民警立即向本单位口头报告。报告内容包括民警身份、目前所处位置、采取处置措施情况、人员伤亡情况、现场情况、联系方式；异地采取处置措施的，应当同时向现场所在地公安机关口头报告。

（2）处警民警立即救助伤员。根据伤势危急程度和所掌握的救护知识，迅速对受伤人员采取临时救治措施，并根据需要立即通知120急救中心到场救治。

（3）所属单位处置。所属单位接到人员伤亡的报告后，应当按照以下程序进行处置：

①视情指派有关部门立即赶赴现场，设置警戒，进行现场勘查等工作。对杀人、放火、爆炸等严重犯罪的现场或者已经造成人群聚集的现场，公安机关负责人赶赴现场进行指挥；

②及时对受伤人员采取紧急救治措施；

③对于采取处置措施造成人员重伤、死亡的，及时通知当地人民检察院；

④将伤亡人员情况及时通知其家属或者其所在单位，并做好善后工作；

⑤根据需要准备新闻口径，做好舆论宣传、引导工作。

（六）调查取证

1. 基本要求。需要调查取证的，应当针对现场情况和警情特点，及时、全面收集、固定证据，查明当事人基本情况，案（事）件的原因、过程和结果，行为手段和方式等。现场来不及调查取证的，应当记明证据线索备查。

2. 取证措施。调查取证，可以依法采取以下措施：

（1）录音、录像、照相。通过录音、录像、拍照等方法，及时收集、固定和保护现场证据。及时调取监控录像和其他人员摄制的视听资料。

（2）询问。及时询问报警人、当事人、证人，制作询问笔录。现场来不及或者不便制作笔录的，应当对有关人员的姓名、住址、单位、联系方式等进行登记。

（3）盘问、检查。对有违法犯罪嫌疑的，可以依法当场盘问、检查。

（4）搜集实物证据。对有关涉案物品和违禁品、管制器具进行现场搜索、收集，依法办理扣押、登记手续。对易灭失、易遭破坏的证据，应当妥善保护并采取适当方法固定。

（5）勘验、检查。需要对现场进行勘验、检查的，应当通知技术部门派员到场。

（6）调查线索。及时对有关线索进行登记、调查。

3. 移交证据材料。主管部门到场处理的，应当将有关证据材料移交给主管部门。必要时，协助调查取证。

（七）现场处结

1. 结束现场处置

（1）结束案（事）件现场处置。

①当场处罚。对符合当场处罚条件的行政案件，处警民警可以当场作出处罚决定。

②现场调解。对符合现场调解条件的治安案件，处警民警可以进行现场调解。

③当场移交。对案（事）件主管部门、单位人员到达现场的，应当当场移交，办理交接手续，并协助现场处理。

④继续办理。对案（事）件现场处置完毕，需要继续办理的，将有关人员和证据带回，依照下条有关规定办理。

（2）结束求助现场处置。救助成功后，确认被救人员身份，必要时联系其家属到现场或者医院，办理交接手续。救助不成功，需要离开现场的，应当报经本单位负责人批准。主管部门到达现场的，应当当场移交，办理交接手续，必要时协助现场处理。救助结束后，有关事项属于民事纠纷的，告知当事人向人民调解组织请求调解，或者向人民法院提起民事诉讼。

（3）结束投诉现场处置。对投诉现场处置完毕，应当将有关人员和证据材料带回并转交警务督察或者具体承办投诉的部门、单位。警务督察或者具体承办投诉的部门、单位人员到达现场的，应当当场移交，办理交接手续，并协助现场处理。

2. 离开现场

（1）清理现场。除将现场移交其他部门或者继续保护外，应当清理现场，收集、整理器材装备，撤除警戒。必要时，报告下达处警指令的单位通知有关部门对现场进行专业洗消。

（2）带回人员。除当场处罚、现场调解外，应当将违法犯罪嫌疑人带回公安机关处理，通知受害人、证人到公安机关接受询问。

（3）带回证据。对作为证据使用的物品和文件，带回公安机关处理。对不能带回的物品，应当依照有关规定查封或者妥善看管。

（4）报告情况。将处警情况报告下达处警指令的单位。

（八）后续办理

1. 报告情况

（1）制作、呈报《接处警登记表》。在本单位《接处警登记表》中记明报警人姓名及联系方式、当事人基本情况、警情来源、接到报警时间和到达现场时间、发现警情的时间、警情发生时间和地点、警情的基本内容、造成的损失、现场处置情况和报告下达处警指令的单位情况等，写明下步处理建议，报本单位负责人批准。

（2）实施行政强制措施报告。因情况紧急，当场实施限制公民人身自由或者财产权的行政强制措施的，处警民警应当在二十四小时内依法向公安机关或者公安派出所负责人报告，并补办批准手续。公安机关或者公安派出所负责人认为不应当采取行政强制措施的，应当立即解除。

（3）伤亡报告。现场处置过程中出现人员轻伤、重伤或者死亡的，处警民警应当在现场处置完毕后，及时将处置情况向本单位书面报告；异地处置的，应当同时向现场所在地公安机关书面报告。

现场处置过程中出现人员轻伤、重伤、死亡或者已经引发争议、引起舆论关注等情形的，现场所在地县级以上公安机关应当对现场处置情况进行调查，并出具调查报告。异地采取现场处置措施的，民警所属公安机关应当配合做好调查工作。县级以上公安机关对现场处置情况调查结束后，应当及时向参与现场处置的民警及其所属部门、其他相关单位或者个人宣布调查结果；对民警采取处置措施不当或者违反规定采取处置措施的，应当依照有关规定提出处理意见。

（4）使用武器报告。处警民警使用武器的，应当将使用武器的情况如实向所属单位书面报告。

2. 告知处理情况和结果。对属于本单位办理的，应当将处理情况和结果告知报警人、投诉人；对移交其他主管部门、单位办理的，应当将移交情况告知报警人、投诉人。

具体承办投诉的有关部门和单位，应当尽快进行调查处理，并在受理投诉的三日内将查处情况告知投诉人，同时抄送下达处警指令的单位备查；如三日内未能办结的，应当及时告知投诉人办理情况。投诉人姓名、工作单位或者家庭住址、联系方式不实，致使无法告知的除外，告知情况，应当记录备查。

3. 信息录入。对处警情况，应当依照有关规定及时录入执法办案信息系统或者数据库。

4. 评估处警情况。处警单位和民警应当定期对处警情况进行评估，分析、总结经验教训，不断提高处置能力和水平。对重大、复杂、疑难警情的处置情况，应当及时进行评估。

（九）公安派出所接处警工作流程图

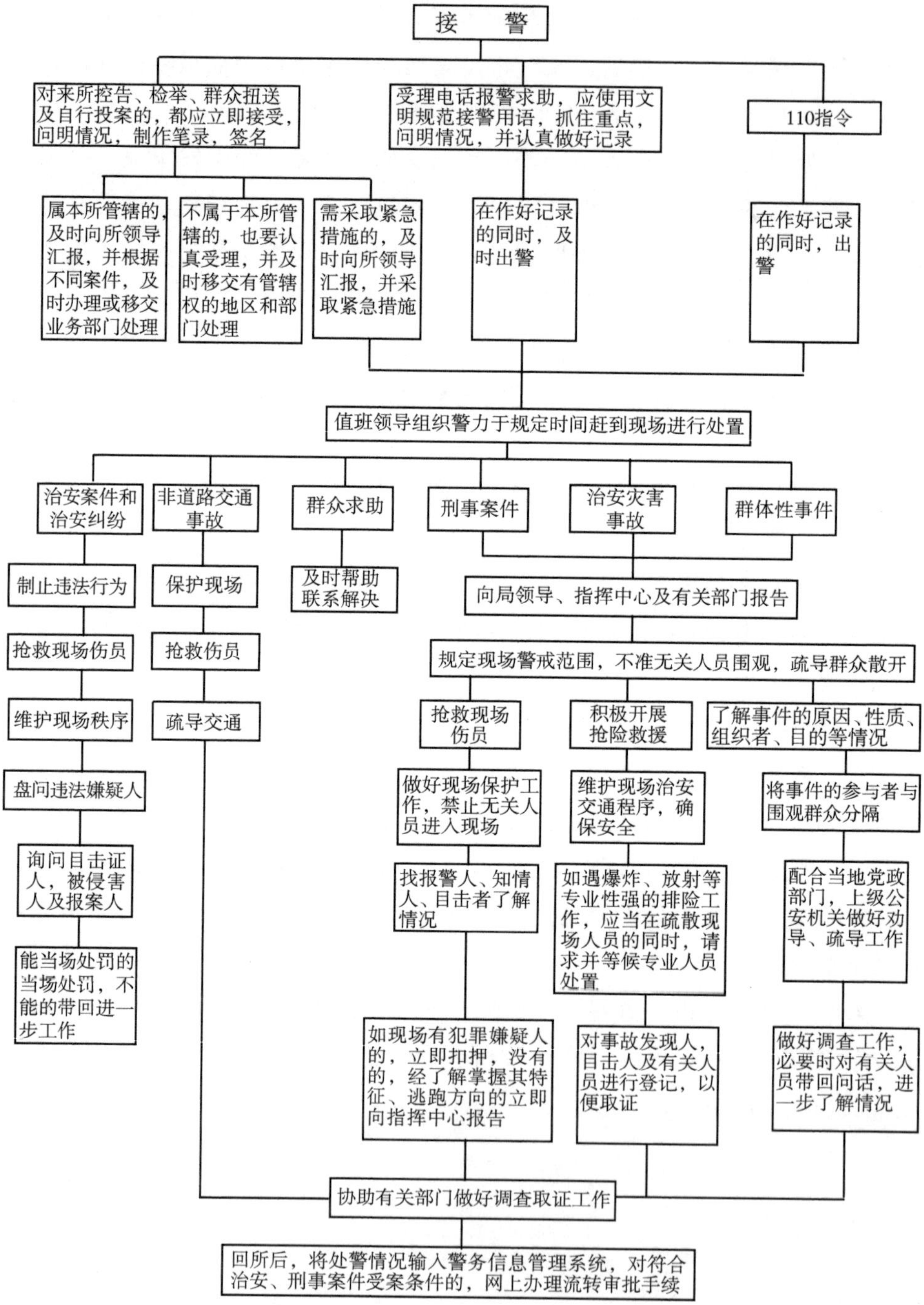

四、先期处置如何避免失误

（一）先期处置常见的失误情形

1. 语言类

（1）询问不到位，询问要点抓握不准，贻误战机。少数民警在处置时，因经验不足、时间仓促等原因，到场后未能正确询问，或询问内容粗糙，或询问对象弄错，对嫌疑人可能藏匿的地点或重大安全隐患等没能及时问得出，导致贻误战机。

（2）语言内容不当，造成群众围攻。处置各类警情，应注意不同警情下使用语言的技巧，该说的说，不该说的不能乱说，该这样说的不能那样说，更不可随便开一些不合场合的玩笑。某地一农民工因讨要工资不成，爬上一塔吊扬言自杀。处警民警到场后，以为当事人在上面听不到，就随口开玩笑说“跳就跳吧，吓唬谁呀”。此言一出，立即引起在场家属的强烈不满，追着该民警要打，造成工作被动。

（3）语言口气不当，造成群众不满。由于处警量大，个别民警产生厌烦情绪。如不注意心理调适，不注意使用语言的口气，极有可能出力不讨好。特别是不同性质的警情交叉处置时，民警心理状态一时难以转变，有可能带“气”出警，误伤群众感情。比如刚处理完一起“不讲理”的纠纷，接着再去处置群众求助，民警情绪如不能及时调适，到了新的现场，就会显得态度生硬，让群众觉得没有人情味。

（4）语言表态不适时。对当场发生的纠纷，不听陈述，随意表态，就有可能造成当事一方或双方不满，扩大事态。有经验的处置民警对现场发生的纠纷，一般不会当场随意表态，而是耐心听取各方陈述，在听完陈述，简单调查的基础上，再分别做工作或带至派出所进一步处理。听取陈述一定要有耐心，听完陈述一般不要随便表态，尤其是否定一方，肯定另一方，如果双方都在气头上，被否定的一方必然会对民警不满，甚至横加指责，与民警产生对立情绪，导致处置陷入僵局。但对于打人、毁物这两种情形，要态度鲜明地及时表态。

（5）无语言。对当场发生的违法行为，处置民警应尽可能地予以阻止，有的或由于事发突然没有心理准备，或由于警力不足，或由于其他原因，未能制止，应在言语上大声呵斥制止。如果连语言制止也不知道运用，受害方会误认为民警在有意袒护对方，转而把矛头对准民警，造成被动。

2. 动作类

（1）对纠纷或求助类的警情，不正常敲门，用脚踢门或用手砸门，有的没弄准室内情况，破门而入，导致被动。

（2）在案件现场随便触碰物品（包括门把、灯开关、电话机、台板等），破坏痕迹。有的处警民警经验不足，到了案件现场，不注意现场保护，随便出入现场，任意触碰现场物品，等技术员到场一看，现场痕迹已被民警破坏，给案件侦破带来困难。

（3）控制当事人时，动作幅度过大，被人诬为“警察打人”。在处置矛盾纠纷、妨碍公务、酒后滋事、群体性事件等警情中，需要控制当事人或嫌疑人时，拉拽动作过于夸张，手臂扬起幅度过大，被别有用心的人诬为“警察打人”，引起起哄，甚至围攻，有的造成当事人外伤，造成局面极为不利。

（4）处置时站位不当，造成民警与当事人双双摔倒。处于楼梯、路牙等部位时，若站位不当，人群拥挤，加上有拉拽、推搡动作，极易造成民警与当事人倒地的后果，轻则难堪，重则造成伤害后果。

（5）使用警械、器材不加区分，引起纷争。法律、法规对于使用约束性、制服性警械、器材等有明确规定，平时要注重学习，善于用准用足。手铐、警绳、约束带、辣椒水的使用对象和场合，要加以区分，否则就有可能被投诉。在使用中还要正确把握“度”的问题，否则会引发一定的后果。

3. 器材类

（1）执法记录仪（或者其他录音、录像器材）未携带或未开启，被告状后不能有效举证。由于种种原因，尽管处置民警已采取了积极作为的行为，仍有少数人，出于各种目的，投诉民警不作为或乱作为，甚至提起行政诉讼。相关部门介入调查时，往往找不到证人，更没有录音、摄像资料佐证民警的正确作为行为，以致被告状后不能有效举证，带来很大麻烦，甚至承担法律责任。

（2）必备警械未带，造成被动挨打。在处置一些带有暴力性行为的警情时，忘记或来不及携带必备的警械，遭遇袭警时，无警械可用，造成被动挨打。某地民警在处置一起大学生酒后滋事警情时，没带警械，也没带辣椒水，遭袭击而应当还击时被动挨打，有的民警当场被追打逃跑，造成不良影响。

（3）照明器材未带，现场摸黑。出动夜间现场，携带照明设备是必须的。可我们习惯了“甩手”出警，到了现场才后悔该带一只手电筒来，只得临时用汽车灯光照明或四处找群众借用，影响处警效果。

（4）救援器材未带，面对危险，束手无策。处置求助类警情时，携带必需的救援器材是能否有效处置或是否会引发投诉的重要环节，这种情况在处置落水类警情时尤为重要。某地一派出所民警在处置儿童落水警情时，到场的民警都不会水，却连一个救生圈、一条绳索都未带，最后儿童淹死，家属提出质疑，引发投诉、诉讼。

（5）车辆不注意保养，战时“罢工”。少数处警单位和民警平时不注意对车辆的保养，在处警途中抛锚，耽误处警。有的车辆甚至在追击嫌疑人时“罢工”，眼睁睁看着嫌疑人逃走，不能不算是最大的遗憾。

4. 其他类

（1）出警时间延误，造成群众不满。因出警时间延误引起投诉的案例已屡见不鲜。

（2）现场搜索不仔细，作为不到位。如某地交巡警在处置一交通肇事逃逸案中，搜索受害人时却没有下车，受害人受伤后爬到路边没被找到，后被发现时已死在路边。

（3）面对重大警情，不及时报告或未请求增援。

（4）警种间配合不好，产生推诿，贻误处置。

（5）警容风纪不佳或在不该抽烟的现场抽烟，被人偷拍。

（6）下车不关车门或将贵重物品留在车上被盗。

（7）该留住的重要证人没能留住，也忘记索要对方的联系电话。

（8）没留住过错方，致使受损失方索赔无果，纠缠民警。

（二）先期处置中如何有效防范失误的发生

如何在先期中有效地防范和减少失误的发生呢？从大的方面来说应做到两点：一是提高为人民服务的意识；二是加强学习，提高技能。具体操作上还应当把握：

1. 增强现场判断能力，采取有针对性的措施。处置民警到现场后，要迅速熟悉现场情况，通过询问、观察，初步判明警情性质，针对不同性质的警情，采取相对应的恰当行动。比如判明是一般纠纷，就不能采取强制措施、动用警戒；是违法行为，就不能视而不见。

2. 增强现场积极作为意识，积极采取妥善措施。根据现场需要，积极采取措施，主要包括及时制止违法犯罪行为、组织抢救伤员、追查捕获嫌疑人、保护现场、及时提取可能流失的证据、提供及时有效的帮助等。对正在发生的人身安全和重大财产安全的威胁，要采取应急措施，排除危险或施以救援。

3. 增强现场取证意识，利用设备记录处警过程。出警时不要怕麻烦，能带的影、音取证器材应尽量带上。平时要学习设备的操作方法，提高操作技能。在安装有监控探头的场合，还可以巧妙利用。也许不经意间拍下的镜头、录下的几句话，日后能成为证明民警积极作为的有力证据。

4. 增强现场安全意识，防范被非法袭击。处置带有暴力性行为的警情时，要特别注意自我安全。在采取行动时，不仅要防止来自制服对象本身的威胁，更要防止来自在场亲属、朋友的威胁。对前者的威胁尚能预见，而来自后者的威胁，更具有隐蔽性、突发性，危害可能更大。某地交警在处置一起骑车带人的违章行为时，只注意骑车男子，没想到其女友突然发起袭击，造成伤害。

5. 增强现场配合意识，合理分工处置。两人处警时，相互间要有分工，有主有辅，互相呼应。如同伴有考虑不周到的，同行民警要及时提醒；如同伴有被指责的，同行民警应及时解围；同伴正在采取行动时，同行民警应密切观察周围环境，保障其安全等等。当然，拍照、摄像等工作，可以根据现场人手情况，交由保安、驾驶员进行。

（三）发生失误后的补救措施

1. 当场补充取证。对于当场感觉取证不足的，应及时进行补取。

2. 采取措施，挽回影响。如果是处警民警的态度、语言失当，被群众指责的，要根据当场气氛、对方身份等，能当场道歉、解释的，应当当场做出，以取得群众的谅解。处警民警之间要有互相配合，视情由本人解释或同伴出面解释。

3. 电话回访。对处警后仍有一些不放心的，应及时打电话进行回访，防止所担心的事情发生。

4. 返回现场。对于漏取证、当场查看不仔细、危险可能没消除等情况，应及时返回到现场，补充工作。

5. 适时转告。对当场处置后暂时没有危险，但不能确定一段时间后有没有危险发生，要适时转告相关部门或人员，并记录在案。

6. 及时报告。对重大失误，应立即报告领导，根据领导安排，及时采取补救措施。

第二部分　参考范例

范例 4.1：处警不细致险至花季少女死亡

一、案情简介

2012 年 2 月 23 日 20 时，G 县 × × 镇 × × 村村民姚某因家庭琐事与其妻吵架，心情郁闷，到镇里的酒店饮酒，返家途中，看到一个女孩独自走在田埂上，手里拿着一部手机，遂起歹意，看四下无人，抢夺女孩手机，女孩奋起反抗，大声呼救，姚某惧怕，拾起石块，残忍地对女孩头部连击数下，致使女孩昏迷，然后褪去女孩裤子，伪造强奸假象，将其推到路边的小水沟，抢了手机潜回家中。重伤和严寒使女孩深度昏迷。24 日 7 时，一位村民发现人事不省的女孩，遂打电话报警，G 县公安局指挥中心指令 × × 镇派出所民警出警，值班民警张某、陈某接到指令，赶赴现场，发现女孩头部血肉模糊，下身冻得乌紫，认为人已死亡，致电派出所所长李某，所长指示通知民政部门来人将“尸体”运走。张某致电民政部门说明情况，民政部门指派驾驶员赵某赴现场拉“尸体”，张某支付赵某运费 300 元，赵某载“尸体”至邻近的 T 县，将“尸体”抛至荒野了事。顽强的生命力和旺盛的求生欲望，使女孩发出阵阵呻吟，24 日 17 时，T 县村民发现女孩并报警，T 县公安局指挥中心指令 × × 镇派出所民警出警，值班民警朱某、周某赶赴现场，发现女孩还有呼吸，立即拨打120，将女孩送至医院抢救，随后开展现场勘查，通过调取道路监控录像，很快发现嫌疑车辆，控制了赵某。

经查，女孩系××中学高三学生，18岁，放学后回家遭到不法侵害，虽然经过紧急抢救，脱离生命危险，但是身心均遭受严重摧残，至今精神恍惚。3月21日，公安机关在浙江省温州市将犯罪嫌疑人姚某抓获归案。

二、案例分析

（一）案件性质

这是一起典型由于处警民警责任心不强，群众观念淡漠，执法不规范，处警措施不当，导致的严重后果的案例。

（二）本案接处警的基本流程及规范操作要点

接处警工作主要有接警、处警、指挥、处置、反馈和记录六个步骤，做到准确接警、快速处警、指挥得当、处置到位、反馈及时和记录完备，确保接处警工作有序进行。本案规范操作的要求有：

1. 向当事人问明情况。主要包括案件（事件）的主要情况以及当事人的基本情况，事发地点和涉及人员等。

2. 及时报告，迅速出警。民警接警后，应向所领导汇报，并根据指令和处警规范要求，迅速出警。对一类警情的处置，应按照城市或城镇中心区域5分钟、城郊结合部10分钟、农村地区和水上以最快速度的要求赶赴现场处置。处警民警应当按规定着装，警容严整，携带必要的警械、通讯工具等处警装备；专职处警民警应当掌握基本的救人、救灾及医疗救护技能。

3. 根据现场情况，依法规范处置。包括抢救伤员、疏导交通、宣传教育等。

注意事项：抢救伤员必须放在首位；重大情况要及时报告；对有现场的案件和事件，应及时实施现场保护，做好调查走访和证据搜集、固定工作。

4. 及时做好接处警工作记录和情况反馈。处警人员应将处警情况和结果，迅速报告派出所领导和110报警服务台；处警工作的登记记录，必须立卷备查保存5年。处警民警到达现场后，应向110报警服务台报告到达时间和现场初步情况，并根据有关工作规范对警情妥善处置。处警结束后，要及时将处警情况向 110 报警服务台反馈，并做好处警记录。处置结果需要制作法律文书的，按相关规定办理。

（三）对此类案件如何进行先期现场处置

该事件通中，G 县公安民警和 T 县公安民警的处警的鲜明对比，G 县处警民警存在不作为和见死不救的情况，暴露出执勤民警执法执勤工作中存在严重问题。工作实践中，类似警情时有发生，一般要善处理的方法应当是：

1. 安排掌握相关技能（会游泳或具备攀登、现场救护技能等）民警处警。

2. 携带必要救护工具。如救生圈、攀登绳、钩、安全带等。

3. 规范溺水、跳楼等险情救助程序，加强研究和业务学习，使民警熟练掌握救助方法、措施，并在平时加强演练。

4. 与相关部门建立救助联动机制。如与医院等部门联动处警、开辟救护绿色通道等。

5. 根据辖区地理环境、治安状况、居民风俗习惯等，开展相关安全防护知识和技能的宣传教育，不断提高辖区群众的安全防范意识和自救意识。

范例 4.2　酒醉闹事者的处置

一、案情简介

2015 年 3 月 22 日 21 时 25 分，某市 A 公安派出所值班民警接到 110 指令称：辖区内××超市广场有受害人报案称电动车被盗，请前往现场处理。21 时 30 分民警李某带一名协警到达现场后拨打报案人的电话，手机提示“您拨打的电话无法接通，请稍后再拨”。民警李某向 110 指挥中心报告后准备返回。21 时 32 分，恰好有人向 110 报警服务台报案称：××路××饭店有人醉酒闹事，属于 A 派出所管辖。于是 110 指派民警李某前往处理。李某问清楚闹事人员系一男子，正在××饭店打人砸东西，未使用凶器以及人员伤亡、财产损坏情况后，5 分钟内赶到现场，发现饭店内有一醉酒男子正在砸店内桌椅，地上躺着一名受伤男子（后经价格鉴定财产损失为 200 元，伤情鉴定为轻微伤）。民警李某见状立即将现场情况反馈 110 指挥中心。接着，民警李某表明身份后，令其停止违法行为，并拨打 120 及时对受伤男子进行救治。但醉酒男子仍不听劝阻，民警李某随后依法使用警绳将其约束并交协警带回派出所接受调查，自己留下来继续找饭店老板、顾客等人了解、收集醉酒男子身份信息（无人认识）、醉酒状态、违法经过并制作笔录，用照相的方法固定物品毁损、人身伤害等证据。协警将醉酒人员带回派出所后发现其无法说清姓名、家属等情况，便将其带至派出所候问室等李某回来后处理。民警李某将现场处置情况反馈 110 指挥中心后返回派出所。第二天上班后看到醉酒男子酒醒，便对其进行询问并制作笔录，调查清楚后依法对其呈报行政拘留处罚。

二、案例分析

（一）民警在本案处理过程中的正确之处

1. 赶赴现场及时。处警民警接指令后都在规定时间内迅速赶到了现场，了解核实情况并马上将现场情况反馈给 110 指挥中心。

2. 民警李某服从 110 指挥中心指挥，态度好，不推诿。

3. 民警接警询问仔细。民警接警时询问了报警地点、报警事项特别是醉酒闹事人员人数、是否正在现场、是否使用了工具、是否造成人员伤亡及财物损失。

4. 携带了必要的装备。处警过程中，民警李某携带了人民警察证、处警工作记录本和有关法律文书，佩带警绳、照相机等单警装备和处警设备。

5. 民警与 110 中心保持了较好的沟通联系，反馈汇报情况较为及时。

6. 醉酒闹事现场处置合理：

（1）快速反应，制止违法行为。到场后，表明身份，令醉酒者停止违法行为；不听制止后，使用警绳依法将醉酒男子约束。

（2）救助伤员及时，至现场后发现有人受伤，遂马上拨打 120 急救。

（3）及时调查和固定证据。及时找店主、顾客了解情况，并调查了解受害人、醉酒人的身份信息，收集醉酒人在醉酒状态中违法经过的证言；固定物品毁损、人身伤害等证据。

（4）强制措施适当，对醉酒的人违反治安管理行为的应使用警绳进行约束，防止危害他人或者自身安全。

（二）民警在本案处理过程中的错误之处

1. 110 指挥中心不能要求处警民警同时处理两个报警案件或现场，特别是第一个案件现场尚未按规定处结的情况下，应继续联系报案人。

2. 民警李某在未接通报案人电话的情况下，应继续联系或者请求指挥中心联系报案人，或者采取进一步调查措施，弄清是否是报假警，还是报案人处于危险状态或者报案人已经找到失物。

3. 不能由协警单独押解醉酒行为人，调查、询问、取证应有两名民警或执法人员在场，警力不够应当与指挥中心联系或者报告派出所领导请求警力支援。

4. 对醉酒约束的人应派人进行监护，发现其昏迷、抽搐等异常、紧急情况，应及时送至医院救治。

5. 不能第二天才对醉酒人进行询问，应在其酒醒后立即解除约束并进行询问。

（三）110 民警先期处置醉酒人违法案件的操作规范

1. 问明案件基本情况，做好出警准备，根据案情携带好必要的单警装备和法律文书等。

2. 立即赶赴现场，到达现场和了解案件基本情况后分别向指挥中心报告。

3. 及时制止和控制违法行为，使用警绳或约束带对醉酒违法人进行约束。

4. 维护现场秩序，及时疏散群众，保护好现场。

5. 立即组织群众对伤员进行救治，或者通知 120 进行紧急救助。

6. 寻找报警人、目击证人和知情人，了解情况，并登记其基本情况和联系方式，以便进一步调查。

7. 清理现场，通过拍照等方式固定现场证据，告知当事人进行财产损失和伤害鉴定。

8. 向报警人及周围人了解情况，并登记其基本情况和联系方式。

9. 核实醉酒违法行为人身份并及时通知其家属，对约束对象进行全程监护，行为人酒醒后立即解除约束并调查询问。

10. 对行为人做出处罚决定后，将案件处结情况向110反馈情况，并录入接处警信息平台（系统）。

范例4.3：F省BH市一女子跳楼自杀案

一、案情简介

2012年5月15日凌晨2点，F省BH市一女子张某报警称其通过QQ聊天得知其一女性朋友李某因感情原因想不开，欲寻短见。报警人张某只能提供事主李某模糊的住址。

接警后，BH市公安局指挥中心迅速反应，立刻指派事主李某住址所在地的××派出所出警，××派出所民警王某和万某在接指令数分钟内到达警情描述位置，并很快找到事主李某的家。

经了解，事主李某自称是其朋友张某恶作剧，自己根本没有轻生的念头。民警王某和万某获知此情况后，只是登记相关事主身份信息就离开现场，并将此情况反馈××市公安局指挥中心。而就在民警王某和万某离开一小时后，该女事主李某跳楼自杀身亡。

二、案例分析

（一）该案接先期处置工作的成功之处

1. 及时受理。根据《人民警察法》第21条之规定：人民警察遇到公民人身、财产安全受到侵犯或者处于其他危难情形，应当救助。根据公安部《110接处警工作规则》第29条规定，“110报警服务台受理求助的范围”的第一项即为：“发生溺水、坠楼、自杀等状况，需要公安机关紧急救助的”。

2. 出警及时。巡段民警接到指挥中心指令后，几分钟内赶到了现场，符合出警就近和及时原则。

3. 情况熟悉。指挥中心接警员能够根据报警人模糊描述找到当事人的具体位置，发出指令准确。

（二）该案接先期处置工作的主要教训

1. 指挥中心在接此重大警情后没有引起足够的重视，在派出所民警回复相关情况后没有认真分析研判，没有继续跟进及时回访。

2. 处警民警草率将事主陈述信以为真，没有将相关后续工作做到位。例如应将该情况通知其家人，并嘱咐其家人要密切留意事主动向和行为；如其家人在异地应尽可能通知其好友来此陪同。

3. 没有回复报警人。没有将调查了解的情况及时反馈给报警人，获取当事人更多的信息，或者委托报警人跟踪观察，及时安抚。

（三）该案接先期处置工作的正确方法

1. 接警后，根据案件情况，判断当事人可能采取的自杀方式，准备好救助器材。

2. 迅速到达现场，准确找到当事人。

3. 了解原委，问明情况。

4. 仔细观察，准确判断。

5. 安慰、劝解、鼓励，给予同情和关怀，解除其厌世轻生念头，或者劝其到专业机构进行咨询、疏导。

6. 通知当事人家人或者单位加强监管。

7. 电话反馈。将现场了解情况和反馈情况及时反馈给报警人，核实情况，嘱托报警人进行陪护、劝导、安慰。

8. 及时转告。对当场处置后暂时没有危险，但不能确定一段时间后有没有危险发生，要适时转告相关部门或人员，并记录在案。

9. 办理求助案件现场处结单，要求当事人或者见证人签字。

10. 将处警情况及时报告给指挥中心。

范例 4.4：医患纠纷警情的处置

一、案情简介

2012 年 3 月 29 日上午，某县某村一患者邵某（男，1 岁半），因“发烧、咳嗽三天，呕吐两天”到县人民医院儿科门诊治疗，经医院医生全力诊治，至 12 时 40 分，患者病情未见好转，接诊医生建议转上级医院治疗。在征求患者家属同意后，由医院 120 救护车送到市人民医院，当时患者能说能吃。当天 16 时许，患者病情加重，疑因重型“手足口”病，经抢救无效死亡。随后，死者家属以医生诊断不准确为由，分别于 3 月 30 日 16 时和 3 月 31 日 14 时许，组织约 30 人和 50 人到县人民医院儿科门诊闹事，驱赶门诊的医生和病人，打砸门诊办公设备和便民设施，在医院大门和门诊大楼出入口拉横幅，堵住医院大门和门诊部，严重影响了医院的正常医疗秩序和其他病人的救治工作，院方劝阻无效后报警。

二、案例分析

医患纠纷一般是指在诊疗过程中，医患双方基于对诊疗后果、原因、责任以及处理结果的认识分歧，经协调和处理仍难以达成共识，发生严重扰乱医疗工作秩序的治安案事件。当前，处置医患纠纷成为公安机关 110 接处警中的难点问题。在处置医患纠纷过程中，公安机关要协助医疗机构疏导、化解因医患纠纷引发的矛盾，建立快速反应机制，及时制止各种干扰医疗秩序的过激行为或违法行为，依法处置因医患纠纷引发的各类治安案事件，维护医疗机构的正常工作秩序。因此在处置此类警情中，要求公安机关在处置理念、处置方法等方面都要讲究策略和技巧，依靠自身的执法力量，妥善处理、巧妙解决、平息风波。

1. 民警接到报警后应及时赶赴现场予以制止，协调院方共同做工作，促使双方协议解决，消除不稳定因素。

2. 在处置理念上，应该确定以预防、疏导、化解为主，坚决避免矛盾升级的处置理念。

3. 在第一时间处理好三个环节：即第一时间查明死因；第一时间妥善处置死者尸体；第一时间告知家属调查结果。

4. 对于一些家属在悲痛中的过激行为和言语，要求处置人员要做到换位思考，在表示理解、同情的同时，寓法于情，耐心劝说。同时，动员家属单位、亲属等协助做家属工作，促使他们回归理性。

5. 主动关注舆情，在处理善后事宜的同时，主动联系新闻媒体，及时通报调查的事实。

6. 对违反治安管理的，由公安机关予以治安管理处罚；构成犯罪的，依法追究刑事责任。

范例4.5：做好接处警工作“二十四点”

1. 警容严整不随便。在接处警工作中，公安机关直接服务群众，展示的是公安机关形象，警容严整是人民警察工作态度和作风的直观体现。处警民警要在日常工作中做到如下三点：公安形象爱护点。要严格有关规定，把“对党忠诚、服务人民、执法公正、纪律严明”的要求入脑入心，确保警车干净、警服整洁、警械齐备、民警精神。行为举止庄重点。警容不整、形象邋遢、作风稀拉会导致违法犯罪人员对民警产生蔑视心理，无形中降低警察的威慑力，也会使报警求助群众产生距离感和不认同感，因此行为举止要始终保持庄重大方、得体规范。执法行为标准点。执勤民警要树立“公安队伍你我他，维护形象靠大家”的思想认知，注意自身形象。凡事从自己做起，从点滴执法工作做起，做到行为规范、用语文明、动作标准，维护人民警察公正、廉洁、庄严的形象。

2. 语言得体不急躁。语言是人类沟通交流最重要、最有艺术的工具，语言既可以对犯罪分子产生疾风暴雨般的进攻效果，也可以对报警求助的群众给予和风细雨般的心灵抚慰。基层民警在接处警以及做群众工作时，要努力做到：工作语言文明点。规范接处警工作文明用语，对待报警求助的群众要多用“请您”“谢谢”等尊敬词语，少用“搞么事啊”等口语，杜绝语言上的“荤素搭配”，更不能出现“禁语”。善于表达精炼点。语言组织上，要诚心诚意、不急不躁，要有根有据、底气十足，要亦庄亦谐、文明得体，语言组织表达精炼，切忌语无伦次，滔滔不绝，用干练的语言风格营造民警执法的权威氛围，掌握工作主动权。温馨提示细致点。对于群众求助类、咨询类警情，在处置警情工作时，可以耐心地把需要告知的内容讲清楚，不让群众跑冤枉路；对不属于公安机关管辖范畴的事项，应当指导群众到有管辖权限的部门解决，并力所能及的给予帮助，决不能简单推诿。

3. 角色中立不偏颇。民警开展接处警执法活动是正常履行国家法律法规赋予人民警察的职责和权力，是一种具体的行政行为。在执法过程中，民警应做到：执法身份明确点。从第一时间与报警群众接触开始，就应及时表明身份，这不仅是一种程序规定，更是一种责任约束。自身位置摆正点。有些民警在处置矛盾纠纷时，容易混淆自身位置，特别是对有的当事人故意激化矛盾、挑起民警情绪化的倾向防备心不足，无端让自己卷入到是非争端之中，将矛盾引火上身遭受责难和攻击，让警情处置陷入僵局。民警应时刻牢记自身的中间立场，少说、多看、多听、多想，善于从细微之中发现和掌握事件前因后果，为依法依规、公正合理处置奠定事实基础。不失原则灵活点。坚持“认理不认人，不怕不了事”和“依法处理是最先选择，强制措施是最后手段”的理念，在不失原则的前提下，灵活处理警情。特别是对打架斗殴等治安警情，不要怕繁琐、怕麻烦，不要总是想着调处了事，而应当及时、准确地采集和固定现场证据，形成证据“链”。只有如此，民警进可依法采取强制措施处罚违法人员，退可在双方自愿的前提下依法调解纠纷，真正掌握主动权，做到该出手时就出手。

4. 情绪稳定不冲动。很多有正义感的民警在处置一些令人愤慨、不公正的事情和受到无端责难甚至人身攻击时，往往难以控制情绪，产生过激行为，不仅妨碍了警情处置，也导致与当事人产生对抗。只有心静如水，方能豁达明目。这就要求我们的民警：群众心理知晓点。注意读懂群众的心理，理解群众的为难之处。报警群众对出警民警均抱有期盼心理，如果民警出警缓慢、言语苛刻、执法不公，群众自然会有抵触情绪，对民警也就不会有好脸色。群众不解耐心点。人在应激情绪下，都会有些激动和烦躁，对这种情景性心理反应，民警应当有心理准备。遇有群众对我们工作一时不理解，要认真倾听群众的不解和诉求，待其情绪稳定后，再耐心说服劝导，绝不能操之过急，激化矛盾。矛盾处置机智点。俗话说“公说公有理，婆说婆有理”，纠纷的双方都认为自己最有理。在处置时，我们的民警不要立即表态说过头话，应当用平和的言语投石探路，观察各方立场，发现双方“牵头人”。在违法当事人存有侥幸心理时，要态度严肃，坚决打消其念头；对只看到自身利益、思想固执的当事人，要有耐心，正反对比、善于变换角度换位说事，促使心结打开、眼界豁达；对以身试法、顶风而上的当事人，要依法处置，绝不手软。

5. 战术规范不大意。时位选择恰当点。民警在现场处置警情时，无论是对嫌疑对象还是报警当事人都应当保持警觉，到达现场时要与盘问对象保持一定距离，依据现场环境，抢占有利位置，以防发生意外。相互照应协调点。出警民警在接处警遇有突发情况时，要相互照应，做到服从命令、听从指挥，动作规范、协调一致。警务技能熟练点。“台上十分钟，台下十年功”，民警在处警中不仅会面对讲理的“良民”，也会碰到惹事斗狠的“恶霸”。所以，民警必须熟练掌握擒拿格斗的基本功，做到“平时多流汗、战时少流血”。

6. 讲究策略不蛮干。警情处置也是一门学问，尤其是面对解决矛盾纠纷、群体性事件时，往往因为矛盾尖锐、情况复杂、对象众多，难度较大，如果一味强行蛮干，容易激化矛盾，必须讲究策略。冷热对比明显点。对现场人员情绪激动、争执激烈的热问题，要采取冷处理；对现场当事人不理不睬、麻木不仁的，要采取热处理。临危处置机智点。遇有突发事件要做到临危不乱，处变不惊，机智果断采取处置措施。对场面大、人员复杂的，应分清主次，抓住主要矛盾、关键人物开展工作；对复杂问题，应当分解处理，先易后难处理，抓住薄弱环节进攻。处置情况果断点。临场处置情况要及时果断，不能拖泥带水，防止贻误战机，造成不可挽回的后果。对当场处理可能引起反弹和对抗的，可以先稳定各方情绪，然后适时设法带离现场再行处置；对气焰嚣张、蔑视法律及执法人员的违法人员，在取得优势警力的情况下，要适时强力制服，坚决维护执法活动严肃性。

7. 履行职责不推诿。执法忠诚记牢点。时刻牢记“立警为公、执法为民”是公安工作的生命线，任何时候都不能忘记。只有在思想上固化“执法为民、为民执法”，才能在行动上产生执法忠诚的现实效果。执法责任落实点。明确执法者承担的责任和义务，把执法责任落实到执法过程的每个环节和细节。按照法律政策规定，积极维护群众合法权益，群众应该知晓的内容要全部告知。出现过错担当点。不可否认，当前的执法环境愈加严苛，民警在处理一些棘手或管辖职责不明确的警情时，难免存在畏难情绪和抱有“多一事不如少一事，多做事就多出事”的心理，推诿拖拉，不理不管，造成当事人极为不满，最终导致对抗或投诉。对此，民警要勇于担当，只要在执法过程中态度好，尽力尽责，按照程序规章办事，即便结果不能令当事人满意，上级机关也会明察秋毫，维护民警权益。

8. 依法办事不马虎。民警在接处警等执法执勤活动中，一定要依法、依规、严谨、细心执法，做到：办理案件认真点。无论办理的案件是大是小，都要注重执法的每一个环节，从每一份笔录的每一笔做起，不放过每一个制作细节，固定事实证据，做到环环相扣、严肃认真、一丝不苟，不出现任何瑕疵。执法过程缜密点。要本着为民爱民的原则，牢固树立程序执法意识，执法过程严谨缜密，不出纰漏，做到既严格公正执法，又平和理性执法。法律运用准确点。常用法规要熟记，法条运用要准确，做到每一条、每一款都了然于胸。①

范例4.6：先期处置工作中如何避免无谓伤亡

1. 尽量了解相关情况。在接到指令或报案后准备到达案发现场时，要尽可能地了解更多的有关案件的情报，以提高安全系数。

2. 时时保持高度警觉。首先，要有危险意识，充分认识你的工作存在的危险成分；其次，要有认识危险的能力，也就是能够发现危险的所在；最后，对危险要具有较强的反应能力，也就是在紧急状态下能迅速做出反应，化解这种危险的形势。

3. 密切关注危险迹象。如：现场有武器；嫌疑人喜怒无常；你的对手是个逃犯；两只手没有都显露出来；该嫌疑人有暴力犯罪前科；嫌疑人怒气冲天；嫌疑人做出防守或进攻的姿势；嫌疑人企图想接近你；嫌疑人不怕死的言行；衣着上有明显凸起的部分，可能内藏武器；在人赃俱获时，有明显威胁警察的迹象；嫌疑人眼睛直勾勾地盯着警察或警察的武器等。

4. 注意进攻时的位置。当你敲门时，不要紧挨着站在门前；当你接近几个嫌疑人或车辆时，要时时保持高度警觉；不要和嫌疑人靠得太近，要时时保持一定的反应距离，而使你的武器不会被嫌疑人一下子夺走，而且在罪犯发动突然进攻时你有反应的时间。

---

① 来自公安内网。

5. 不要做出冒险的推论。不要认为醉鬼没有进攻能力；同样也不要认定女人、青少年或老年人就不会伤人。唯一正确的推论应该是任何报案或指令都包含有危险成分，警察在任何时候不能拿自己的生命做赌注。

6. 装备完整。包括必要时穿防弹背心。实践证明，世界范围内，每年都有无数警察的生命被防弹衣所救。

7. 合理运用掩护战术，不要逞个人英雄。要充分利用搭档的多人优势；在任何你认为需要帮手的时候，请求同伴或他人的援助；在等待增援时，不要轻易地自己出动，要有安全意识；一个人单枪匹马暴露在罪犯面前是十分危险，甚至是致命的。同时，在掩护你同伴时，一定要睁大眼睛，并且，平时要加强搭档间相互配合和掩护的训练。

8. 盯住嫌疑人的手。在面对嫌疑人时，要记住，对方的手是伤害你的根源。如果见不到对方的手，那就意味着潜在的危险，所以，面对嫌疑人时，必须让他们伸出双手。

9. 彻底搜查嫌疑人并把他的双手铐好。如你发现一个隐藏的嫌疑人就要开始寻找他的同伙，即使你不知他是否有合伙。如果你在嫌疑人身上找到一件武器，就要搜遍他的全身，开始寻找其他武器，不要想当然，一定要彻底。而且在搜查嫌疑人时，要站在他后面，使自己永远处于有利位置，并且要在同伴掩护的情况下。此外，要给嫌疑人戴手铐时，一定要把他的双手铐在背后，并且要铐紧才行。

10. 要有掩体意识。在与犯罪嫌疑人对峙时，要找好掩体，万万不可鲁莽，比如车辆、树或建筑物等掩体都会使你提高生存的机会。

11. 必要时避实就虚。当你遇到威胁而身边没有同伴时，你一定在行动前想清楚，你是否能控制局面而且不至于使自己成为牺牲品。比如，在你进入一个充满敌意的人群抓捕一名罪犯之前，要问问自己“今天一定要抓到他吗?”你要想想，改日再来抓他是否有把握，如果有，那你就不要做无意义无价值的牺牲。

12. 控制环境、占有有利的环境。当你悄悄地跟踪嫌疑人时，要关掉身上的移动通讯器材，把警棍和钥匙带好以防弄出动静。如在晚上，要尽量躲在暗处，让对手处于明处。

13. 相信你的直觉与判断，遇事要当机立断。如果你认为这个情形看起来、听起来或闻起来不对头，那就可能的确如此。调整你的战术，根据不同的情况采取不同的对策。只有保存自己才能控制对方。

第三部分　实训方案

一、实训目的要求

本实训项目通过常见警情先期处置训练，使学生了解接处警的基本规范要求，掌握报告情况、表明身份、判断警情的基本方法，根据警情的性质、危害程度、影响范围、涉及人数、当事人身份及警情敏感性等综合因素，快速判断，采取相应的处置措施；根据当场情况依法作出进一步处理的要求、方法。

二、实训内容

处警装备及其使用方法，执法记录仪使用；报告情况、表明身份、处警基本礼仪；现场事态控制；调查取证；现场处置，根据案情，采取当场处罚、现场调解、当场移交、将有关人员和证据带回等，现场警情发生变化的，及时调整处置措施；离开现场。

三、教学重点

单警装备和处警设备运用；掌握报告情况、表明身份；调查取证与证据固定。

四、学习难点

根据警情性质、状态，现场警情变化情况，采取或者及时调整处置措施。

五、实训条件

场地（指定教学区、操场）、处警工作记录本和有关法律文书，配带有关单警装备和处警设备。

六、实训组织

（一）教学准备

1. 安排学生预习教材内容，使学生初步掌握接处警的基本知识与规范要求。

2. 准备教学案例。组织学生收集日常生活中的警情，以视频或文字方式表述，或者由教师提供警情案例。

3. 学生分组，4～6 人为一大组，各组推选组长 1 名。

（二）理论提示

1. 基本要点

公安民警根据上级公安机关指令或者群众报警求助，对刑事案件、治安案件、群体性事件、治安灾害事故和特定勤务的现场进行先期处置。处置警情应当遵守下列规定：

（1）接到出警指令后，迅速到达现场；

（2）及时报告现场情况；

（3）保持通讯联络；

（4）维护现场秩序；

（5）保护群众安全；

（6）执行现场处置的民警应严格按照规定和上级指令着装、携带武器警械。

2. 对刑事案件现场的处置，应当遵守下列规定：

（1）划定区域，布置警戒，保护现场；

（2）抓捕、看管和监视犯罪嫌疑人；

（3）救助受伤人员；

（4）开展现场调查；

（5）核实情况，保全证据；

（6）迅速向上级公安机关报告现场处置情况；

（7）向侦查人员通报案件发现经过、现场保护和初步处置的情况。

3. 对于严重暴力案件现场的处置，应当立即请求上级公安机关采取以下措施：

（1）对可能受侵害的重点目标采取保护和警戒措施；

（2）向邻近地区发出预警通报；

（3）迅速通知治安检查站点进入警戒状态，全面部署堵截。

4. 对治安案件现场的处置，应当遵守下列规定：

（1）维护现场秩序；

（2）进行现场调查；

（3）搜集、保全证据；

（4）收缴和扣押违法、违禁物品；

（5）除按法律、法规规定实行当场处罚外，依法将有关人员带回公安派出所继续调查处理；

（6）在对案件现场进行先期处置后，属于公安派出所管辖的案件，应当依法办理；不属于公安派出所管辖的案件，及时移交有管辖权的公安机关或者有关部门处理，并做好移交登记。

5. 对治安灾害事故现场的先期处置，应当遵守下列规定：

（1）迅速报告情况，请求指令或者支援；

（2）布置警戒，保护现场，疏散围观人员；

（3）参加火灾扑救、人员救助或者排除其他险情的先期工作，但对于爆炸、放射等专业性较强的排险工作，应当在疏散现场人员的同时，请求并等候专业人员处置；

（4）进行现场调查访问，收集、保全证据；

（5）注意发现、监视和控制事故责任人或者肇事人。

6. 注意事项

（1）严格履行法定职责，接警后立即赶赴现场，严禁推诿、延迟处警；

（2）认真分析警情，作好心理上、装备上、策略上的准备，头脑冷静，初步规划；

（3）记录接警时间、到达现场时间、案件性质、简要案情，保持通讯联络，到现场后首先要出示证件、表明身份，及时向110报警服务台或者派警部门报告、请示；

（4）对正在发生的案（事）件，最先到达现场的处警民警不足以制止或者控制局面的，应当立即评估、判断并将案（事）件的实际情况和可能发生的危害程度报告 110 报警服务台或者派警部门，请求指令或者支援；

（5）维持秩序，宣传政策，教育群众，取得群众的支持、理解，依法采取强制措施，依法使用警械和武器；

（6）组织抢救伤员，终止危害，排除险情，尽量减少损害；

（7）保护现场，搜集、保全证据，及时取证，确认当事人，查找证人，确认并记录证人姓名、地址、联系方式，注意发现、监视、控制和隔离在场的肇事人、违法犯罪嫌疑人，防止其毁灭、伪造证据或者串供，必要时先询问证人并制作笔录；

（8）谨慎讲话，不做与所处置事件无关的事，不授人以柄；

（9）依法、稳妥、果断处置，给予其他部门必要的协助；案（事）件处置结束，留存有当事人签字和联系方式的处置意见单据或者处警记录，以备核查；

（10）提高警惕，处置中要密切观察事态发展，分析、查找、排除安全隐患，做好安全防范工作；

（11）及时移交，对于处理专业性要求较高的案（事）件，移交可以在现场进行；对于处理专业性要求不高的案（事）件，可以移交至专业处理机构，但要注意有效保全证据，方便后续工作的开展，移交时必须按规定填写移交清单。

（三）讲解示范与组织训练

1. 讲解示范

（1）熟悉处警装备及其使用方法。包括处警工作记录本和有关法律文书，配带有关单警装备和处警设备。

（2）报告情况、表明身份。

（3）控制事态。判明警情后，依照有关规定采取有效措施制止违法犯罪行为，制服、约束违法犯罪嫌疑人，控制危险物品，疏散周边或者围观人员（必要时，划定警戒区，设置警戒带）。

（4）调查取证。根据警情状况，采取、录音、录像、拍照等方法，及时收集、固定和保护现场证据。及时调取监控录像和其他人员摄制的视听资料；

及时询问报警人、当事人、证人，制作询问笔录或者对有关人员的姓名、住址、单位、联系方式等进行登记；对有关涉案物品和违禁品、管制器具进行现场搜索、收集，依法办理扣押、登记手续；对有关线索进行登记、调查。

（5）现场处置。根据案情，采取当场处罚、现场调解、当场移交、将有关人员和证据带回等。现场警情发生变化的，及时调整处置措施。

（6）离开现场。清理现场，收集、整理器材装备，将违法犯罪嫌疑人带回公安机关处理，通知受害人、证人到公安机关接受询问；对作为证据使用的物品和文件，带回公安机关处理。

2. 分组训练

情景一：两名警察接处警指令后出警：有人在某某居民小区沿街门面的小超市实施偷窃时，被店员发现，周边邻居若个人将其制服。

训练要点：处警民警（2 人），是否按处警要求携带相关装备；现成控制局面的方法是否合理，取证是否合理。

情景二：两名警察接处警指令后出警：有人在其居住的某居民小区门口，因其物业费未按时缴纳，物业不让其汽车进出，到物业管理办公室沟通未果，将其车辆挡住小区大门出口，物业人员制止时，其与物业人员发生扭打。

训练要点：是否按处警要求携带相关装备；控制局面的程序与方法是否合理，能否有效控制局面；现场处置是否合理；现场证据收集固定是否合理。

情景三：两名警察巡逻中，听到在某居民小区门口路边店传来“抢劫！救命！”的声音，迅速前去处置。

训练要点：处警民警是否按处警要求携带相关装备，接近是否合理，是否有自我保护意识。

组织方法：分成若干组，每个组处置一种情况。教官现场观摩、纠错，或者教官先用摄像机把学生先期处置的过程拍摄下来，而后组织边看边讲评。根据存在的问题，再组织训练。

3. 视频纠错练习

播放事前准备的纠错视频或者分组训练的摄录视频，让学生指出其错误之处。

4. 综合模拟训练

各大组组长负责随机抽取情景案例及演练次序；依次相互交替扮演警察

与“群众”“嫌疑人”，表演设定的警情以及接处过程。模拟表演在模拟街区或者其他适宜教学场所进行，现场环境一般应与所设置的警情本身的情景相宜。

5. 教师对模拟演练环节进行讲解、点评

七、实训考核

1. 过程分（20 分）：现场态度认真、神饱满分。

2. 现场先期处置程序环节（20 分）：开启执法记录仪、报告情况、表明身份等。

3. 现场先期处置实体环节（60 分）：熟悉处警装备及其使用方法；判明警情后，依照有关规定采取有效措施制止违法犯罪行为，制服、约束违法犯罪嫌疑人，控制危险物品，疏散周边或者围观人员；根据警情状况，采取录音、录像、拍照等方法，及时收集、固定和保护现场证据；根据案情，采取当场处罚、现场调解、当场移交、将有关人员和证据带回等。现场警情发生变化的，及时调整处置措施；规范填写处警工作记录本和有关法律文书。

第五单元　场所行业治安检查

问题引导：

对场所行业的治安检查既是法律法规赋予公安机关的职责，也是人民警察的重要权力和手段。通过治安检查，可以及时掌握场所行业的基本动态情况，发现、消除场所行业的治安管理漏洞，消除治安隐患，并有效预防、发现、制止、查处发生在场所行业的违法犯罪活动，维护场所行业正常经营秩序，保护其健康有序发展。运用好这一勤务措施，是进行场所行业治安秩序管理的一个重要环节，也是公安机关的一项重要职责。

第一部分　业务详解

一、治安检查概述

（一）治安检查的概念

治安检查是指公安机关治安管理部门及其他相关部门为了发现和消除不安全因素、预防治安问题的发生、发现违法犯罪嫌疑或者为收集证据、了解相关情况，而依法对特定的场所、人员、物品、证件等进行的即时性（当场）查看、了解、审查、核实、督促活动。从实践情况看，治安检查的范围和内容面广量大，有必要对其进行分类描述。

1. 按照治安检查的目的，治安检查的类型包括：

（1）出于基本信息获取目的的一般性检查

如：场所行业基本情况检查；人员信息检查。主要包括：特种行业经营者信息检查；文化娱乐场所从业人员信息检查；暂住人口信息检查；日常工作中发现的可疑人员身份信息检查等。

（2）防范性检查

这类检查最常见，范围也最宽泛。主要包括：对危险物品的生产、运输、使用、购销、储存等各个环节的安全隐患检查；对群众性文化体育活动现场的安全隐患检查；计算机信息网络的安全检查；对交通车辆状况的安全检查；对公共场所设施的安全检查；对居民住宅区安全防范情况的检查；对单位安全防范情况的检查，其重点是党政首脑机关、国防尖端企事业单位、重点建设工程、重要科研单位、广播电台、电视台、电信通信枢纽、重要动力单位、重要金融单位等单位的安全防范措施的检查。

（3）监督、督导性检查

即针对有关相对方贯彻执行法律规范、制定落实规章制度、采取针对性措施情况等的检查。如内部单位技防设施检查、特种行业监督检查、消防监督检查、边防监督检查、出入境监督检查等。

（4）取证性检查

主要指发生治安案件、治安灾害事故以后的调查取证中的检查。

2. 按照治安检查的对象，治安检查的类型包括：

（1）对可疑人员的检查。一般包括对其身体的检查、携带物品的检查、证件的检查。

（2）对有关场所、行业、部位的检查。如：对公共场所的治安检查；对群众性文化体育活动现场的安全检查；对金融机构的安全检查。

（3）对可疑物品的检查。如危险物品、违禁物品、涉案物品。

（4）对可疑车辆的检查。

（5）针对特定问题的检查。如：对单位、居民住宅区安全防范情况的安全检查；对特种行业是否履行治安义务的检查；对危险物品的生产、运输、使用、购销、贮存、销毁等各环节的安全检查；对计算机系统、网络的安全检查；防爆安全检查，等等。

（二）治安检查范围与内容

治安检查作为一项执法性勤务，是公安机关人民警察行使治安检查权的体现，因此，其检查范围与检查内容受到法律、法规的严格规定。我们可以从法律法规关于治安检查权的设定来把握治安检查勤务的范围与内容。

根据我国现行法律、法规，公安机关的人民警察行使治安检查权主要有以下情形：（1）为维护公共场所秩序，对公共场所内的秩序、从业人员身份以及场所设施的安全状况进行检查；（2）为维护大型群体活动和集会游行示威活动的秩序，对相关人员及现场设施安全状况进行检查；（3）为保障消防安全，对有关单位、居民住宅的公共部位进行消防安全检查；（4）为监督特种行业是否遵守治安管理规定而对特种行业经营活动及安全状况进行检查；（5）为防范危险物品威胁公共安全，对危险物品的生产、运输、使用、购销、贮存、销毁等各环节进行安全检查；（6）为维护道路交通管理秩序，对机动车辆及驾驶员遵守法律法规情况进行检查。（7）对公民人身、住宅等私人领域的检查。如《中华人民共和国人民警察法》第9条规定："为维护社会治安秩序，公安机关的人民警察对有违法犯罪嫌疑的人员，经出示相应证件，可以当场盘问、检查……"。这条规定可以理解为警察拥有人身治安检查权的法律依据。

办理治安案件过程中的检查，一般不被纳入治安检查勤务范畴，而是治安案件调查取证的手段。我们认为，违反治安管理行为调查中的检查也是治安检查勤务的一种形态。对于违反治安管理行为调查中的检查，我国《治安管理处罚法》第八十七条、第八十八条作了如下规定："公安机关对与违反治安管理行为有关的场所、物品、人身可以进行检查。检查时，人民警察不得少于二人，并应当出示工作证件和县级以上人民政府公安机关开具的检查证明文件。对确有必要立即进行检查的，人民警察经出示工作证件，可以当场检查，但检查公民住所应当出示县级以上人民政府公安机关开具的检查证明文件。检查妇女的身体，应当由女性工作人员进行。""检查的情况应当制作检查笔录，由检查人、被检查人和见证人签名或者盖章；被检查人拒绝签名的，人民警察应当在笔录上注明。"

（三）治安检查的基本原则

1. 全面性原则

实践证明，治安检查工作，不能搞以点代面，必须坚持检查的全面性，主要做到"三全"：一是单位全。就是检查考评必须覆盖所属全部单位。一次检查，可以有不同的重点单位，但全年的检查必须涉及所有单位。二是项目全。就是检查必须覆盖所有工作。上级强调的要检查，上级没有强调的也要检查；重点部位、工作要检查，非重点部位、工作也要检查；经常出问题的工作要检查考评，没有出问题的工作也要检查考评。三是要素全。就是检查考评必须覆盖每项工作的全部要素。每项工作都由若干要素组成，每项要素都有独特作用，缺少那项工作要素，都不可能保持工作的持续稳定。

2. 针对性原则

在保证全面的基础上，要增强检查工作的针对性。治安检查是治安管理机关在特定时期，对特定单位、特定工作，按照特定的标准进行验收的一种计划行为，因而具有很强的针对性。针对性越强，检查的效果就越好，对实际工作的推动就越有力。增强治安检查的针对性，主要把握好三点：一是把握重点，二是抓住难点，三是盯着弱点。

3. 连续性原则

连续性主要体现在治安检查的节奏、标准、目的的前后衔接和一致性上。保持检查工作的连续稳定，有助于相关单位更好地把握方向、掌握标准、保持工作热情，有助于各项工作的协调发展。保持治安检查的连续性，一是要注意避免治安检查工作忽冷忽热。检查工作应有计划、有组织、有目的地进行，做到节奏合理，张弛有度。二是要注意避免检查标准忽高忽低。检查考评的标准一经确定就应保持其相对稳定性，不能朝令夕改，随意变更，如遇特殊情况需要调整变更，也应提前说明，以保证标准的权威性、稳定性和一致性。

4. 公正性原则

坚持客观公正是治安秩序管理机关进行检查考评的重要原则。一是要规范标准。检查考评工作必须坚持用一把尺子量，一个标准卡，决不能搞厚此薄彼，因人而异，因事而异，因时而异。二是要严格程序。科学严格的程序是检查考评公正的保证。在检查考评前，要认真设计程序，力求做到严密、合理，检查过程中，要严格按程序运作。三是要选准人员。检查工作应选素质高、懂业务、会指导的人参加。

（四）治安检查的基本方法

治安检查既可以通过日常的观察、检查、查阅、询问等手段进行，也应借助一定的仪器设备进行检测；既可以定期例行检查，也应适时采取突击检查；既可以由公安机关单独检查，也可以会同有关部门联合检查。同时，应注意运用群众监督机制与新闻媒体监督机制加强对治安检查的监督，如可设立群众举报电话或设置举报箱等。检查人员应围绕检查目的，精心设计检查内容与计划，力求客观真实、广泛全面、深入细致地获取有关情况与信息。实践中，还有因某一严重的治安问题或某一治安案件或配合某一专项治理工作而采取的检查。由于场所、行业的违法犯罪活动越来越隐蔽、经营业主为谋取非法利益，对抗治安检查的手段越来越狡猾，治安秩序管理机关及人员必须较多地运用秘密手段来获取治安状况，如组织有关人员明察暗访，必要时可化装侦查等。

实践中，治安检查的主要方法包括：

1. 全面检查与专项检查相结合。全面检查是指对被检查单位、部位的消防、治安两方面的所有安全条件进行全部检查。专项检查是指针对某一突出的安全隐患进行检查，如专项消防检查、专项治安检查、甚至专项的从业人员的资格检查等。

2. 普遍检查与重点检查相结合。普遍检查是指对整个社区的所有场所、行业、重点地区的安全条件进行检查，也称大检查或“地毯式“检查。重点检查按类别进行，如重点场所、重点行业、重要地区、重点部位等。

3. 定期检查（例行检查）与不定期检查（突击检查）相结合。定期检查也称例行检查、经常性检查，检查的主体、时间、内容、形式等相对明确，比较有规律。临时（突击）检查一般如为完成某项临时重要任务如大型文体活动安保、外国元首的警卫、“两会”安保等而进行的检查，以及接到群众举报、获知相关情报线索，所开展的检查。

4. 感官检查、仪器检查与动物检查相结合。感官检查是通过检查人员的五官进行直接检查。仪器检查是利用科学技术设备进行防爆、防毒、防辐射、金属探测等方面的检查，如常见的火车站、飞机场的安全门检查等。动物检查是利用经过特殊训练的警犬、警猪等动物对易燃、易爆品或毒品等方面进行检查。

5. 联合检查与单一检查相结合。联合检查一般是指治安管理部门与消防管理部门共同检查，公安民警与其他有关单位人员共同检查。单一检查是指公安民警进行检查。

此外，治安检查特别是定期治安检查、专项治安检查勤务可以建立在治安秩序管理相对方自查（即相关部门、场所、行业自身对照有关规定或标准自行检查）、互查（即相关部门、场所、行业组织的相互之间的检查）及其所属的行业主管部门检查（指按照行业隶属，相关部门、场所、行业的上级主管部门进行的检查）的基础上。值得注意的是，上述三类检查不属于我们所说的治安检查勤务范畴。在公安机关内部，与治安秩序管理有关的职能部门之间，如公安机关消防管理部门、侦查部门、公安派出所等，应强化彼此间的配合、策应或合作。公安机关治安检查还应坚持在党委、政府的统一领导下，会同有关部门来开展，以保证其实际收益和综合效应。

二、公共场所治安管理

（一）公共场所的概念

公共场所是指对社会成员开放，供社会成员进行娱乐休闲、商业交易、旅游观光、交通出行等社会活动的场所。

公共场所范围的划分方法较多，学理上通常根据场所功能标准划分，一般划分为公共娱乐场所、文化体育场所、公共服务场所、公共交通场所、商业贸易场所、风景游览场所、大型活动场所、宗教活动场所等。法律法规通常采用功能与列举结合、以列举为主的划分方法。如《江苏省公共场所治安管理条例》第二条规定："本条例适用于本省行政区域内向公众开放、供公众聚集进行社会活动的下列公共场所：（1）歌舞、游艺、棋牌等娱乐场所；（2）洗浴、按摩、美容美发和酒吧、茶座、咖啡馆等服务场所；（3）影剧院、音乐厅等演出、放映场所和体育场馆；（4）游览、游乐场所；（5）大型集市贸易场所；（6）车站、码头、机场等旅客集散的公共交通场所；（7）法律、法规规定应当进行治安管理的其他公共场所。互联网上网服务营业场所和旅馆业的治安管理，按照有关法律、法规的规定执行。"法律法规的分类方法直接指导工作实践。

实践中，公共场所管理的重点是歌舞、游戏等娱乐场所，桑拿按摩等公共服务场所，集市贸易及各类专业市场，互联网上网服务场所等。

（二）公共场所的治安特点

公共场所是向社会公民开放的，是公民可以自由出入的场所。这种公共性或者开放性必然带来人员集中、构成复杂、流动频繁、彼此之间没有特定关系，财物聚集、信息聚集等特点。由于人来人往，流动性大，大量的人财物成为违法犯罪人员作案的首选目标。人际的多元化和复杂化为各类治安问题的产生提供了条件，一些场所常见多发各类侵财类案件，有些场所甚至成为恐怖分子袭击的目标。治安防范措施薄弱地区易成为上述案件高发的重灾区。有些消防设施弱化的场所成为治安灾害事故的多发区，且一旦发生事故，往往死伤众多。凡此种种决定了公共复杂场所具有较强的治安敏感性，各种违法犯罪活动、治安灾害事故及相关与社会治安直接关联的社会问题较为突出。

1. 多发各类违法犯罪

由于公共场所具有功能综合性、人员复杂性、财物融汇性等特征，大量人流、物流在相对拥挤的空间碰撞、摩擦、交汇，矛盾冲突的发生难以避免。汇聚其间的人群动机多样，心事不一，场所难免鱼龙混杂，为不法之徒提供便利。从近年来发生在公共场所的治安情况来看，一是寻衅滋事、斗殴、伤害等侵害人身权利的案件经常发生；二是扒窃、抢夺、抢劫、诈骗、敲诈勒索、盗窃等各种侵财性治安、刑事案件成为常见多发案件；三是“黄赌毒娼”等社会丑恶现象突出，卖淫嫖娼、贩卖、传播淫秽物品、色情服务、赌博、吸贩毒等社会丑恶现象成为公共场所久治不愈的顽症；四是涉黑犯罪组织有渗透趋势，一些带有黑社会性质的犯罪团伙网罗社会闲散人员，有的强行收取保护费、强行参股，有的对陪侍女或者卖淫女进行敲诈勒索；有的黑恶势力人员投资兴办娱乐服务场所，以合法掩盖非法，组织卖淫、贩毒、聚众赌博；有的通过各种不法手段在政府部门甚至公安机关内发展保护伞。另外，境外黑社会组织近年渗透入境，以投资开办娱乐场所为名，控制境外商人进行违法犯罪活动。

2. 治安灾害事故隐患比较突出

治安灾害事故是公共场所突出的治安问题。事故的频繁发生多为人为因素所致。由于场所的经营者、管理者，往往单纯注重经济效益，轻视场所安全防范，有意无意地出现违法经营、违章操作，致使治安隐患大量存在，容易导致造成大量人员伤亡和财产损毁的火灾、爆炸、中毒、翻沉船、挤压伤亡等治安灾害事故。

3. 其他社会问题突出

如“迪吧”、练歌房等场所噪音污染大，影响人们的生活、学习和休息；网吧、游戏室等场所，吸引大量的中、小学生，使他们荒废学业，甚至误入歧途，走上违法犯罪的道路。

（三）公安机关公共场所治安管理职责

各级公安机关治安部门作为公共场所治安管理工作的业务主管部门，应当依照法律法规和相关规定，加强与相关部门配合，强化对公共场所消防、治安安全条件的检查、监督和指导，维护公共场所治安秩序稳定，保证其合法经营、有序运作。其职责主要包括以下几个方面：

1. 掌握辖区公共场所基本情况，定期汇总分析；

2. 组织开展调查研究，查找公共场所存在的突出治安问题，分析管理工作的漏洞和薄弱环节，研究解决的办法和措施；

3. 组织开展基层管理民警的治安业务培训，对下级治安部门和派出所开展公共场所治安管理工作进行检查监督和业务指导；

4. 组织对本辖区公共场所开展抽查和检查，直接组织查处领导交办、群众反映强烈以及下级治安部门和派出所查处有难度的公共场所违法违规经营案件；

5. 视情况组织开展区域性、方面性的公共场所治安整治。

公安派出所是辖区公共场所治安管理的第一责任单位，具体履行下列职责：

1. 掌握辖区公共场所种类、数量和经营项目、业主、从业人员等情况；

2. 指导辖区公共场所建立健全安全防范制度，落实安全保卫人员和措施；

3. 检查辖区公共场所的治安安全条件，发现和排除各种治安隐患；

4. 组织开展公共场所从业人员法制宣传，落实教育管理措施；

5. 预防、制止和查处发生在辖区公共场所的违法犯罪活动，整治本辖区公共场所存在的治安问题。

（四）公共娱乐场所治安管理的基本内容

1. 对公共娱乐场所经营主体和从业人员资格的监管

按照《娱乐场所管理条例》规定，国家机关及其工作人员不得开办娱乐场所，不得参与或者变相参与娱乐场所的经营活动。与文化主管部门、公安部门的工作人员有夫妻关系、直系血亲关系、三代以内旁系血亲关系以及近姻亲关系的亲属，不得开办娱乐场所，不得参与或者变相参与娱乐场所的经营活动。同时，对于曾犯有组织、强迫、引诱、容留、介绍卖淫罪，制作、贩卖、传播淫秽物品罪，走私、贩卖、运输、制造毒品罪，强奸罪，强制猥亵、侮辱妇女罪，赌博罪，洗钱罪，组织、领导、参加黑社会性质组织罪；因犯罪曾被剥夺政治权利；因吸食、注射毒品曾被强制戒毒；因卖淫、嫖娼曾被处以行政拘留的四类人规定不得开办娱乐场所或者在娱乐场所内从业。公安机关应当严格按照上述规定对于申请开办娱乐场所的投资人、法定代表人以及从业人员提供的声明进行审核把关，从利益回避角度出发防止“官员开办”现象发生，同时防止具有前科劣迹的从业者利用娱乐场所重新进行违法犯罪活动。

2. 对公共娱乐场所的备案管理

《娱乐场所治安管理办法》规定，娱乐场所所在地县（市）公安局、城市公安分局治安部门在接到开业的娱乐场所备案申报后，应当在 5 日内将备案资料通报娱乐场所所在辖区公安派出所。县（市）公安局、城市公安分局治安部门对备案的娱乐场所应当统一建立管理档案。

公安机关在对公共娱乐场所备案环节，应当审核娱乐场所备案的项目包括：名称；经营地址、面积、范围；地理位置图和内部结构平面示意图；法定代表人和主要负责人姓名、身份证号码、联系方式；与保安服务企业签订的保安服务合同及保安人员配备情况；核定的消费人数；娱乐经营许可证号、营业执照号及登记日期；监控、安检设备安装部位平面图及检测验收报告。

公安机关还应当审核娱乐场所提供的娱乐经营许可证、营业执照及消防、卫生、环保等部门批准文件的复印件。同时审核设有电子游戏机的游艺娱乐场所电子游戏机机型及数量情况，并及时掌握娱乐场所备案项目发生变更情况。公安机关能在第一时间掌握辖区内娱乐场所经营单位设立情况，及时将新开娱乐场所纳入重点治安监管的范围，为切实掌握娱乐场所底数，强化管理措施做好基础准备。

3. 公共娱乐场所硬件设施安全条件、技防设施、安全管理制度等的治安监督管理

（1）严格娱乐场所建筑物及设施的安全性能的监管。从维护娱乐场所安全的角度看，相关法律法规规定娱乐场所的建筑、设施都应符合国家安全标准和消防技术规范。公安机关按照规定必须加大消防监管力度，切实保障消费者人身、财产安全。

（2）严格安全设备的监管。一是娱乐场所必须设置闭路电视监控设备：娱乐场所应当在营业场所出入口、消防安全疏散出入口、营业大厅通道、收款台前安装闭路电视监控设备。安装的闭路电视监控设备应当符合视频安防监控系统相关国家或者行业标准要求。应当设置闭路电视监控设备监控室，由专人负责值守，保障设备在营业时间内正常运行，不得中断、删改或者挪作他用。二是娱乐场所包间、包厢的治安防范设施要符合要求。娱乐场所的包间包厢是公安机关安全防范的重点，具有公共性和私人性双重属性。在保证个人空间安全性的同时强调包间、包厢要具备透明性。按照规定，娱乐场所包厢、包间内不得设置阻碍展现室内整体环境的屏风、隔扇、板壁等隔断，不得以任何名义设立任何形式的房中房（卫生间除外）；包厢、包间内的吧台、餐桌等物品不得高于1.2米，包厢、包间的门窗，距地面1.2米以上应当部分使用透明材质。透明材质的高度不小于0.4米，宽度不小于0.2米，能够展示室内消费者娱乐区域整体环境；营业时间内，包厢、包间门窗透明部分不得遮挡；包厢、包间内不得安装门锁、插销等阻碍他人自由进出包厢、包间的装置；包厢、包间内的显著位置应悬挂含有禁毒、禁赌、禁止卖淫嫖娼等内容的警示标志，标志应当注明公安机关的举报电话。三是娱乐场所灯光亮度要达标。娱乐场所营业大厅、包厢、包间内禁止设置可调试亮度的照明灯，照明灯在营业时间内不得关闭。四是娱乐场所硬件设施要符合标准。为了促进娱乐业健康、文明发展，公安机关必须严查娱乐场所违法设置的具有赌博功能的电子游戏机机型、机种、电路板等游戏设施设备，依法取缔从事带有赌博性质的游戏机经营活动。

（3）严格安全管理制度的监管。一是从业人员实名登记制度。从业人员

是娱乐场所经营活动的具体细胞。鉴于娱乐场所从业人员违法犯罪现象比较严重的事实，法律规定，娱乐场所必须在从业人员准入资格、合同订立、从业人员名簿等方面加强规范。按照规定，娱乐场所对从业人员应当实行实名登记制度，建立从业人员名簿，统一建档管理。从业人员名簿应当记录以下内容：从业人员姓名、年龄、性别、出生日期及有效身份证件号码；从业人员户籍所在地和暂住地地址；从业人员具体工作岗位、职责。外国人就业的，应当留存外国人就业许可证复印件。二是营业日志备查制度。娱乐场所应当建立营业日志，由各岗位负责人及时登记填写并签名，专人负责保管。营业日志应当详细记载从业人员的工作职责、工作内容、工作时间、工作地点及遇到的治安问题。娱乐场所营业日志应当留存60日备查，不得删改。对确因记录错误需要删改的，应当写出说明，由经手人签字，加盖娱乐场所印章。三是违法情况报告制度。娱乐场所对发生在场所内的违法犯罪活动，应当立即向公安机关报告。四是保安配备管理制度。对保安制度的监管是维护娱乐场所秩序和安全的重要措施之一。公安机关应从四个方面加强监管。第一，保安资格准入。娱乐场所应当与经公安机关批准设立的保安服务企业签订服务合同，配备已取得资格证书的专业保安人员，并通报娱乐场所所在辖区公安派出所。娱乐场所不得自行招录人员从事保安工作。第二，保安履职情况。公安机关应当对娱乐场所保安人员履职情况进行重点检查。娱乐场所保安人员应当履行下列职责：维护娱乐场所治安秩序；协助娱乐场所做好各项安全防范和巡查工作；及时排查、发现并报告娱乐场所治安、安全隐患；协助公安机关调查、处置娱乐场所内发生的违法犯罪活动。第三，保安管理规范化程度。娱乐场所应当加强对保安人员的教育管理，不得要求保安人员从事与其职责无关的工作。对保安人员工作情况逐月通报辖区公安派出所和保安服务企业。第四，按规定配备保安情况。娱乐场所营业面积在200平方米以下的，配备的保安人员不得少于2名；营业面积每增加200平方米，应当相应增加保安人员1名。迪斯科舞厅保安人员应当按照场所核定人数的5%配备。五是巡查报告制度。娱乐场所应当安排保安人员负责安全巡查，营业时间内每2小时巡查一次，巡查区域应当涵盖整个娱乐场所，巡查情况应当写入营业日志。六是信息传输报送制度。娱乐场所应当按照国家有关信息化标准规定，配合公安机关建立娱乐场所治安管理信息系统，实时、如实将从业人员、营业日志、安全巡查等信息录入系统，传输报送公安机关。

（4）对公共娱乐场所违法犯罪活动的处理。在公安机关对公共娱乐场所进行常态化监督管理的同时，对于发生在公共娱乐场所的违法行为，依法可以采取警告、罚款、没收非法所得、责令改正、取缔等行政处罚措施，对于构成犯罪的违法行为，依法给予刑事制裁。

【实务参考】5.1：公共娱乐服务场所硬件设施规范

1. 场所设置的包厢、包间内不得设置任何阻隔物、遮挡物，不得设置房中房，具备展现室内整体环境的透明门窗，其透明部分的高度位置、面积大小应适于双眼正常观察，透明部分不得安装、悬挂、覆盖任何物品，包厢、包间的门不得设置任何内锁、插销装置，不得设置可调灯光、灯光亮度不得低于三勒克司。大厅灯光亮度不得低于四勒克司。

2. 建筑、设施符合国家安全标准和消防技术规范，对场所内的消防设备定期检查更新，不得障碍、封堵、锁闭疏散通道和安全出口。

3. 场所的出入口、主要通道安装视频监控系统，娱乐场所和留宿洗浴场所留存录像资料30日，其他按摩服务场所留存15日以上。

4. 场所必须按照核定容纳人数的2%配备分、县局保安公司的保安人员，不得使用其他人员充当。

5. 迪斯科舞厅、酒吧配备安检设备。

6. 按摩服务场所、有寄存业务的场所必须完善贵重物品保管制度。

【实务参考】5.2：公共娱乐服务场所备案材料

1. 场所名称，经营地址。

2. 文化部门核发的《娱乐经营许可证》。

3. 工商部门核发的营业执照。

4. 场所平面图、方位示意图。

5. 场所的消防合格证明、大型设施安全证明。

6. 从业人员登记表包括真实姓名、照片、身份证号、户籍住址（系外来暂住人员的，还应注明暂住地址和《暂住证》办理情况）、身份证复印件等内容，应当在雇佣和变动后三个工作日内书面告知所在地派出所。

7. 娱乐服务场所法人代表、治安责任人的身份证复印件。

8. 游戏机、游艺机型的名称及台数。

9. 县级公安机关治安部门对备案的娱乐服务场所应当统一建立档案，实行归档管理。

【实务参考】5.3：公共娱乐服务场所备案登记表

备案登记号：　　　　　　　　　　　　　　　　　　　　时间：

单位名称			地　址		
经营许可证　号		注册日期		注册资本	
主管部门（经济性质）		经营项目		联系电话	
法定代表人			治安责任人		
建筑面积			经营面积		
从业人数			核定人数		
派驻保安数		安保人数		包间数	
治安管理信息系统	[ ] 有 [ ] 无	视　频 监　控	[ ] 有 [ ] 无	探　头 部　位	
消防报警喷淋系统	[ ] 有 [ ] 无	保管室（柜）	[ ] 有 [ ] 无	按摩间或棋牌桌数	
安　检 设　施	[ ] 有 [ ] 无	安检设施类别台数		游戏机 台　数	
停车场	[ ] 有 [ ] 无	停 车 场 车 位 数		安　全 通　道	
安全管理制度	[ ] 有 [ ] 无	警示标识	[ ] 有 [ ] 无		
其　他					
备　注					

三、特种行业治安管理

（一）特种行业的含义及管理范围

特种行业，是指工商服务业中因其经营的内容和性质容易被利用进行违法犯罪活动，经国家法律、法规规定，由公安机关对其实施特定治安管理措施的行业。

特种行业是工商服务业中的部分行业，是国计民生所必须、社会发展和经济建设不可缺少的行业。同时，特种行业的性质和经营内容特殊，容易被违法犯罪分子利用，是治安管理层面的“高危行业”。

特种行业的管理范围既有一定的地区差异，也随着经济社会的发展因时而异。随着社会历史条件的变化，某些行业可能失去特殊管理的必要性，有些行业则需要新纳入特殊治安管理范围。

就全国而言，列入特种行业管理的行业主要包括：

1. 旅馆业。旅馆业是指对外经营的接待过往旅客住宿的行业，包括旅馆、饭店、宾馆、招待所、客货栈、车马店、浴池等。《旅馆业治安管理办法》第2条规定：“凡经营接待旅客住宿的旅馆、饭店、宾馆、招待所、客货栈、车马店、浴池等，不论是国营、集体经营、还是合伙经营、个体经营、中外合资、中外合作经营，不论是专营还是兼营，不论是常年经营，还是季节性经营，都必须遵守本办法”。《江苏省特种行业治安管理条例》第45条规定：“本条例所称的旅馆业经营者，是指按日或者按小时提供住宿服务的经营实体。包括宾馆、饭店、酒店、旅馆、旅社、旅店、招待所、客栈、度假村、山庄、疗养院、会所、接待站等。提供住宿服务（凌晨二时至八时允许顾客滞留休息）的洗浴、按摩场所等其他经营单位，以及提供按日或者按小时住宿服务的公寓房、日租房、休息厅等，按照旅馆业的规定实施管理。”

2. 公章刻制业。公章刻制业是指使用手工、机械、电子等技术经营刻制公章的行业。公章是指国家机关、社会团体、企业事业单位、民办非企业单位、基金会或者其他组织及其内设机构、派出机构、议事协调机构、非常设机构和个体工商户、村（居）民委员会的规范名称章，以及冠以规范名称的合同、财务、税务、发票、审验等专用章。

3. 收旧业。是指专营或兼营旧货的收购、寄售、交易、调剂、置换等行业。包括信托寄卖业、废旧金属收购业、典当业、拍卖业、旧货交易市场等行业。

4. 印刷业。是指使用机械、电子、激光、化学刻版技术，印刷或复印各种书报、文体、图表、证件、证书、证券、票据等行业。

5. 法律法规列管的其他行业。根据公安部《关于改革和加强特种行业管理工作的通知》精神，各地公安机关根据实际情况，认为其他有必要列入特种行业管理的，可报省、自治区、直辖市人民政府批准。

根据《江苏省特种行业治安管理条例》(2010 年 5 月 1 日起施行)，江苏省列入特种行业管理的行业包括：(1) 旅馆业；(2) 典当业；(3) 公章刻制业；(4) 生产性废旧金属收购业；(5) 开锁业；(6) 寄卖业，旧车辆、旧移动电话、旧笔记本电脑等旧货交易业；(7) 金银首饰加工、置换业；(8) 报废机动车回收拆解业，汽车租赁业；(9) 印刷业（专门从事包装装潢印刷品印刷经营活动的除外)；(10) 机动车维修业；(11) 其他依照法律、法规应当采取特定治安管理措施的行业。

6. 近年来的新兴行业。(1) 游离与旅馆和出租房屋之间的公寓房、群租房；(2) 介于场所管理和特种行业管理之间的留宿洗浴、留宿按摩；(3) 缺乏具体法规支撑但又治安隐患明显、收销赃问题突出的非生产性废旧金属收购站点、电动自行车、摩托车维修交易；(4) 游离于印刷行业管理边缘却又与维稳工作息息相关的旗帜店、誊印社、文化衫加工点；(5) 与大型活动安保工作紧密关联的“低慢小”飞行物生产销售点、航模协会；(6) 与反恐维稳工作紧密关联、发展如潮涌之势的物流寄递行业。

(二) 特种行业的治安特点

1. 经营结构复杂，难于监督管理

主要表现在：特种行业多种经营性质并存、经营单位广泛、经营形式多样、多功能、综合化发展趋势突出。

2. 易被不法分子利用进行各种违法犯罪活动

旅馆业易成为不法分子的暂时栖身地和进行卖淫嫖娼盗窃、赌博、走私等各种违法犯罪活动的场所。印刷业易被不法分子利用进行印刷非法出版物、淫秽出版物、假票证、假证件、虚假广告等。公章刻制业易被利用非法刻制印章，伪造文件、合同、文凭进行诈骗活动。收旧业易成为盗窃、抢劫、诈骗等不法分子匿赃、销赃的场所。

3. 从业人员容易受腐蚀

特种行业的从业人员较其他一般行业的人员接触社会阴暗面的机会多，面对诱惑多，如果立场不坚定，思想觉悟不高，容易被违法犯罪分子腐蚀引诱，利用工作之便为犯罪分子作掩护，提供方便，甚至与犯罪分子勾结，同流合污，共同危害社会治安。

4. 治安隐患比较集中

特种行业由于来往人员多、密度大，流动性大，情况复杂，又常常携带各式各样的危险物品进入行业内部，加之一些特种行业自身的设备与管理问题，这些行业环境决定了特种行业的治安隐患比较集中，极易引发火灾、爆炸、中毒房屋倒塌、拥挤踩塌等治安灾害事故。

（三）特种行业的安全条件与治安责任

从事特种行业经营，应当具备下列治安安全条件：有合法、固定的经营场所和必要的经营设施；有负责治安保卫的机构或者专职、兼职保卫人员；有必要的财物保管和治安防范设施；有健全的治安管理制度；有根据需要配置的身份证件识别、治安信息采集传输设备；依法应当具备的其他治安安全条件。

其中，经营旅馆业、典当业、生产性废旧金属收购业、寄卖业、旧车辆、旧移动电话、旧笔记本电脑等旧货交易业、金银首饰加工、置换业、报废机动车回收拆解业、汽车租赁业的，其经营场所的出入口、营业厅、主要通道、保管库房、停车场等部位应当安装视频监控设备。矿区、油田、港口、机场、军事禁区、大中型金属冶炼加工企业周边和铁路沿线附近，不得设点收购生产性废旧金属。禁止设点的范围由所在地市、县人民政府划定并向社会公布。利用开锁技术实施违法犯罪活动受过刑事处罚的人员，不得从事开锁业经营活动；其他特种行业从业人员利用该行业从事犯罪活动受过刑事处罚，执行期满未逾五年的，不得从事该行业经营活动。从事旅馆业、典当业、公章刻制业经营，应当依法取得公安机关颁发的《特种行业许可证》。对生产性废旧金属收购业、开锁业实行名录管理制度。符合条件的，由所在地市、县人民政府公安机关列入名录，并向社会公布。

【实务参考】5.4：旅馆业硬件设施规范

1. 新申请开办旅馆业必须安装《旅馆业治安管理信息系统》、身份证识别仪、电视监控系统（电视监控系统应采用较为先进的数字硬盘录像机作为图像记录设备，外来进出人员、入住登记人员、进出客房房间、贵重物品室、财务保管室、零点餐厅、后场配菜间、停车场等重点部位的录像要清晰，录像回放能清晰分辨人和物的外表特征，有效保存30天）。

2. 床位数不得少于10张，每张床铺净占地面积不得少于3平方米。

3. 旅馆客房窗户安装限位器，开启不得大于15厘米，并设置防攀爬装置。客房的门锁要符合安全设施的要求，原则上客房门锁内手柄使用球形锁。

4. 设置符合安全要求的贵重物品寄存室（柜），保管室内必须安装有效、清晰的监控探头，确保掌握寄存室内的人员活动情况清晰图像。

【实务参考】5.5：典当业硬件设施规范

1. 典当单位必须安装视频监控设施，单位进出口、柜台、金库的监控视频必须清晰，录像保存必须达到60天。

2. 必须安装110联网报警器。

3. 营业柜台及门窗必须安装防护设施。

4. 配备必要消防设施及器材。

（四）特种行业的治安责任

1. 治安责任人

特种行业经营者的法定代表人或者负责人是治安责任人，负责做好治安管理和安全防范工作。因承包、受聘等实际负责特种行业经营的，该经营负责人为共同治安责任人。

2. 行业经营者及其从业人员的治安责任

特种行业经营者及其从业人员应当遵守下列规定：

（1）发现违法犯罪嫌疑人员和形迹可疑人员，以及公安机关查缉的物品和有赃物嫌疑的物品，应当立即报告公安机关。

（2）对发生在本经营场所的违法犯罪活动，应当及时报告公安机关。

（3）按照有关规定参加法律、法规知识和治安安全防范培训，接受公安机关的治安监督检查和治安安全防范指导，配合公安机关开展执法工作。

（4）建立从业人员名簿，如实登记从业人员姓名、住址、身份证件种类和号码等身份信息，留存从业人员的居民身份证复印件、外国人就业许可证复印件等备查。

（5）在营业时间内，应当佩戴明显的工作标志。

（6）保证按照规定安装的视频监控设备正常运行。其中，典当业经营者对视频监控录像资料应当至少留存两个月备查，其他特种行业经营者对视频监控录像资料应当至少留存一个月备查。特种行业经营者及其从业人员不得删改、传播或者非法使用视频监控录像资料，不得透露相关个人信息。

3. 经营活动治安责任

（1）从事特种行业经营活动，服务对象为个人的，应当严格查验其身份证件，如实登记姓名、住址、身份证件种类和号码以及服务时间等信息。

（2）从事特种行业经营活动，服务对象为单位的，应当查验并留存单位开具的证明材料，如实登记单位名称、地址和服务时间等信息，并按照前款规定查验、登记经办人的身份信息。

（3）从事特种行业经营活动，除应当如实登记交易物品或者承揽物品的名称、数量、规格、新旧程度等信息外，还应当按照下列规定如实登记相关信息：①物品为机动车的，应当登记车辆的品牌、车型、颜色、牌照号码、发动机号码、车架号码等；②物品为非机动车的，应当登记车辆的品牌、型号、颜色、编码等，有电机的还应当登记电机号码；③物品为移动电话、笔记本电脑的，应当登记品牌、型号、颜色和串号等；④物品为大宗生产性废旧金属或者铁路、油田、供电、电信通讯、矿山、水利、测量和市政公用设施等废旧专用器材的，应当查验并留存其合法来源证明。

（4）物品在改变原貌前应当拍照留存。

（5）禁止特种行业经营者交易、承揽下列物品：①易燃、易爆物品，剧毒、放射性物品及其容器；②公安机关正在查缉的物品，以及有赃物嫌疑或者来源不明的物品；③无民事行为能力人持有的贵重物品；④国家明令禁止经营的其他物品。

（6）废旧金属收购业经营者应当根据需要配备必要的放射性检测仪器，

发现放射性污染物的，应当及时向环保部门、公安机关报告。

（7）旅馆业经营者发现旅客将易燃、易爆、剧毒、腐蚀性等危险物品带入旅馆的，应当予以制止，并同时向公安机关报告。

（8）单位或者机构需要刻制公章的，应当持单位或者机构设立的证明文件和有关证明材料，到所在地公安机关备案。公章刻制业经营者承制公章的，应当查验并留存公安机关出具的备案证明，按照公安机关核定的内容和规定的流程刻制，不得委托其他单位和个人刻制，不得自行留样、仿制。

（9）经营开锁业的，还应当遵守下列规定：①承接开锁业务，应当确认委托人拥有闭锁物的所有权或者使用权，不能确认的应当拒绝，发现有违法犯罪嫌疑的，应当立即向公安机关报告；②现场开锁时，应当如实填写《开锁服务记录单》，由委托开锁人、开锁技术人员分别签名、注明联系方式，并留存备查；③对委托人的身份和财产信息应当予以保密；④不得出售、出借专用开锁工具。⑤未经公安机关同意，任何单位和个人不得培训、传授开锁技术。

（10）应当登记的信息、留存的照片，实时传输报送公安机关；暂不具备实时传输条件的，应当按照省公安厅的规定，定期报送相关信息。

（五）特种行业安全管理制度

广义的特种行业安全管理制度包括特种行业审批、备案制度，从业人员上岗培训制度及安全岗位责任制度。狭义的安全管理制度因各类行业的业务性质、治安特点不同，其具体内容也有所不同。

1. 旅馆业

（1）登记验证制度。旅馆对住宿旅客必须核查其身份证件并实名实人登记，并输入住客信息系统。

（2）财物保管制度。《旅馆业治安管理办法》第7条规定："旅馆应当设置旅客财物保管箱、柜或保管室、保险柜，指定专人负责保管工作。对旅客寄存的财物，要建立登记、领取和交接制度"。

（3）值班制度。旅馆实行24小时值班制度，值班人员必须坚守岗位并不间断地开展巡查。星级以上宾馆，必须安装闭路电视监控系统，对大堂、电梯、楼层及其他重要部位进行全天候监控，并配备专人值班。

（4）钥匙统一管理制度。目前，中高档以上旅馆一般采用电子锁。对还使用机械锁装置的旅馆，钥匙应由服务员统一管理。

（5）情况报告制度。旅馆发现违法犯罪分子、形迹可疑的人员、被公安机关通缉的罪犯，应当立即报告公安机关。

（6）通缉通报查对制度。对公安机关通报协查的嫌疑人或物要进行查对或信息比对，有嫌疑情况的必须及时报告。

（7）制定其他制度：如重点查房制度、门卫值班制度、制定旅客须知等。

2. 印章刻制业

（1）准刻制度：凡刻制公章的，须经县级以上公安部门批准，按照刻制要求到刻字企业刻制。建立印章治安管理信息系统的地区，按照信息系统管理要求进行。

（2）登记保管制度。印章刻制业应设专人、专柜对承制的公章妥善保管，防止丢失。

（3）不留样及监刻监销制度。公章刻制业不得保留重要印章的样章，委刻单位应派专业监督刻制企业刻制印章，并监督销毁残次品、半成品。

（4）情况报告制度。公章刻制业负责人和从业人员，在工作中应随时提高警惕，注意发现和控制违法犯罪嫌疑人，主动、及时向公安机关治安管理部门报告情况，并积极协助公安机关进行调查处理。

3. 典当业

因典当业保留行政许可制度，所以这里将典当业从旧货业中独立出来介绍管理制度。根据2005年施行的《典当管理办法》，典当业应当建立健全以下安全制度：

（1）收当、续当、赎当查验证件（照）制度。典当业在办理典当业务时，应查验当户本人的身份证件证件。当户为单位的，经办人员应当出具单位证明和经办人的有效身份证件；委托典当中，被委托人应当出具典当委托书、本人和委托人的有效身份证件。

（2）当物查验、保管制度。

（3）通缉协查核对制度。

（4）可疑情况报告制度。典当行发现可疑物品、可疑人员或者公安机关通报协查的人员与赃物，应当立即报告。

（5）配备保安人员制度。

4. 印刷业

（1）准印验证制度。一般印刷品按照新闻出版部门、工商管理部门、商标管理部门的批准文件印刷。印制布告、通告、重大活动工作证、通行证、在社会上流通的、使用的票证的，委印单位应出具主管部门的证明，向印刷企业所在地公安机关办理准印手续，在指定的印刷企业印刷。印制密级文件、资料、图表，按照复制国家秘密载体管理的规定办理。印刷宗教品，按照有关印刷品管理规定。

（2）登记保管制度。对承接的印刷品要专人，必要时甚至设专室妥善保管。

（3）不留样张制度。印制公安机关准印的印刷品和印制机关、团体、部队、学校、企事业单位内部的票证与专用印件的，不得留样。确需，征得委印单位同意，加盖“样本”等戳记，并妥善保管。

（4）情况报告制度。印刷业在承接印刷业务过程中，发现可疑人员与可疑印刷业务时应立即报告公安机关。

5. 收旧业

（1）物品禁收制度。一是废旧金属收购业不得收购下列物品：枪支、弹药、爆炸物品，剧毒、放射性物品、极其容器，铁路、油田、供电、电信通讯、矿山、水利、测量和城市公共设施等专用器材，公安机关通报寻查的赃物或有赃物嫌疑的物品。二是旧货流通禁止经营下列物品：赃物、走私物品、来历不明物品及抵押中的物品，或有赃物、走私嫌疑的物品；严重损坏且无法修复的物品；明令禁止经营和特许经营的其他物品。

（2）凭证收购制度。应凭出售人的身份证件与出售物品证明文件收购。

（3）登记保管制度。废旧金属收购，对出售单位的名称和经办人的姓名、住址、身份号码及物品的名称、数量、规格、新旧程度等如实登记。旧货经营者应当登记出售、寄卖及受他人委托出售、寄卖旧货的单位名称和个人的居民身份证，应严格查验委托单位的授权委托书及受托人的居民身份证。对价值超过 100 元的旧货应当详细记录其基本特征、来源和去向。

（4）情况报告制度。收购废旧金属的企业和个体工商户，发现有出售公安机关通报寻查的赃物或有赃物嫌疑的物品，应当立即报告公安机关。旧货市场、旧货经营者发现可疑人员、可疑物品及公安机关要求协查的物品、走私物品，有义务及时向当地公安机关报告，不得隐瞒包庇。

（5）禁设区制度。在铁路、矿区、油田、港口、机场、施工工地、军事禁区和金属冶炼加工企业附近，不得设点收购废旧金属。

（6）通报查对制度。对公安机关发放的通报协查令要及时地全面地进行查对，并报告。

6. 机动车修理业、报废机动车回收业

机动车修理业、报废机动车回收业虽然法律法规并未确定其为特种行业，但从管理历史与现状出发，公安部将之纳入重点行业治安管理范围。

（1）凭证改装回收制度。修理业承修更换发动机或车身（架）、改装车型、改变车身颜色等，凭公安交管部门证明；回收报废机动车，凭公安交管部门证明。

（2）登记制度。修理业因按照机动车行驶证项目登记送修车辆的号牌、车型、发动机号、车架驾号码、厂牌型号、车身颜色；登记车主名称或姓名、送修人姓名和居民身份证号码或驾驶证号码；登记修理项目（事故车辆应详细登记修理部位）登记送修时间、收车人姓名。回收企业应登记机动车车主名称或姓名、送车人姓名与居民身份证号码；按照公安交管部门报废证明登记报废车辆车牌号码、车型、发动机号码、车架号码、车身颜色；登记收车人姓名。

（3）情况报告制度。对发现有下列情况的，应立即报告公安机关：证件、证明有变造、伪造痕迹的；车证不符的；车身有改动、破坏痕迹的；送修日要求更改号码的；属于查控车辆的；事故逃逸嫌疑车辆及其他可疑情况。

（4）遵守经营行为制度。修理业禁止下列行为：明知是盗窃、抢劫机动车而予以改装、拼装、倒卖；无证更换发动机、车身架、改装车型、改变车身颜色；更改发动机号与车架号；回收报废机动车；非法拼装汽车、摩托车；明知交通逃逸车未报告而修理的。回收业禁止下列行为：明知是盗窃、抢劫机动车而予以拆解、改装、拼装、倒卖；回收无证机动车；利用报废机动车拼装整车。

四、场所行业治安检查

（一）场所行业治安检查的概念

场所行业治安检查是指公安机关治安管理部门及其他相关部门为了发现和消除不安全因素、预防治安问题的发生、发现违法犯罪嫌疑或者为收集证据、了解相关情况，而依法对特定的公共场所、特种行业等进行的即时性（当场）查看、了解、审查、核实、督促活动。

（二）场所行业治安检查的内容

实践中，场所行业治安检查的基本内容主要包括：

1. 消防安全条件。检查的具体内容有：建筑物及设施、周边环境（如与危险物品生产、储存区域的距离）、出入口、通道、通风、装潢（材料、操作）、电路与电器及操作、消防设施（灭火器材、消防通道、防火器材、火灾报警系统）、锅炉、煤气、汽油等物品的使用保管、精密仪器、重要设备的存放与使用是否符合消防管理的法律法规和设计规范。

2. 治安安全条件与要求。即对遵守治安秩序管理法律法规及有关安全要求的情况进行的检查。检查的具体内容有：经营面积与地点、内部结构、照明、防盗设施、保卫力量配备、安全规章制度、经营证照等是否符合治安秩序管理要求；经营过程中遵守安全要求的情况，重点是经营过程中是否遵守有关法律法规规定的治安义务，如严禁组织、强迫、引诱、容留、介绍他人卖淫，开设赌场、赌局，引诱、教唆、欺骗、强迫他人吸食、注射毒品，进行封建迷信活动，贩卖、传播淫秽物品，提供以营利为目的的陪侍或者为进入娱乐场所的人员从事上述活动提供方便和条件；遵守规定的经营时间；是否遵守制止和报告违法犯罪行为的义务。

3. 从业人员情况。具体包括：检查所雇佣的从业人员的年龄、持有的合法身份证件（居民身份证、《暂住证》）、务工证明（外国人及其他境外人员的《外国人就业许可证》）、上岗卫生培训和健康合格证书、职业资格证书（其中外来务工人员须持有外出人员就业登记卡和外来人员就业证）；检查保安人员配备（由保安公司统一派驻）情况；检查服务人员数量，特别是包间、包厢内配备的服务员情况；检查在营业时间内，从业人员统一着装和佩带工作标志情况，等等。

4. 有关安全管理制度情况。如岗位治安责任制度、内部安全巡查制度、情况报告制度、从业人员亮证亮牌制度、财物寄存保管制度、必要顾客的身份查验制度、法律法规学习制度、外来员工申报暂住登记制度等等。

5. 案件、事故的事实和证据。

（三）场所行业治安检查的基本要求

场所行业治安检查是公安机关依法进行的执法活动，应当严格按照法定程序进行，并遵守相关勤务要求。一是严格履行法定手续。公安机关及其工作人员对场所行业进行治安检查时应当出示人民警察证件，表明执法身份，不得从事与职务无关的活动。二是作好检查记录工作。公安机关及其工作人员对场所行业进行治安检查，应当记录在案，归档管理。

1. 对重点行业、公共娱乐场所、重点单位的检查每月至少进行一次，对上级通报、群众反映的问题应当随时检查，认真处理。

2. 检查应当由两名以上民警同时进行。检查时应当主动出示人民警察证件或者其他执法检查证件，表明身份，提出检查要求，不得从事与职务无关的活动。

3. 尊重从业人员和顾客，除有违法犯罪嫌疑外，不得进行人身检查。

4. 对查获的违法犯罪嫌疑人，应当尽快带离现场。

5. 对扣押、收缴、追缴的钱物应当履行法律手续。

6. 检查应当制作检查记录，由检查的民警和被检查方共同签字。治安检查记录应当以书面形式为主，必要时可以辅以录音、录像等形式。治安检查记录应当包括：执行治安检查任务的人员姓名、单位、职务；治安检查的时间、地点、场所名称、检查事项；发现的问题及处理结果。治安检查记录一式两份，由治安检查人员签字，并经场所行业负责人签字确认。场所行业负责人拒绝签字的，治安检查人员应当在记录中注明情况。

7. 对发现的治安隐患，应当列出隐患内容，督促整改或者通知有关部门限期整改，并报告上级公安机关。

8. 在场所行业针对特定对象的治安检查。一是应划定检查范围。主要是以检查对象所处的位置为中心，以对象活动轨迹为半径，向四周辐射确定。二是应注意确定现场物品及其位置。首先要确认现场原有的物品及其摆放位置，对不属于现场原有的物品和发生位置变化的物品，要重点进行检查。三是应采取一般检查与重点检查相结合。对划定检查范围内的所有物品都要认真检查，同时要重点检查对象停留过的房间，坐过的沙发、椅子，窗前、门后，卫生间、贮藏室等，特别是对检查对象带入场所的包、物，以及脱下的衣、鞋、帽等，要仔细检查。四是应尽量断绝检查现场同外界的联系。检查时，除被检查人或其家属、亲友或同室一人在场外，对其余人员要集中到一处，未经允许，不准离开或自由走动，也不准互相交谈。要指定专人监视，防止逃跑、行凶、自杀或毁灭罪证的现象发生。对突然进入检查现场的人员，为防止走漏消息，可暂不让其离开现场。

（四）场所行业治安检查工作流程图

治安检查工作流程图

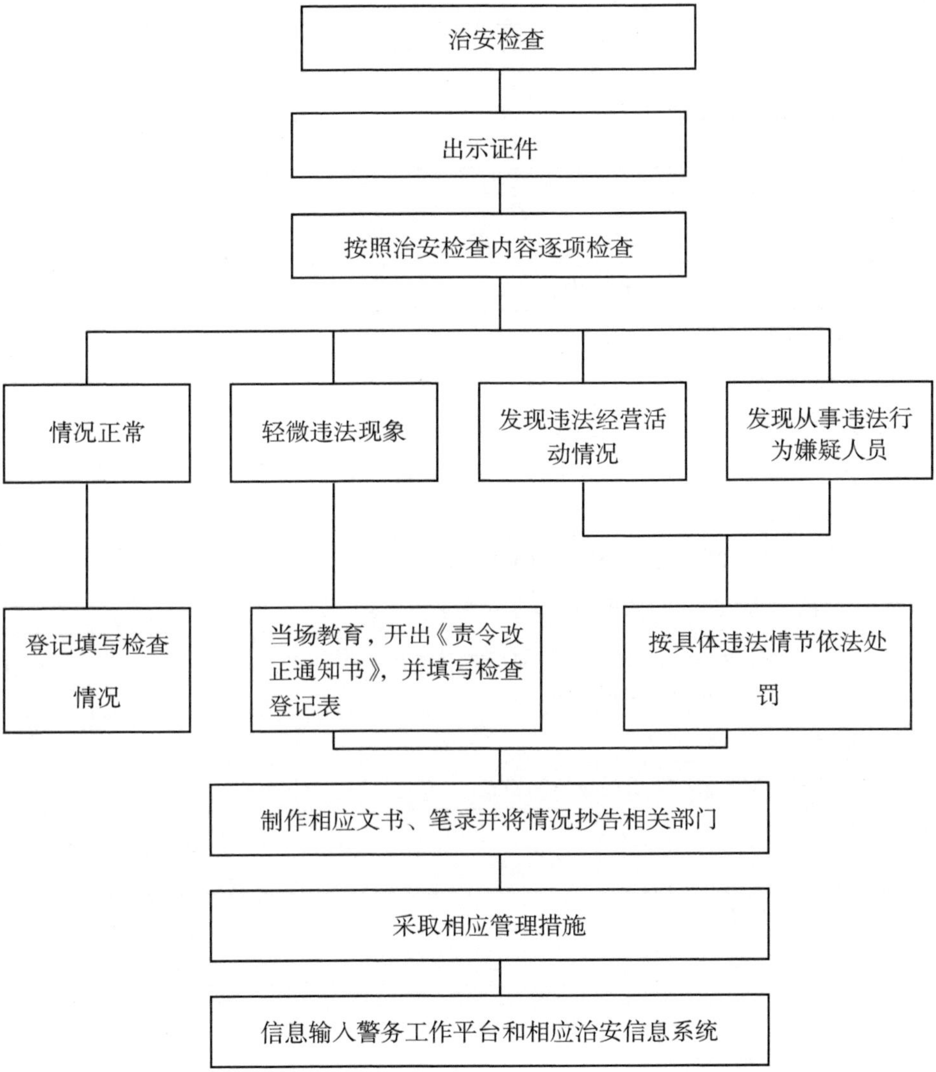

公共娱乐服务场所检查情况登记表

检查人：　　　　　　　　　　　　　　　　　　　　　　　　　　检查日期：

<table>
<tr><td rowspan="2">场所名称</td><td colspan="3" rowspan="2"></td><td>所属区</td><td></td></tr>
<tr><td>派出所</td><td></td></tr>
<tr><td rowspan="5">从业人员报备</td><td>姓名</td><td>身份证号码</td><td>职务</td><td colspan="2">备注</td></tr>
<tr><td></td><td></td><td></td><td colspan="2"></td></tr>
<tr><td></td><td></td><td></td><td colspan="2"></td></tr>
<tr><td></td><td></td><td></td><td colspan="2"></td></tr>
<tr><td></td><td></td><td></td><td colspan="2"></td></tr>
<tr><td rowspan="10">治安安全条件</td><td colspan="3">检查内容</td><td colspan="2">结果（√或×）</td></tr>
<tr><td colspan="3">包厢、包间门窗透明度是否达标</td><td colspan="2"></td></tr>
<tr><td colspan="3">包厢、包间门后是否有钉子、钩子等附属物</td><td colspan="2"></td></tr>
<tr><td colspan="3">包厢、包间门上是否有内锁或插销等装置</td><td colspan="2"></td></tr>
<tr><td colspan="3">是否在显著位置悬挂禁毒、禁赌、禁娼等警示标志，并标明公安机关举报电话</td><td colspan="2"></td></tr>
<tr><td colspan="3">包厢、包间灯光亮度是否达标（3勒克司）</td><td colspan="2"></td></tr>
<tr><td colspan="3">包厢、包间内是否设置可调灯光、报警装置</td><td colspan="2"></td></tr>
<tr><td colspan="3">是否按规定安装技防监控设施是否安装技防监控设施，监控设施是否能正常使用</td><td colspan="2"></td></tr>
<tr><td colspan="3">是否按规定派驻保安</td><td colspan="2"></td></tr>
<tr><td colspan="3">是否积极配合公安人员对场所的检查</td><td colspan="2"></td></tr>
<tr><td>检查意见</td><td colspan="5"></td></tr>
</table>

场所负责人签字：

第二部分　参考范例

范例 5.1：对行业场所进行治安检查应注意哪些礼仪？

1. 态度要刚柔适度。听取对方说话时，应专注、认真，平视对方的眼睛，不应表现出傲慢轻蔑、盛气凌人的神态，不应使用粗俗、生硬的语言。态度要和蔼，要给对方充分说话和解释的机会。

2. 语言要礼貌规范。在检查时，应主动与被检查单位的有关人员打招呼，使用规范的公务语言，如“对不起，打扰你们了，我们是××（单位）的民警，今天对你处进行例行治安检查，请予以配合”。检查完毕时，公安民警应礼貌地与被检查单位的有关人员告别，如“对不起，打扰你们了，谢谢你们的合作。如果有什么事，请与我们联系。”等。

3. 要依法文明检查。在例行检查中，应按规定由两名以上公安民警进行。公开检查时，公安民警应首先向被检查单位的有关人员出示相关证件和县级以上公安机关开具的证明文件。在合法经营的单位例行治安检查时，一般应本着内紧外松的原则，实行不停业、不扰民的政策。在检查中，发现经营者存在不安全因素等违法情况须依法予以处罚时，应指明其所违反的法规条款，交代清楚执行处罚的依据。

4. 避免发生冲突。在检查中，如果遇到被检查单位对治安检查工作有误解、偏见或不积极配合时，应以宣传教育为主，以实际行动赢得对方的信任和支持。一旦与对方发生矛盾，应分清矛盾的性质。若属于非重大原则问题，应设法及时化解。如果是因为公安民警自己的言行举止不当引起的矛盾，公安民警应诚恳检讨和道歉，以取得对方的谅解。

5. 要注意维护自身形象。被检查单位为谋求“照顾”或表示友好，有时会给参与执行检查工作的公安民警馈赠礼物或提供服务，对此，公安民警应予以谢绝，切实维护公安机关形象。

范例 5.2：旅馆行业治安检查重点

1. 经营资质合法，证、照齐全，各项安全制度上墙明示。硬件设施是否符合规范要求。

2. 监控系统不能正常使用的要限期二日内修复并恢复使用，达不到限期修复要求的视为安全防范措施不到位，责令停业整改。“旅馆业治安管理信息系统”如不能正常使用，一时难以修复使用，要求其一日内五次将客情资料送至派出所或分局代为录入。

3. 旅客入住登记单填写应符合要求，调出“旅馆业治安管理信息系统”内信息对照入住登记单，以登记单为准查看对照，如不符视为不如实登记，应责令改正，情节严重的应依照《治安管理处罚法》第五十六条予以处罚。

4. 法人（负责人）、登记员、服务员经过培训，持证上岗。法人（负责人）、登记员、服务员应当熟悉了解公安机关近期下发的通缉、通报，治安管理工作要求。做好通缉、通报的登记核查，交接班记录等工作。

5. 各项制度落实情况。客人寄存、保管的物品，应当登记、交接、领取等记录。来访客人会客要按规定落实会客制度。节日、假日、晚间应有带班领导在岗值班。配备专职治保力量在岗在位，安排定人定时对楼层、停车场等重点部位进行巡查。

6. 运行“旅馆业治安管理信息系统”的电脑应放置在前台，保持系统二十四小时运行。

7. 检查入住旅客信息是否及时传输，并将检查记录登记进入“旅馆业治安管理信息系统”。

范例 5.3：其他场所行业治安检查重点

1. 再生资源回收业（含废旧金属回收业）

（1）经营资质合法，证、照齐全，各项安全制度上墙明示。

（2）废旧金属回收业单位收购的生产性废旧金属与登记簿上登载的内容必须相符，保存期限要符合法律法规要求，并应当如实登记经手人姓名和身份证号码。

（3）严禁违规收购市政、电力、通信工业原材料及涉密文件资料。

（4）从业人员必须经过治安安全业务培训。

2. 机动车修理业、报废机动车回收业

（1）经营资质合法，证、照齐全。

（2）机动车修理行业单位承修的车辆来源、相关证明等手续是否齐全；汽车、摩托车修理单位不得代办牌照或套牌经营；经销机动车配件的商店不得拼组装机动车。

（3）报废机动车回收拆解业回收的报废机动车辆要按要求解体；五大总成不得回流进入流通领域；不得销售报废整车或利用报废车拼组装车辆。

（4）机动车修理业在承修车辆与承修登记应相符。机动车修理业要按照规定要求如实登记送修车辆的号牌、车型、发动机号码、车架号码、厂牌型号、车身颜色、车主姓名、送修人姓名和居民身份证号码或驾驶证号码，同时要详细登记修理项目（事故车辆应详细登记修理部位）、送修时间、收车人姓名等项目。报废机动车回收业要按要求登记收、接、拆车辆情况及拆解后回用件销售情况。

（5）机动车修理及报废机动车回收是否及时、准确登记进入机动车修理信息系统。

3. 印刷业

（1）经营资质合法，证、照齐全，各项安全制度上墙明示。

（2）严格落实承印验证、登记齐全，印品保管、交付及残次品销毁制度。

（3）印刷业经营者接受委托印刷各种印刷品时，应当依照《印刷业管理条例》等法规、规章的规定，验证委印单位及委印人的证明文件，并收存相应的复印件备查。

（3）经营场所必须配备消防设施及消防器材。

（4）印刷业经营者应当妥善留存验证的各种证明文件 2 年，以备查验。印刷业经营者对承印印件的原稿（或电子文档）、校样、印版、底片、半成品、成品及印刷品的样本应当自完成出版物的印刷之日起保存 2 年备查。

4. 公章刻制业

（1）经营资质合法，证、照齐全，各项安全制度上墙明示。

（2）承接印章的业务人员，应当经过培训，熟知各类印章所需的要件证明材料。

（3）检查要注意发现承接各类印章所需要的证明材料、手续齐全。

（4）检查印章刻字行业单位应当严格按照公安机关《印章准刻证》批准的名称、规格、式样进行刻制。

（5）检查成品章、半成品章实行专人保管和发放，要做好留样拓模。刻字企业对刻制好的成品印章、半成品印章实行专人保管和发放，发放前做好留样拓模、登记工作，按月将《印章准刻证》装订成册，次月报所在地公安分、县局治安部门核对。

（6）落实嫌疑报查制度，对发现有违法犯罪分子企图伪造、私刻印章行为的，要及时向公安机关报告。

5. 典当行业

（1）经营资质合法，证、照齐全，各项安全制度上墙明示。硬件设施是否符合规范要求。

（2）检查要注意发现典当业收当、续当、赎当是否持有效证件，并如实登记。

（3）通过检查掌握绝当的基本情况，特别是机动车的死当资料。

（4）典当物品信息应当及时、准确登记进入典当业治安管理系统。

第三部分　实训方案

一、实训目的要求

本实训项目通过公共场所、特种行业治安安全检查训练，使学生加深对场所行业治安安全检查基本内容、基本职责、基本程序和基本方法等理论或知识的理解，掌握治安安全检查基本技能，初步具备开展实地检查、监督、指导、发现处理问题等实际工作能力。学习、体会如何通过治安安全检查发现安全隐患或可疑情况，特别是常见问题的检查发现；掌握根据当场情况依法作出进一步处理的要求、方法（如能够根据发现的问题提出整改意见）；能够按照有关法律规定制作相应的检查笔录。

二、实训内容

在模拟街区或者确定具有代表性的场所行业，组织现场教学。熟悉场所行业在建筑物、场地及安全设施等方面的安全要求、技术标准，如硬件设施是否符合治安管理的有关规定、有否安全隐患、证照情况、保安力量配备、经营项目等；掌握场所安全检查的要点、方法、步骤，其中的技术要领、注意事项，特别是遇有常见问题的应对处理；场所行业检查笔3的规范制作。

三、教学重点

治安安全检查发现安全隐患或可疑情况；根据当场情况依法提出整改意见，或作出进一步处理的要求、方法；制作规范的检查笔录。

四、学习难点

掌握根据当场情况依法作出进一步处理的要求、方法。

五、实训条件

模拟街区，实体娱乐场所、特种行业，相关法律文书、执法记录仪，单警装备及相关录像、照相器材、无线通讯器材等。

六、教学组织

（一）实训前准备工作

1. 任课教师就训练内容、方式、要求、操作流程、纪律作风、注意事项等进行部署、动员。

2. 学生分组。4人一组，明确组长1名。

3. 准备检查装备、器材及法律文书等。

4. 确定开展实训活动的场所行业。如在模拟街区进行，需提前与被检查对象提前沟通，征得同意。如在实体娱乐场所、特种行业开展，需分别与被检查对象及其其所属地派出所提前沟通，征得同意，必要时提交相应实训教学方案要点。

（5）在模拟街区或者确定具有代表性的场所行业，组织现场教学。主要内容包括安全检查的要点、方法、步骤，其中的技术要领、注意事项，特别是遇有常见问题的应对处理。实地感受这类场所在建筑物、场地及安全设施等方面的安全要求、技术标准，如硬件设施是否符合治安管理的有关规定、有否安全隐患、证照情况、保安力量配备、经营项目等。

（6）现场考核。包括检查过程、检查内容、遇有常见问题的应对处理。实战教官、任课老师跟随现场观察担任指导老师。

（7）填写检查笔录等法律文书。

（8）考核与讲评。

（二）教学实施

1. 有关理论知识与法律规范讲解

教学内容主要包括治安检查的概念，公共娱乐场所、旅馆业、典当业、生产性废旧金属收购业等几类重点场所行业常见治安问题，治安检查的基本内容，基本步骤、基本方法和注意事项，检查文书制作等。

由主讲教官为一个区队全体学员进行统一讲授。教学方法包括：讲授、提问、案例分析、讨论。

（1）旅馆业检查的基本内容

①硬件设施规范情况；

②身份登记验证制度落实情况；

③安全管理制度落实情况；

④从业人员从业资质情况。

（2）典当业检查的基本内容

①经营范围、从业人员、安防设施（监控、红外报警、金库）；

②验证登记：服务对象登记，交易物品登记；

③专门案件提示，可疑物品如断项链、耳环典当；

④日常信息研判：对交易物品信息梳理核查。

（3）生产性废旧金属收购业检查的基本内容

①证照资质；

②从业人员；

③收购物品；

④收购登记；

⑤安全隐患。

（4）印刷业检查的基本内容

主要检查各项安全制度落实情况：承印验证制度，承印登记制度，印刷品保管制度，印刷品交付制度，残次品销毁制度。

旗帜店、复打印店、T恤衫加工点等新兴行业，按照印刷业进行检查。

（5）歌舞场所检查的重点内容与重点环节

重点内容包括：包间包厢是否设置内锁装置；门窗是否可以展现包间整体环境；从业人员是否依法向公安机关报备；是否存在“裸台”、淫秽表演嫌疑。

重点环节包括：证照，包间包厢，从业人员，保安派驻，营业日志，监控视频。

（6）洗浴按摩场所检查的基本内容与检查的重点环节

主要是检查有无涉娼活动。检查部位重点包括走廊过道，按摩区硬件设施，从业人员，监控设施。

2. 教学视频播放与纠错

【内容及要点】

教学视频1：某派出所2名民警对辖区某KTV进行例行治安检查，检查中发现多项不符合《娱乐场所治安管理办法》规定的情况，包间检查中发现当场发现涉嫌吸食冰毒的嫌疑人，现场处置及固定证据不当，并导致1名嫌疑人逃跑。

教学视频2：某派出所2名民警对辖区某中小旅馆进行例行治安检查，前台检查中，对身份登记验证制度落实情况的检查不够细致，对于过道及客房硬件设施存在的问题没有进行详细记录并开具整改通知，客房检查中发现住宿人员与前台登记不一致，询问方法比较简单，现场处置及固定证据不当，并导致与当事人争吵，未检查从业人员从业资质情况。

播放歌舞娱乐场所、中小旅馆检查的教学视频各2次，让学生感知歌舞娱乐场所、中型宾馆的基本情况，了解民警治安检查的基本内容，发现其在检查次序、检查方法、细致程度、发现场所行业违法情形的处置、发现可疑情形的应对（证据固定、对嫌疑人的处置）等方面存在的问题，以及在举止形象、检查程序方面存在的瑕疵。

【组织和安排】

（1）全体同学准备纸笔，各人边观看边摘要写出视频中存在的问题。

（2）以小组为单位，对各人的意见进行讨论、汇总，形成本小组的集体意见。

（3）个人及小组形成的意见当场提交，作为单元成绩的一部分（占20%）。

（4）指定2个小组，每个小组选派1名同学，就其意见进行交流。

（5）小结讲评。

3. 分组练习一

【内容及要点】

确定若干案例情形（关键词），各小组组长抽取其中之一，小组集体讨论后，形成检查方案。

（1）进入某典当业、检查告知、台账检查，库房及监控设施检查。

（2）对某娱乐场所例行检查。

（3）接报某游艺场所有大量赌博游戏机。

（4）接报某KTV有吸食毒品现象。

（5）对某娱乐场所涉毒情况进行突击检查。

（6）对某娱乐场所消防隐患进行专项检查。

（7）对某娱乐场所视频监控系统进行专项检查。

（8）对某桑拿洗浴场所涉娼情况进行专项检查。

（9）对某电子游戏机场所进行暗访检查。

（10）对某歌舞场所进行暗访检查。

（11）对某洗浴按摩场所进行暗访检查。

（12）对某小旅馆进行暗访检查。

（13）对某旅馆硬件设施进行公开检查。

（14）对某旅馆实名登记落实情况进行公开检查。

（15）对某旅馆从业人员从业资质情况进行检查。

（16）对某旅馆安全防范情况进行公开检查。

（17）对某旅馆客房进行公开检查。

（18）对某公章刻制业的例行检查。

（19）对某典当业的例行检查。

（20）对某生产性废旧金属收购业的突击检查。

【组织和安排】

（1）以小组为单位，根据所抽取关键词，进行讨论、汇总，形成本小组的检查方案（要点）。

（2）各小组形成的意见当场提交，作为单元成绩的一部分（占 10%）。

（3）指定 3 个小组，每个小组选派 1 名同学，就其检查方案进行交流。

（4）小结讲评。

4. 分组练习二

【内容及要点】

从案例库中抽取 12 个案例，进行情景再现。各小组组长抽取其中之一，小组为单位开展现场检查，制作检查笔录。

（1）检查某典当业，发现其台账不完善，存在造假情形，物品保管存在安全隐患；某典当物品手续不全。

（2）对某娱乐场所突击检查。发现保安配备不符合规定，从业人员未全部实名登记报备，从业人员未全部持证上岗；包间门包间内灯光昏暗。

（3）接报检查某游艺场所。发现内有 6 台具有选定赔率、以小博大功能的赌博游戏机，其中 2 台有人正在赌博。

（4）对某娱乐场所消防隐患进行专项检查。发现其部分消防设施存在老旧现象，部分应急照明装置损坏，出入口通道堵塞。

（5）对某娱乐场所视频监控系统进行专项检查。发现营业场所出入口、营业大厅通道、收款台前安装的闭路电视监控设备有部分老旧，其中收款台前安装的闭路电视监控设备图像不完整，监控设备存储容量视频资料保存不足 30 天。

（6）对某桑拿洗浴场进行例行检查。发现虽然安装娱乐场所治安管理信息系统，配置从业人员上岗刷卡机，但是没有全面使用。

（7）对某桑拿洗浴场所涉娼情况进行暗访检查转公开检查。发现按摩区域通道设有可移动门禁系统，某包间内设置可调试亮度的照明灯，有疑似助性器具的物品。

（8）对某小旅馆进行暗访检查。侧重其能否严格执行登记验证制度，实行实名登记。一男一女均无身份证件。经过较长时间商谈，前台登记人员同意以高于标定价格50%的价格入住。

（9）对某旅馆客房进行公开检查。其中一间客房入住一男一女，但登记的只有一名男性。该两人拒绝出示身份证件，对民警检查拒绝配合，并声称要投诉。

（10）对某生产性废旧金属收购业进行突击检查。发现其中存在收购生产性金属原材料嫌疑。经过反复核查比对，未排除嫌疑。

（11）对某中小旅馆安全防范情况进行公开检查。发现其寄存、保管的物品，在登记、交接、领取等环节记录完整，未执行来访客人会客制度。没有设立保安或者专职治保力量，无楼层、停车场等重点部位进行巡查台账。

（12）对某印刷业的突击检查。发现其经营资质合法，证、照齐全，各项安全制度上墙明示。检查人员提出，调取1年前本月所承印印件的原稿（或电子文档）、校样、印版、底片、半成品、成品及印刷品的样本。对方以具体负责人员外出学习为由，表示无法提供。

【组织和安排】

（1）以小组为单位，根据再现情景开展检查训练。

（2）教官对检查过程进行全程录像。

（3）对其中出现的明显问题进行现场纠错，并安排重新进行。

（4）小结讲评。

七、实训考核

1. 过程分（10分）：现场态度认真、精神饱满，检查细致。

2. 现场检查及发现处理问题（50分）：检查部位、内容正确、全面；能够现场发现问题，或者进行客观、准确的评价。

3. 检查笔录（10分）：要求要素齐全，表述规范。

4. 加上前面视频纠错环节得分（20分）。

5. 加上前面分组练习一得分（10分）。

第六单元　治安案件办理

问题引导：

治安案件的受案如何进行；办理治安案件中询问违法嫌疑人如何实施；按照一般程序办理的治安案件如何调查取证；行政处罚决定书等相关文书如何制作。

第一部分　业务详解

一、受案规范与实务

（一）受案范围与程序

1. 受案范围

（1）对下列任何一种来源的案件都应当立即接受，不得推诿，除案件性质和事实涉及国家秘密的以外，都必须进行网上登记：

①扭送、报案、控告、举报或者违法嫌疑人自动投案的；

②110 报警服务台指令的；

③人民检察院、人民法院、行政执法机关、军队保卫部门或者其他公安机关移送的；

④公安机关及其民警在日常执法执勤中发现的；

⑤上级交办的。

（2）对明显不属于公安机关职责范围的报案事项，应当立即告知报案人向其他有关主管机关报案。对重复报案、案件正在办理或者已经办结的，应当向报案人作出解释，不再重复接报案登记。

2. 制作《询问笔录》

（1）对扭送、报案、控告、举报或者违法嫌疑人自动投案的，都应当立即接受，问明情况，并制作笔录。必要时，应当拍照、录音或者录像。

（2）《询问笔录》应当包括下列内容：

①告知控告人、举报人应当如实提供情况，不得诬告、陷害，以及诬告、陷害应负的法律责任。

②案件的详细情况。包括案件发生、发现的时间、地点、原因、经过、后果；违法嫌疑人出入现场的路线、方向；现场周围情况、是否采取了处置措施、是否被保护等。

③违法嫌疑人的详细情况。对知悉违法嫌疑人情况的，应当问明违法嫌疑人的姓名、性别、年龄、身高、口音、行走姿势、衣着打扮、携带的凶器物品、作案的方式手段和人数、职业、住址、工作单位以及与违法嫌疑人熟悉的经过、关系等；对自动投案的，应当问明投案的方式、动机、目的、过程、同案人、被害人基本情况等。

④被侵害人、证人的详细情况。对知悉被侵害人情况的，应当问明被侵害人姓名、性别、年龄、职业、住址、工作单位、联系方式，被侵害的时间、地点、经过或者被侵害单位情况等；对知悉证人情况的，应当问明证人姓名、性别、年龄、职业、住址、工作单位、联系方式等。

⑤涉案物品、工具的详细情况。对知悉涉案物品、工具的，应当问明类型、品名、厂牌、产地、型号、规格、式样、质地、颜色、数量、重量、价值、特征等。

（3）笔录制作完毕后，经扭送人、报案人、控告人、举报人、自动投案人核对无误后，由其签名、捺指印。

（4）扭送人、报案人、控告人、举报人不愿意公开自己身份的，应当为其保守秘密，保障其本人及近亲属的安全，并在笔录中注明。

（5）对电话报案的，应当记清报案人的联系方式。

（6）对匿名报案的，也应当问明情况，并及时调查核实。

3. 接受证据

（1）对扭送人、报案人、控告人、举报人、自动投案人提供的有关证据材料、物品等应当当场登记，并制作《接受证据清单》，必要时，应当拍照或者录音、录像。

（2）《接受证据清单》一式三份，写明证据材料的编号、名称、数量、特征等，由证据提交人、办案人（接受人）签名，注明接受时间，加盖办案（受案）单位公章，一份由办案（受案）单位留存附卷，一份交证据提交人，一份连同接受的证据交公安机关的保管人员妥善保管。

4. 制作《受案登记表》

接受案件的民警应当当场制作《受案登记表》，连同其他受案材料，报本单位领导审批。《受案登记表》一式二份，一份由受案单位留存，一份随案附卷。

5. 制作《受案回执》

（1）接受案件的民警应当当场制作《受案回执》一式二份，说明查询案件进展情况的方式和途径，加盖受案单位印章，一份交扭送人、报案人、控告人、举报人，一份由扭送人、报案人、控告人、举报人签名、捺指印后随案附卷。

（2）《受案回执》需要向其他单位备案的，按照有关规定执行。

6. 现场处置

（1）对需要立即赶赴现场处置的，或者110报警服务台指令赶赴现场处置的，应当尽快到达现场，依法、稳妥、果断处置。处警民警应当及时报告案件处理情况。

（2）现场处置，依照有关规定执行。

（3）现场处置完毕，应当依法将违法嫌疑人、有关人员、作为证据使用的物品和文件带回公安机关继续调查处理。对不能带回的物品，依照有关规定查封或者妥善看管。

（4）现场处置完毕后，应当在二十四小时内完成受案登记；符合受案条件的，依法及时受案。

（5）对现场处置的过程，应当依照有关规定进行视音频记录。

（二）受案审查

1. 内容

受案后，应当立即审查下列内容：

（1）是否有违法事实；

（2）是否属于本单位管辖。

2. 程序

（1）受理案件的民警应当对受案材料进行审查，在《受案登记表》中注明受案意见，报受案部门负责人审批。

（2）暂时无法确定为刑事案件或者行政案件的，可以按照行政案件办理。在办理过程中，认为涉嫌构成犯罪的，应当按照刑事案件办理。

3. 期限

受案后，应当立即进行受案审查。行政案件受案审查期限原则上不超过二十四小时，疑难复杂案件受案审查期限不超过三日。

对违法事实清楚的案件，应当即受即办，不得推诿拖延。

（三）调查处理

1. 条件

对属于本单位管辖范围内的事项，应当及时调查处理。

2. 程序

（1）受案民警提出调查处理意见，在《受案登记表》中注明，报受案部门负责人审批。

（2）受案部门负责人审批同意调查处理的，依法进行调查，收集证据，作出处理，并将有关情况告知报案人、控告人、举报人、扭送人、投案人。

（四）不予调查处理

1. 条件

对不属于公安机关职责范围内的事项，不予调查处理。

2. 程序

（1）受案民警提出不予调查处理的意见，在《受案登记表》中注明，报受案部门负责人审批。

（2）受案部门负责人审批同意不予调查处理的，受案民警应当当场制作《不予调查处理告知书》一式二份，一份交报案人、控告人、举报人、扭送人、投案人，一份留存。

（3）对其他部门移送的案件，将不予调查处理决定的书面意见送达移送案件的部门签收，并说明理由。

（五）移送案件

1. 条件

对属于公安机关职责范围，但不属于本单位管辖的，应当移送有管辖权的单位处理。

2. 程序

（1）受案民警提出移送有管辖权的单位处理的意见，在《受案登记表》中注明，报受案部门负责人审批。

（2）受案部门负责人在《受案登记表》上审批同意移送案件的，应当在受理后的二十四小时内，制作《移送案件通知书》，连同有关案件材料、财物及其孳息、文件，移送有管辖权的单位处理。《移送案件通知书》一式三份，一份交接收单位，一份交报案人、控告人、举报人、扭送人、投案人，一份附卷。

3. 采取紧急措施。依照有关规定执行。

4. 期限计算。行政案件移送管辖的，询问查证时间和扣押等措施的期限重新计算。

二、询问违法嫌疑人规范与实务

1. 传唤

（1）传唤主体。传唤的民警不得少于二人，并应当依照规定向被传唤人表明执法身份。

（2）书面传唤

①需要传唤违法嫌疑人接受调查的，经公安派出所、县级以上公安机关办案部门或者出入境边防检查机关负责人批准，使用《传唤证》传唤。

②审批书面传唤时，可以一并审批询问查证时间。

③《传唤证》一式二份，一份交被传唤人，一份由被传唤人签收后附卷。违法嫌疑人被传唤到案后和询问查证结束后，应当由其在附卷的《传唤证》上分别填写到案时间和离开时间并签名。拒绝填写或者签名的，办案民警应

当在《传唤证》上注明。

（3）口头传唤。对现场发现的违法嫌疑人，民警经出示人民警察证，可以口头传唤，并在《询问笔录》中注明违法嫌疑人到案经过、到案时间和离开时间。

（4）强制传唤

①对无正当理由不接受传唤或者逃避传唤的违反治安管理、消防安全管理、出境入境管理的嫌疑人以及法律规定可以强制传唤的其他违法嫌疑人，经公安派出所、县级以上公安机关办案部门或者出入境边防检查机关负责人批准，可以强制传唤。

②强制传唤时，可以依法使用手铐、警绳等约束性警械。

（5）执行要求

①告知本人。传唤时，办案民警应当将传唤的原因和依据告知被传唤人。

②通知家属。依照《公安机关办理行政案件程序规定》第43条第1款第5项。

③禁止游街示众。禁止对被传唤人游街示众或者变相游街示众，或者采取其他方式侮辱被传唤人的人格尊严。

2. 询问地点

（1）在公安机关的办案区进行询问

违法嫌疑人被带至公安机关后，办案民警应当立即将其带入办案区；起赃、辨认现场或者就医的以外，除经办案部门负责人批准，不得将违法嫌疑人带出办案区。

违法嫌疑人被带至办案区后，依照台账信息登记、安全检查、信息采集、讯（询）问、辨认等流程使用办案区。

信息采集。安全检查后，应当根据办案需要，按照操作规范，采集违法嫌疑人的下列个人信息，及时录入信息库进行核查、比对，并按照规定妥善保管：

①人像：拍摄正面免冠照一张，左右侧面照各一张；

②笔迹：由被采集人使用钢笔或者签字笔按要求填写笔迹信息采集卡；

③指纹：采集十指指纹（三面捺印和平面捺印）；

④血样：由采样员使用采血针提取血样涂至采样卡上，晾干封存；

⑤其他：身高、体重、外貌特征、口音等其他办案需要的信息。

（2）在公安机关办案场所以外的地点进行询问

在公安机关办案场所以外的地点进行询问的，应当选择适宜的房间或者地点，将被询问人安排在远离门窗的位置，并采取相应的安全防范措施。

3. 询问查证时间

（1）对被传唤的违法嫌疑人，公安机关应当及时询问查证，询问查证的时间不得超过八小时。

（2）对经过询问查证，发现案情复杂，违法行为依法可能适用行政拘留处罚，需要对违法嫌疑人适用超过八小时询问查证时间的，需口头或者书面报经公安机关或者其办案部门负责人批准，对口头报批的，办案民警应当记录在案，询问查证时间最长不得超过二十四小时。

（3）询问查证期间应当保证违法嫌疑人的饮食和必要的休息时间，并在《询问笔录》中注明。

（4）在询问查证的间隙期间，可以将违法嫌疑人送入候问室或者等候室，并按照候问室的管理规定执行。

（5）不得以连续传唤的形式变相拘禁违法嫌疑人。

4. 自动投案和扭送

对自动投案或者群众扭送的违法嫌疑人，公安机关应当立即进行询问查证，并在《询问笔录》中记明违法嫌疑人到案经过、到案时间和离开时间。通知家属、询问地点、询问查证时间适用本条前三款规定。

5. 准备询问

（1）通知监护人到场

①询问未成年人时，应当通知其父母或者其他监护人到场。

②其父母或者其他监护人不能到场的，也可以通知未成年人的其他成年亲属，所在学校、单位、居住地基层组织或者未成年人保护组织的代表到场，并将有关情况记录在《询问笔录》中。

③确实无法通知或者通知后未到场的，应当在《询问笔录》中注明。

（2）翻译人员到场

①询问聋哑人，应当有通晓手语的人提供帮助，并在《询问笔录》中注明被询问人的聋哑情况以及翻译人员的姓名、住址、工作单位和联系方式。

②对不通晓当地通用的语言文字的被询问人，应当为其配备翻译人员，并在《询问笔录》中注明翻译人员的姓名、住址、工作单位和联系方式。

（3）了解背景情况

询问前，应当了解被询问人的身份以及其与被侵害人、其他证人、违法嫌疑人之间的关系。

6. 进行询问

（1）询问的办案民警不得少于二人，并应当依照规定表明执法身份。

（2）问明违法嫌疑人基本情况。首次询问违法嫌疑人时，应当问明违法嫌疑人的姓名、出生日期、户籍所在地、现住址、身份证件种类及号码，是否为各级人大代表，是否受过刑事处罚或者行政拘留、收容教育、强制隔离戒毒、社区戒毒、社区康复、收容教养等情况。必要时，还应当问明其家庭主要成员、工作单位、文化程度、民族、身体状况等情况。违法嫌疑人为外国人的，首次询问时还应当问明其国籍、出入境证件种类及号码、签证种类、入境时间、入境事由等情况。必要时，还应当问明其在华关系人等情况。

（3）告知权利义务。询问时，应当告知被询问人必须如实提供证据、证言和故意作伪证或者隐匿证据应当承担的法律责任，以及申请回避、拒绝回答与本案无关的问题等权利。

（4）询问违法事实。询问时，应当首先询问其有无违法行为，让其陈述违法行为的事实、经过和无违法行为的辩解；然后，针对其违法事实与证据进行询问。

（5）听取陈述和申辩。询问时，应当听取违法嫌疑人的陈述和申辩。对违法嫌疑人的陈述和申辩，应当核查。对有关证据，无论是否采信，都应当如实记录、妥善保管，并连同核查情况附卷。

（6）个别询问。询问违法嫌疑人，应当个别进行。

（7）严禁刑讯逼供。严禁刑讯逼供和以威胁、引诱、欺骗等非法方法进行询问。以非法方法收集的言词证据不得作为处罚的根据。

（8）保密。询问违法嫌疑人时，需要运用证据证实违法嫌疑人违法行为的，应当防止泄露调查工作秘密。对涉及的国家秘密、商业秘密、个人隐私，应当保密，并在笔录中注明。

7. 制作《询问笔录》

（1）询问过程应当制作《询问笔录》。

（2）《询问笔录》应当交被询问人核对，对没有阅读能力的，应当向其宣读。记录有误或者遗漏的，应当允许被询问人更正或者补充，并要求其在修改处捺指印。被询问人确认笔录无误后，应当在《询问笔录》上逐页签名或者捺指印。拒绝签名和捺指印的，办案民警应当在《询问笔录》中注明。

（3）办案民警应当在《询问笔录》上签名，翻译人员应当在《询问笔录》的结尾处签名。

8. 录音录像

对容易产生争议的治安行政案件的违法嫌疑人询问过程录音录像。按照要求全面实行询问违法嫌疑人录音录像制度。

9. 接受书面材料。违法嫌疑人请求自行提供书面材料的，应当准许；必要时，办案人员也可以要求违法嫌疑人自行书写。违法嫌疑人应当在其提供的书面材料的末页上签名。办案人员收到书面材料后，应当在首页右上方写明收到日期，并签名。

三、按照一般程序实施治安管理处罚的规范与实务

（一）处罚前告知

1. 告知内容

（1）公安机关在作出行政处罚决定前，应当告知违法嫌疑人拟作出行政处罚决定的事实、理由及依据，处罚的种类和幅度，并告知违法嫌疑人依法享有陈述权和申辩权。

（2）听证后，拟改变行政处罚决定的事实、理由、依据或者处罚的种类、幅度的，在作出处罚决定前，应当重新告知违法嫌疑人，但可不再举行听证。

2. 告知方式

（1）适用一般程序作出行政处罚决定的，采用书面形式或者笔录形式告知。采用笔录形式的，应当在《行政处罚告知笔录》中记明告知情况，由被告知人签字确认。被告知人拒绝签字的，告知人应当注明。

（2）对违法行为事实清楚，证据确实充分，依法应当予以行政处罚，因

违法嫌疑人逃跑等原因无法履行告知义务的，公安机关可以采取公告方式予以告知。自公告之日起七日内，违法嫌疑人未提出申辩的，可以依法作出行政处罚决定。

3. 听取申辩。违法嫌疑人有权陈述和申辩。对违法嫌疑人提出的事实、理由和证据，公安机关应当进行复核。

公安机关不得因违法嫌疑人申辩而加重处罚。

4. 法律后果。在作出行政处罚决定之前，不依法向当事人告知给予行政处罚的事实、理由和依据，或者拒绝听取当事人的陈述、申辩，行政处罚决定不能成立；当事人放弃陈述或者申辩权利的除外。

（二）决定行政处罚

1. 审核、审批内容。对行政案件进行审核、审批时，应当审查下列内容：

（1）违法嫌疑人的基本情况；

（2）案件事实是否清楚，证据是否确实充分；

（3）案件定性是否准确；

（4）适用法律、法规和规章是否正确；

（5）办案程序是否合法；

（6）拟作出的处理决定是否适当。

2. 审核、审批程序。

（1）呈批。对调查终结、已履行告知程序的行政案件，办案人员应当写明违法嫌疑人情况、违法事实与证据、法律依据以及承办人处罚意见等，并签署姓名、日期后呈报办案部门负责人审核。

（2）办案部门负责人审核。办案部门负责人应当签署处理意见，认为依法可以以本办案部门名义作出行政处罚决定的，决定行政处罚；依法应当由县级以上公安机关作出行政处罚决定的，报本级公安机关审核部门审核。

（3）审核部门审核。审核部门审核后，报县级以上公安机关负责人审批决定。

（4）公安机关负责人决定。对于情节复杂或者重大违法行为给予较重的行政处罚，公安机关的负责人应当集体讨论决定。

（5）对县级以上的各级人民代表大会代表予以行政拘留的，作出处罚决定前应当经该级人民代表大会主席团或者人民代表大会常务委员会许可。对乡、民族乡、镇的人民代表大会代表予以行政拘留的，作出决定的公安机关应当立即报告乡、民族乡、镇的人民代表大会。

（三）制作《公安行政处罚决定书》

1. 决定行政处罚的，制作《公安行政处罚决定书》，载明被处罚人的基本情况、违法事实和证据以及从重、从轻情节、法律依据、处罚种类及幅度、履行方式及期限、对涉案财物的处理结果及对被处罚人的其他处理情况、法律救济途径与期限、作出处罚决定的公安机关名称与决定日期。没收、收缴、追缴财物的，附《没收违法所得、非法财物清单》或者《收缴/追缴物品清单》。决定书由作出处罚决定的公安机关加盖印章。

2. 《公安行政处罚决定书》一式三份，被处罚人和执行单位各一份，一份附卷。

3. 作出社区戒毒、强制隔离戒毒、收容教育、收容教养等处理的，依照有关规定制作相应的法律文书。

（四）送达决定文书

1. 当场送达。公安机关作出行政处罚决定和其他行政处理决定，应当在宣告后将决定书当场交付被处理人，并由被处理人在附卷的决定书上签名或者盖章，即为送达；被处理人拒绝签名和盖章的，由办案人员在附卷的决定书上注明。

《当场处罚决定书》的送达，依照规定执行。

2. 非当场送达。不能当场送达的，公安机关应当在作出决定的 7 日内将决定书送达被处理人，治安管理处罚决定应当在 2 日内送达。

3. 直接送达。送达法律文书应当首先采取直接送达方式，交给受送达人本人；受送达人不在的，可以交付其成年家属、所在单位的负责人或者其居住地居（村）民委员会代收。受送达人本人或者代收人拒绝接收或者拒绝签名和盖章的，送达人可以邀请其邻居或者其他见证人到场，说明情况，把文书留在受送达人处，在送达回执上注明拒绝的事由、送达日期，由送人、见证人签名或者捺指印，即视为送达。

4. 委托或者邮寄送达。无法直接送达的，委托其他公安机关代为送达，或者邮寄送达。

5. 公告送达。经采取上述送达方式仍无法送达的，可以公告送达。公告的范围和方式应当便于公民知晓，公告期限不得少于60日。

6. 送达被侵害人。治安案件有被侵害人的，公安机关应当在作出处罚决定之日起二日内将决定书复印件送达被侵害人。无法送达的，应当注明。

（五）通知家属和有关单位

1. 作出行政拘留处罚决定的，应当及时将处罚情况和执行场所或者依法不执行的情况通知被处罚人家属，并在附卷的决定书中注明。书面通知的，应当留存一份附卷。

2. 作出社区戒毒决定的，应当通知被决定人户籍所在地或者现居住地的城市街道办事处、乡镇人民政府；作出强制隔离戒毒、收容教育、收容教养决定的，应当在法定期限内通知被决定人的家属、所在单位、户籍所在地公安派出所。

3. 被处理人拒不提供家属联系方式或者不讲真实姓名、住址，身份不明的，可以不予通知，但应当在附卷的决定书中注明。

4. 对机关事业单位工作人员，应当在作出行政拘留、收容教育决定后五日以内，告知其所在单位。

第二部分　参考范例

范例6.1：公安机关办理行政案件流程示意图

公安机关办理行政案件流程图

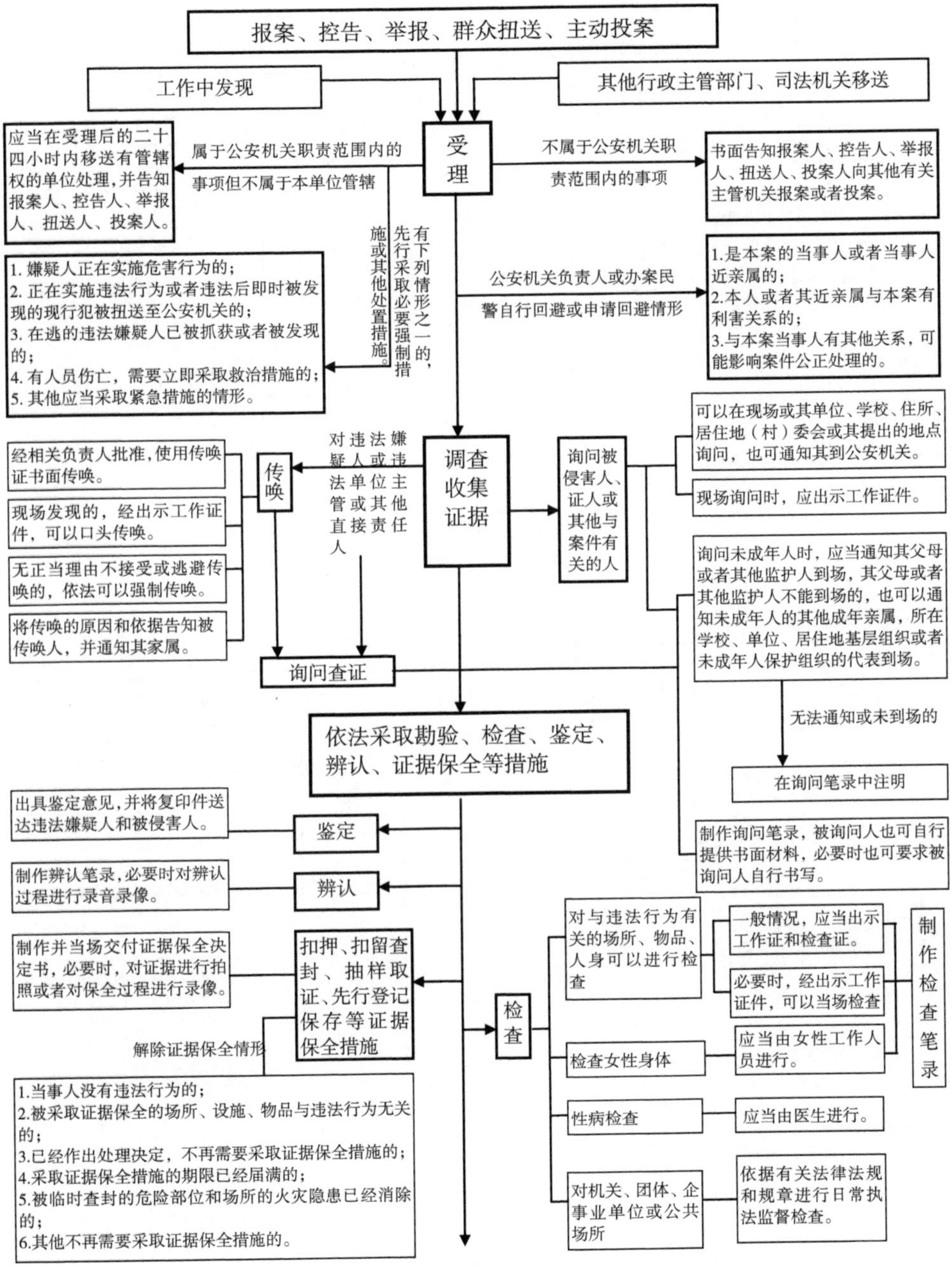

（接上页）

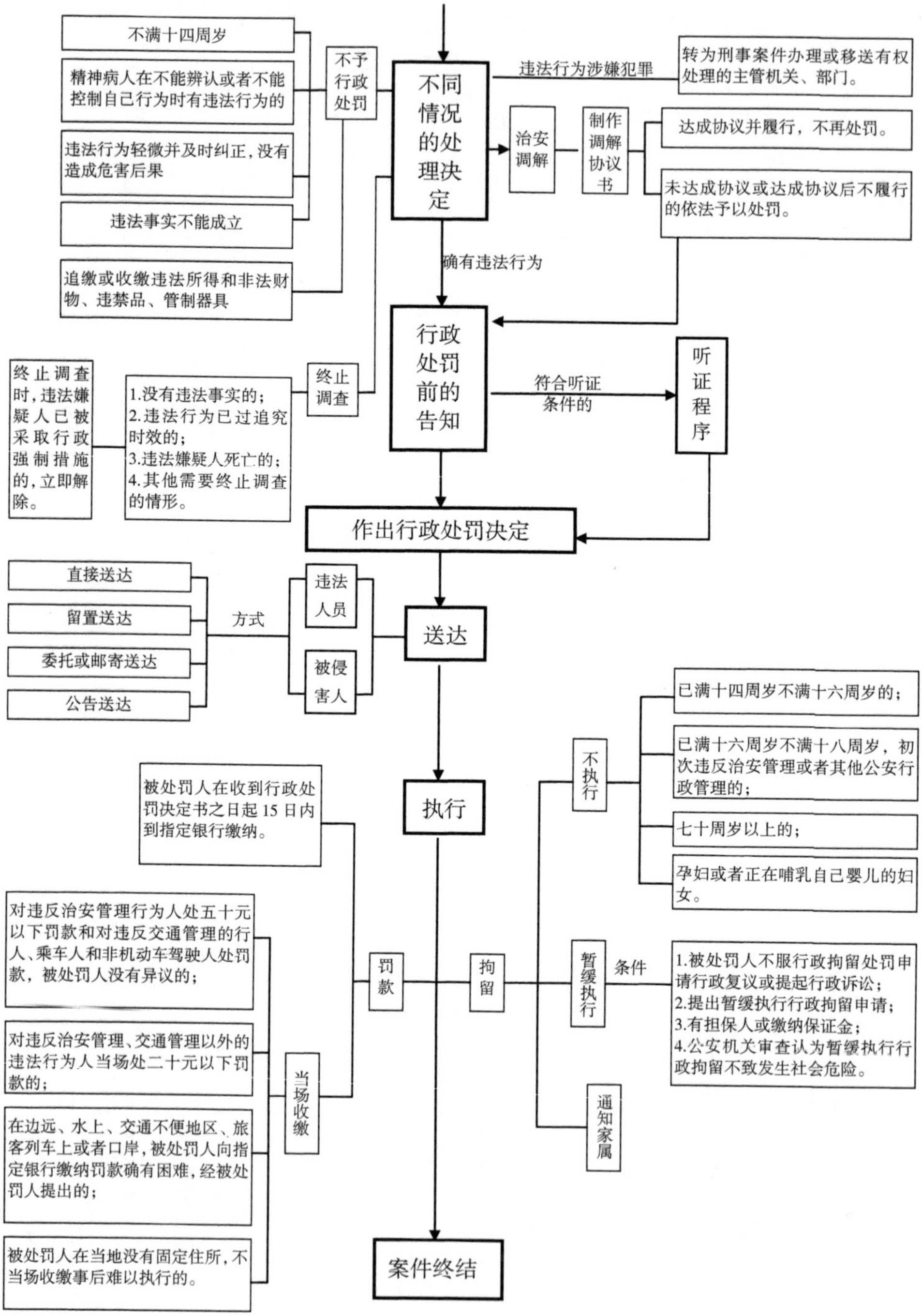

不满十四周岁
精神病人在不能辨认或者不能控制自己行为时有违法行为的
违法行为轻微并及时纠正，没有造成危害后果
违法事实不能成立
追缴或收缴违法所得和非法财物、违禁品、管制器具
不予行政处罚
不同情况的处理决定
违法行为涉嫌犯罪
转为刑事案件办理或移送有权处理的主管机关、部门。
治安调解
制作调解协议书
达成协议并履行，不再处罚。
未达成协议或达成协议后不履行的依法予以处罚。
确有违法行为
行政处罚前的告知
符合听证条件的
听证程序
终止调查时，违法嫌疑人已被采取行政强制措施的，立即解除。
1.没有违法事实的；
2.违法行为已过追究时效的；
3.违法嫌疑人死亡的；
4.其他需要终止调查的情形。
终止调查
作出行政处罚决定
直接送达
留置送达
委托或邮寄送达
公告送达
方式
违法人员
被侵害人
送达
已满十四周岁不满十六周岁的；
已满十六周岁不满十八周岁，初次违反治安管理或者其他公安行政管理的；
七十周岁以上的；
孕妇或者正在哺乳自己婴儿的妇女。
不执行
被处罚人在收到行政处罚决定书之日起15日内到指定银行缴纳。
执行
对违反治安管理行为人处五十元以下罚款和对违反交通管理的行人、乘车人和非机动车驾驶人处罚款，被处罚人没有异议的；
罚款
拘留
暂缓执行
条件
1.被处罚人不服行政拘留处罚申请行政复议或提起行政诉讼；
2.提出暂缓执行行政拘留申请；
3.有担保人或缴纳保证金；
4.公安机关审查认为暂缓执行行政拘留不致发生社会危险。
对违反治安管理、交通管理以外的违法行为人当场处二十元以下罚款的；
当场收缴
在边远、水上、交通不便地区、旅客列车上或者口岸，被处罚人向指定银行缴纳罚款确有困难，经被处罚人提出的；
通知家属
被处罚人在当地没有固定住所，不当场收缴事后难以执行的。
案件终结

范例 6.2：实训法律文书示范

（一）受案登记表示范

受案登记表

（受案单位名称和印章）×公（顶）受案字〔2017〕第××号

<table>
<tr><td colspan="2">案　　由</td><td colspan="5">卖淫、嫖娼</td></tr>
<tr><td colspan="2">案件来源</td><td colspan="5">举报</td></tr>
<tr><td colspan="2">报案时间</td><td colspan="5">2017 年 4 月 17 日 15 时 10 分</td></tr>
<tr><td colspan="2">报案方式</td><td colspan="5">电话</td></tr>
<tr><td rowspan="3">报案人</td><td>姓　名</td><td>匿名</td><td>性别</td><td>男</td><td>出生日期</td><td></td></tr>
<tr><td>现住址</td><td colspan="5"></td></tr>
<tr><td>工作单位</td><td colspan="2"></td><td>联系方式</td><td colspan="2"></td></tr>
<tr><td colspan="2">接报人</td><td colspan="5">张××</td></tr>
<tr><td colspan="7">简要案情：
2017 年 4 月 17 日 15 时 10 分，有群众匿名给我所打电话举报称：××市××区××路××理发店有人卖淫。</td></tr>
<tr><td colspan="2">受案意见</td><td colspan="5">经调查，温××涉嫌卖淫、姚××涉嫌嫖娼，建议进行调查。
承办人：王××　李×　　2017 年 4 月 17 日</td></tr>
<tr><td colspan="2">受案审批</td><td colspan="5">同意进行调查。
办案部门负责人：陈××　　2017 年 4 月 17 日</td></tr>
</table>

一式两份，一份附卷，一份存根。

（二）询问笔录示范

询问笔录

第1次询问　　　　　　第 1 页共 2 页

询问时间2016 年 6 月10 日3 时0 分 至2016 年6 月10 日4 时0 分

询问地点 ××县公安局××派出所办案区第一询问室

询问人（签名）肖×× 刘×× 工作单位××县公安局××派出所

记录人（签名） 刘×× 工作单位××县公安局××派出所

被询问人 徐× 性别 男 出生日期1980 年 11 月 6 日

户籍所在地××省××县××镇××村××组 现住址 ××省××县××镇××村××组

被询问人身份证件种类及号码 居民身份证 ××××××××××××××××××

联系方式 ××××-××××××××

问：我们是××县公安局××派出所民警肖××、刘××（出示人民警察证）。因你涉嫌盗窃，现依法向你询问，希望你能如实回答我们提出的问题。现将《行政案件权利义务告知书》向你宣读一下，你听清楚了吗？有什么不明白的吗？

答：听明白了。

问：如果没有问题，请在《行政案件权利义务告知书》上签名、捺指印。

答：好的。

问：你有什么要求？是否申请回避

答：没有。不要求回避。

问：你是否为人大代表或政协委员？

答：都不是。

问：你的个人简历？

答：1987 年 9 月至 1992 年 7 月，在××县××镇××村小学读书；

1992 年 9 月至 1995 年 7 月，在××县××镇中学读书；

1995 年 7 月至今，在家务农。

问：你的家庭情况？

答：父亲 徐×× 48 岁 在家务农

母亲 陈×× 46 岁 在家务农

问：你以前被刑事处罚或行政处理过吗？

答：2016 年 2 月 7 日因殴打他人被××县公安局行政拘留 5 日。没有被判过刑。

问：最近你有没有做过什么违法的事情？

答：昨天晚上，我偷了一辆自行车。

问：你把事情的详细经过说一下。

答：6 月 9 日晚上 10 点多，我在镇卫生院门口看见一辆自行车停放在那里，四周没有人，我就用随身携带的钢丝钳把自行车锁剪断了，正准备骑自行车走时，有一个人上前来抓我，我挣开他骑自行车跑了。当我骑到××街时，发现没有人追上来，且又见李××开的××典当行还开着门，我就推着自行车进到店里头，问李××能不能将自行车当点钱。李××看了一下我偷的自行车，没问别的，只说可以当50元钱。我问他能不能加点，他说不能，于是我也就同意了，将车子给了李××，拿了50元钱我就回家了。

问：你为什么要随身携带钢丝钳？

答：最近手头紧，我打算出来偷辆自行车卖钱，钢丝钳是用来剪自行车锁的。

问：你用的那把钢丝钳是什么样的？现在在哪里？

答：是××牌的，比较新，刚买两个月。手柄部分是深红色的。就是你们刚才在我床底下搜着的那把。

问：你买钢丝钳是做什么用的？以前用它做过案吗？

答：两个月前我父亲打算修房子时买的，后来没修，放在家里没用，我就给拿来了。在这次之前，我从没用过它，更没用它做过案。以前用没用过，你们肯定能看出来。

问：你偷自行车时，有人看见吗？

答：当时周围好像没有人，但当我正准备骑在偷来的自行车走时，我的衣服被人从拉住，那人好像认识我，还说："徐×，你干什么?!"我吓得一回头，觉得面熟，没敢多想，赶紧跨上自行车猛踩，他可能也没抓牢，就被我甩了。

问：你认识那个抓你的人吗？

答：当时比较紧张，只觉得面熟，回家后才想起来，那人是镇财政所的兆×。

问：你偷的是一辆什么样的自行车？

答：是一辆红色八成新的××牌二六型自行车。

问：你为什么偷自行车？

答：最近手头比较紧，想偷辆自行车卖了，搞点钱花。没想到刚一出手就被发现了。

问：你还做过什么别的违法的事吗？

答：没有，除了在今年2月份的时候与邻居发生争执并将其打成轻微伤，并因此事被你们关了5天之外，我再也没有做过违法的事。

问：你还有什么要补充的吗？

答：没有，我知道错了，愿意接受法律对我的处罚。

问：你以上说的属实吗？

答：属实。

以上笔录我看过，与我说的相符。　　　　徐×（捺指印）

2016年6月10日

（三）《行政处罚决定书》示范

××市公安局××分局
行政处罚决定书

×公（治）行罚决字〔2016〕×号

违法行为人（姓名、性别、年龄、出生日期、身份证件种类及号码、户籍所在地、现住址、工作单位、违法经历以及被处罚单位的名称、地址和法定代表人）张×，男，17岁，1999年1月1日出生，居民身份证号码为××××××19990101××××，户籍所在地为××省××县××街××号，现住××市××区××街××号，无业，无违法犯罪经历。

现查明2016年××月××日晚××时××分许，张×在南京市浦口区第一中学门口以撬锁的方式盗得一辆××牌二六式自行车，被学校保安李×（男，身份证号码为××××××××××××××××××）发现后骑该自行车逃离，因过于匆忙，在距现场100米远的地方摔倒，随后被保安李×抓获并扭送××派出所。被盗自行车系××市第一中学学生王×（男，身份证号码为××××××××××××××××××）所有，一周前刚以180元价格购得。张×认错态度良好，积极表示悔改。经查证，张×系初次违反治安管理，以上事实有张×随身携带的自制撬锁工具、被盗自行车（车锁被撬）、保安李×的证言、对张×的询问笔录、对王×的询问笔录和王×的购车发票等证据证实。

根据《中华人民共和国治安管理处罚法》第四十九条和第十一条第一款之规定，现决定给予张×行政拘留七日的行政处罚，收缴其自制的撬锁工具一件。

执行方式和期限由于被处罚人已满十六周岁不满十八周岁，初次违反治安管理，根据《中华人民共和国治安管理处罚法》第二十一条第二项的规定，对其不送拘留所执行。

逾期不交纳罚款的，每日按罚款数额的百分之三加处罚款，加处罚款的数额不超过罚款本数。

如不服本决定，可以在收到本决定书之日起六十日内向××市公安局或者××市人民政府申请行政复议或者在六个月内依法向××市××区人民法院提起行政诉讼。

附：收缴物品清单共一份

××市公安局××分局（印）
二〇一六年××月××日

行政处罚决定书已向我宣告并送达。

被处罚人张×
2016年××月××日

第三部分　实训方案

一、实训目的要求

通过实训，培养学生规范执法意识，训练学生办理治安案件需要的实际工作能力。明确治安案件办理的基本要求，理解违反治安管理行为的识别与定性的基本方法，掌握治安案件管辖的基本规定与受案方法，掌握治安案件当场处罚的条件与实施方法，掌握运用一般程序办理治安案件的常用调查措施、具体规范与操作方法，能规范、完整地制作相应法律文书，掌握办理治安案件的网上操作流程。

二、实训内容

（一）治安案件的判定

运用模拟案情，训练学生对警情性质作出正确判定，学会区分是案件还是其他警情，对于案件判定属于治安案件、其他公安行政案件还是刑事案件，掌握判定的依据与方式方法。初步掌握常见警务警情性质的判定能力。

（二）模拟调查与询问违法嫌疑人

运用模拟案情，训练学生行政案件调查的措施与方法，掌握违法嫌疑人询问的法律与实务规范、策略和方法，能规范完整的制作询问嫌疑人笔录，具备初步的开展治安询问的实际工作能力。

（三）公安行政处罚决定书等相关文书的制作

运用模拟案情，要求学生按照办理治安案件的一般程序，训练学生依法、规范实施规范告知、审核决定、正确定性、量罚适当、及时送达及规范制作相应文书能力。

三、教学重点

掌握治安案件判定的基本依据与方式方法；行政案件调查的措施与方法，特别是对违法嫌疑人询问的法律与实务规范、策略和方法；治安案件的定性、量罚及治安管理处罚决定的一般程序；治安管理处罚决定书等相关文书的制作。

四、学习难点

行政案件调查的措施与方法，违法嫌疑人询问的策略和方法。

五、实训条件

公安信息网教室；模拟调查取证实训场地；情景案例；法律文书，打印机、纸张、笔墨、印泥、有关物证、书证等。

六、实训案例

1. 案例一：2015 年 12 月 10 日，某公安分局根据群众举报，查处一起赌博案件。经查，参赌人员基本情况如下：甲男（出生于 1981 年 12 月 12 日）、乙男（出生于 1998 年 7 月 25 日），甲和乙系某中学在校学生；丙男（出生于 1997 年 3 月 15 日）；丁女是某职业中专的学生（出生于 1997 年 5 月 10 日）。根据供述，另有戊男（出生于 1985 年 7 月 9 日）在案发前向甲乙二人传授赌博技术，教唆二人设计赌局，试图从中渔利。同时还查明，丙男在 2015 年 6 月 11 日，曾因在公共场所故意裸露身体被公安机关警告处理过；丁女未婚，但是已经怀孕六个月。

根据《治安管理处罚法》的相关规定，讨论案件调查措施的运用，制作询问违反治安管理行为人的笔录与公安行政处罚决定书。

2. 案例二：刘某与女友王某相识并同居过两个月，因性格不合，于 2015 年 7 月 31 日通过法律事务所解除同居关系，王一次性付给刘现金九千元的（包括所有债务），并签订了《协议书》，后刘多次对王的正常生活进行干扰，王又向法院提起诉讼，请求排除妨碍，2015 年 12 月 16 日，法院主持调解刘不得再干涉王某的生活、工作。2016年1月16日下午，刘在××路看到王，又向王索要以前的钱并对王殴打，辖区派出所对王某罚款二百元。

根据《治安管理处罚法》的相关规定，分析派出所处罚是否合法得当，并提出具体处理意见。

3. 案例三：2016年5月7日下午，长春市某公司职工赵某、孙某等几人一起喝酒后，赵某、孙某二人觉得不够尽兴，于是又打车来到甲市一酒店继续畅饮。在酒桌上，二人商议在酒店找个"小姐"消遣一下，在酒店负责人的介绍下，为他俩找了一个25岁的"小姐"。饭后，赵某、孙某同该"小姐"一起打车赶往乙市，后孙某下车。晚10时许，赵某独自一人将"小姐"带到乙市某酒店开了房间。5月8日凌晨，赵某准备付钱给"小姐"时，却发现自己身上的2200元钱不见了，于是赵某便问该"小姐"怎么回事，该"小姐"默认拿了赵某的钱，但并不打算归还。赵某一气之下，拨通了丙区公安分局站前派出所的报警电话。

根据相关规定，进行派出所民警受理该起案件工作程序方法及相关文书的模拟实训。

赵某承担什么法律后果？"小姐"承担什么法律后果？应当给予治安管理处罚的，制作相关处罚文书。

4. 案例四：李某（女，15岁）、王某（女，17岁）、张某（女，23岁）在某旅馆内分别以人民币100元的价格，与赵某、钱某、孙某三名男子进行卖淫嫖娼活动，被民警当场抓获。经询问，该六人对从事卖淫嫖娼活动的事实供认不讳。某公安分局根据上述事实，认定李某、王某、张某卖淫，依照《治安管理处罚法》第66条第1款、《全国人民代表大会关于严禁卖淫嫖娼的决定》第4条第2款、《卖淫嫖娼人员收容教育办法》第9条，对该三人分别作出行政拘留十五日处罚，决定收容教育一年。其中，因李某未满16周岁、王某未满18周岁且属初次违反治安管理，不执行行政拘留处罚。同时，认定赵某、钱某、孙某三人嫖娼，依照《治安管理处罚法》第66条第1款、《全国人民代表大会关于严禁卖淫嫖娼的决定》第4条第2款、《卖淫嫖娼人员收容教育办法》第9条，对该三人分别作出行政拘留十五日处罚，决定收容教育六个月。

根据相关规定，分析执法机关办理案件中存在的问题。

5. 案例五：某日，乘客张某在飞机上未按规定关闭手机，坐在其邻座的乘客刘某多次劝其为了飞行安全关闭手机。张某认为刘某多管闲事，非但不关闭手机，还继续使用。其间由于飞机遇到气流在空中颠簸，刘某认为是张某使用手机所致，遂向飞机上的警察报告。警察立即责令刘某关闭手机，张某认为刘某使她在其他乘客面前丢面子，不仅自己低声用极其下流的语言辱骂刘某，还在刘某忍无可忍欲离开座位时，授意坐在过道附近的其表弟金某（十五岁），在刘某路过其身边时故意将刘某绊倒，造成刘某左手腕挫伤，左腿、膝盖及左面部多处擦破伤（经鉴定为轻微伤），衣服被撕破。刘某报警，张某暗中将手中一个字条递给民警，称其姐夫是飞机落地机场派出所的副所长黄某，请民警给予关照。飞机降落机场后，警察将张某、金某、刘某及张某所给的字条移交给机场公安派出所处理。

根据相关规定，张某、金某实施了哪些违反治安管理行为？公安机关应作出怎样的处罚决定？请制作相应的处罚决定文书。

七、实训组织

（一）实训前准备工作

1. 考核教师进行适当分工，进行相关准备。

2. 学生分组。由区队长、学习区队长确定每组的组长。组长对本小组活动负全责，各组员向组长负责；组长向学习区队长负责；学习区队长向测评老师负责。

（二）实训组织步骤

1. 老师宣布本项目实训目的、要求，实训的内容、方法与步骤，学生需要完成的作业（成果）形式以及纪律要求等。

2. 结合给定案情，根据实训目的要求，围绕实训内容，综合运用、模拟询问、法律文书制作、办案流程网上操作等方法进行实训。

3. 各小组讨论给定案情，书面补充、细化、完善按照一般程序给予治安处罚的案情，分析案件性质，研究调查措施，明确办案程序，研究法律适用、处罚、处理内容等，形成案情分析与具体案情设定的记录。制作相应的法律文书，交电子稿致老师校园网的邮箱，并提交书面打印稿，凡需签名的地方，应当在打印后签署完整，机关印章以文字或者草图代替，在材料封面上写明小组成员名单。

八、实训考核

治安案件办理评分标准

序号	项目	评分标准	分值
1	课堂发言、笔记、练习等情况	发言踊跃，发言内容正确率高；课堂笔记能较全面反映实训教学过程，对自己的新知记载明确、清晰；积极参与练习，内容正确，或者对错误之处在讲解点评后能及时纠正	30
2	模拟调查与询问违法嫌疑人	案例要素充实齐全、完整，调查措施全面，调查程序规范、方法得当，依法履行告知程序，审核内容全面正确，定性准确处罚合法公正，处理全面正确。	30
3	行政处罚决定书等的制作	依法、规范实施告知、定性正确、量罚适当、及时送达及规范制作公安行政处罚等相应文书	40

附常用训练文书：

受案登记表

（受案单位名称和印章）　　　　　　　　　　×公（　）受案字〔　〕　号

<table>
<tr><td colspan="2">案件来源</td><td colspan="7">□110 指令　□工作中发现　□报案　□投案　□移送　□扭送　□其他</td></tr>
<tr><td rowspan="4">报案人</td><td>姓　名</td><td colspan="2"></td><td>性 别</td><td></td><td>出生日期</td><td colspan="2"></td></tr>
<tr><td>身份证件种类</td><td colspan="2"></td><td colspan="2">证件号码</td><td colspan="3"></td></tr>
<tr><td>工作单位</td><td colspan="3"></td><td colspan="2">联系方式</td><td colspan="2"></td></tr>
<tr><td>现 住 址</td><td colspan="7"></td></tr>
<tr><td colspan="2">移送单位</td><td></td><td>移送人</td><td colspan="2"></td><td>联系方式</td><td colspan="2"></td></tr>
<tr><td colspan="2">接报民警</td><td></td><td>接报时间</td><td colspan="3">年　月　日　时　分</td><td>接报地点</td><td></td></tr>
<tr><td colspan="9">简要案情或者报案记录（发案时间、地点、简要过程、涉案人基本情况、受害情况等）以及是否接受证据：</td></tr>
<tr><td colspan="2">受案意见</td><td colspan="7">□属本单位管辖的行政案件，建议及时调查处理
□属本单位管辖的刑事案件，建议及时立案侦查
□不属于本单位管辖，建议移送＿＿＿＿＿＿处理
□不属于公安机关职责范围，不予调查处理并当场书面告知当事人
□其他＿＿＿＿＿＿＿＿
受案民警　　　　　　　　　　年　　月　　日</td></tr>
<tr><td colspan="2">受案审批</td><td colspan="7">受案部门负责人　　　　　　　年　　月　　日</td></tr>
</table>

一式两份，一份留存，一份附卷。

第__次

询问笔录

时间__年__月__日__时__分至__年__月__日__时__分

地点____________________________

询问/讯问人（签名）____、____　工作单位________

记录人（签名）______　工作单位____________

被询问/讯问人______　性别__　年龄__　出生日期______

身份证件种类及号码________ □是□否人大代表

现住址________________　联系方式________

户籍所在地________________________

（口头传唤/被扭送/自动投案的被询问/讯问人__月__日__时__分到达，__月__日__时__分离开，本人签名______）。

问：

答：

第__页　共__页

（此处印制公安机关名称）

______**笔录**

（本文书可用于制作勘验笔录、检查笔录、辨认笔录和现场笔录）

时间__年__月__日__时__ 分至__年__月__日__时__ 分

地点____

办案民警或者勘验、检查人姓名及工作单位____________________

检查或者辨认对象________________________________

当事人/辨认人基本情况（姓名、性别、身份证件种类及号码）__________

____

见证人基本情况（姓名、性别、身份证件种类及号码）______________

____

事由和目的______________________________________

过程和结果______________________________________

____

____

____

____

____

____

____

____

____

____

____

____

____

办案民警或者勘验、检查人　　　　年　月　日

当事人、辨认人或者见证人　　　　年　月　日

（此处印制公安机关名称）

证据保全决定书

×公（　）证保决字〔　〕　号

当事人姓名及其身份证件种类、号码，或者单位名称及其法定代表人姓名________
____
现住址及联系方式________________________________
因调查________________________________一案，

□根据《________________》第__条第__款第__项之规定，

○决定对证据保全清单中的物品进行扣押、扣留/延长扣押、扣留____日（自__年__月__日至__年__月__日）。

○决定对证据保全清单中的场所、设施、财物予以查封/延长查封____日（自__年__月__日至__年__月__日）。

□根据《中华人民共和国行政处罚法》第三十七条第二款之规定，

○决定对证据保全清单中的物品予以先行登记保存____日（自____年____月____日至____年____月____日），保存地点为____________，在此期间，当事人或者有关人员不得销毁或者转移证据。

○决定对下列物品进行抽样取证。

□根据《中华人民共和国治安管理处罚法》第八十九条第一款之规定，决定对证据保全清单中的物品予以登记。

如不服本决定，可以在收到本决定书之日起六十日内向________________________
____________申请行政复议或者在六个月内依法向____________________
人民法院提起行政诉讼。

附：证据保全清单

公安机关（印）
年　　月　　日
当事人
年　　月　　日

一式两份，一份交当事人，一份附卷。

证据保全清单

编号	名称	数量	物品特征或者场所地址	备注

当事人或者见证人 年　月　日	保管人 年　月　日	办案民警 办案单位（印） 年　月　日

一式三份，一份交当事人，一份交保管人，一份附卷。

（此处印制公安机关名称）

行政处罚告知笔录

执行告知单位＿＿＿＿＿＿＿＿　告知人＿＿＿＿＿＿＿＿＿＿＿＿＿＿＿＿＿＿
被告知人＿＿＿＿＿＿＿＿　单位法定代表人＿＿＿＿＿＿＿＿＿＿＿＿＿＿＿＿
告知内容：

□ 处罚前告知

根据《中华人民共和国行政处罚法》第三十一条之规定，现将拟作出行政处罚决定的事实、理由、依据告知如下：＿＿＿＿＿＿＿＿＿＿＿＿＿＿＿＿＿＿＿＿＿＿＿＿
＿＿＿＿＿＿＿＿＿＿＿＿＿＿＿＿＿＿＿＿＿＿＿＿＿＿＿＿＿＿＿＿＿＿＿＿

问：对上述告知事项，你（单位）是否提出陈述和申辩？（对被告知人的陈述和申辩可附页记录，被告知人提供书面陈述、申辩材料的，应当附上，并在本告知笔录中注明）

答：＿＿＿＿＿＿＿＿＿＿＿＿＿＿＿＿＿＿＿＿＿＿＿＿＿＿＿＿＿＿＿＿＿＿
＿＿＿＿＿＿＿＿＿＿＿＿＿＿＿＿＿＿＿＿＿＿＿＿＿＿＿＿＿＿＿＿＿＿＿＿
＿＿＿＿＿＿＿＿＿＿＿＿＿＿＿＿＿＿＿＿＿＿＿＿＿＿＿＿＿＿＿＿＿＿＿＿

对你提出的陈述和申辩，公安机关将进行复核。

被告知人
年　月　日　时　分

□ 听证告知

公安机关拟对你（单位）作＿＿＿＿＿＿＿＿＿＿＿＿的行政处罚，根据《中华人民共和国行政处罚法》第四十二条之规定，你（单位）有权要求听证。如果要求听证，你（单位）应在被告知后三日内向＿＿＿＿＿
＿＿＿＿＿＿＿＿提出，逾期视为放弃听证。

问：对上述告知事项，你是否要求听证？

答：＿＿＿＿＿＿＿＿＿＿＿＿＿＿＿＿＿＿＿＿＿＿＿＿＿＿＿＿＿＿＿＿＿＿
＿＿＿＿＿＿＿＿＿＿＿＿＿＿＿＿＿＿＿＿＿＿＿＿＿＿＿＿＿＿＿＿＿＿＿＿

对要求听证的，公安机关将在二日内决定是否受理。符合听证条件的，公安机关将在十日内举行听证。对放弃听证的，公安机关将依法作出处理决定。

被告知人
年　月　日　时　分

（此处印制公安机关名称）

治安调解协议书

×公（ ）调解字〔 〕 号

主持人姓名________ 工作单位________________________________

调解地点____

当事人基本情况（姓名、性别、年龄、出生日期、身份证件种类及号码、工作单位、现住址）：____

____

其他在场人员基本情况（姓名、性别、年龄、出生日期、身份证件种类及号码、工作单位、现住址）____

____

主要事实（包括案发时间、地点、人员、起因、经过、情节、结果等）：__________

____

____

经调解，双方自愿达成如下协议（包括协议内容、履行期限和方式等）：__________

____

____

____

____。

本协议自双方签字之时起生效。对已履行协议的，公安机关对违反治安管理行为人不再处罚。不履行协议的，公安机关依法对违反治安管理行为人予以处罚；当事人可以就民事争议依法向人民法院提起民事诉讼。

本协议书一式三份，双方当事人各执一份，调解机关留存一份。

主持人　　　　　　　　　　　　　　年　月　日

见证人　　　　　　　　　　　　　　年　月　日

当事人　　　　　　　　　　　　　　年　月　日

调解机关（印）

年　　月　　日

（此处印制公安机关名称）

当场处罚决定书

编号：

违法行为人姓名或者单位名称＿＿＿＿＿＿＿＿＿＿＿＿＿＿＿＿＿＿＿＿

性别＿＿＿＿　年龄＿＿＿　出生日期＿＿＿＿　身份证件种类及号码＿＿＿＿＿

法定代表人＿＿＿＿＿＿＿＿＿＿＿＿＿＿＿＿＿＿＿＿＿＿＿＿＿＿＿

现住址或者单位地址＿＿＿＿＿＿＿＿＿＿＿＿＿＿＿＿＿＿＿＿＿＿＿

现查明＿＿＿＿＿＿＿＿＿＿＿＿＿＿＿＿＿＿＿＿＿＿＿＿＿＿＿＿＿

＿＿＿＿＿＿＿＿＿＿＿＿，以上事实有＿＿＿＿＿＿＿＿＿＿＿＿＿＿＿

＿＿＿＿＿＿＿＿＿＿＿＿＿＿＿＿＿＿＿＿＿＿＿＿＿＿＿＿＿＿＿＿

等证据证实。

根据《＿＿＿＿＿＿＿＿》第＿＿＿＿条第＿＿＿＿款第项之规定，决定给予＿＿

＿＿＿＿＿＿＿＿＿＿的处罚。

执行方式：□当场训诫 □当场收缴罚款 □被处罚人持本决定书在十五日内到＿＿

＿＿＿＿＿＿银行缴纳罚款。逾期不缴纳的，每日按罚款数额的百分之三加处罚款，加处罚款的数额不超过罚款本数。

如不服本决定，可以在收到本决定书之日起六十日内向＿＿＿＿＿＿＿＿＿＿＿＿＿

＿＿＿＿＿＿＿＿申请行政复议或者在六个月内依法向＿＿＿＿＿＿＿＿＿＿＿＿

＿＿＿＿＿＿＿＿人民法院提起行政诉讼。

处罚地点＿＿＿＿＿＿＿＿＿＿＿＿＿＿＿＿＿＿＿＿＿＿＿＿＿＿＿＿

办案人民警察＿＿＿＿＿＿＿＿＿＿＿＿＿＿＿＿＿＿＿＿＿＿＿＿＿＿

□附：收缴物品清单

公安机关（印）
年　　月　　日

处罚前已口头告知违法行为人拟作出处罚的事实、理由和依据，并告知违法行为人依法享有陈述权和申辩权。

被处罚人
年　　月　　日

一式两份，一份交被处罚人，一份交所属公安机关备案。治安案件有被侵害人的，复印送达被侵害人。

（此处印制公安机关名称）

行政处罚决定书

×公（ ）行罚决字〔 〕 号

决定书正文载明以下内容：

1. 违法行为人的基本情况（姓名、性别、年龄、出生日期、身份证件种类及号码、户籍所在地、现住址、工作单位、违法经历以及被处罚单位的名称、地址和法定代表人）；

2. 违法事实和证据以及从重、从轻等情节（证人不愿意暴露姓名的，应当注意保密）；

3. 法律依据；

4. 处罚种类及幅度（包括对外国人适用或者附加适用限期出境）；

5. 执行方式及期限（包括当场训诫、当场收缴罚款、到指定银行缴纳罚款、送拘留所执行以及合并执行的情况，对罚款处罚，要注明逾期不缴纳罚款时加处罚款的标准和上限）；

6. 对涉案财物的处理情况及对被处罚人的其他处理情况；

7. 不服本决定的救济途径；

8. 附没收违法所得、非法财物清单及收缴/追缴物品清单。

公安机关名称、印章及决定日期

一式三份，被处罚人和执行单位各一份，一份附卷。治安案件有被侵害人的，复印送达被侵害人。

具体格式参见下表。

（此处印制公安机关名称）

行政处罚决定书

×公（　）行罚决字〔　〕　号

违法行为人（姓名、性别、年龄、出生日期、身份证件种类及号码、户籍所在地、现住址、工作单位、违法经历以及被处罚单位的名称、地址和法定代表人）__________
____

现查明____
____
____，以上事实有
____
____等证据证实。

根据____之规定，现决定
____。

执行方式和期限____
____。

逾期不交纳罚款的，每日按罚款数额的百分之三加处罚款，加处罚款的数额不超过罚款本数。

如不服本决定，可以在收到本决定书之日起六十日内向____________
____________________________申请行政复议或者在六个月内依法向
____
________________________人民法院提起行政诉讼。附：__________清单共__份

公安机关（印）
年　　月　　日

行政处罚决定书已向我宣告并送达。

被处罚人
年　　月　　日

一式三份，被处罚人和执行单位各一份，一份附卷。治安案件有被侵害人的，复印送达被侵害人。

（此处印制公安机关名称）

收缴/追缴物品清单

×公（　）缴字〔　〕　号

根据

☐《中华人民共和国治安管理处罚法》第十一条第一款

☐《中华人民共和国治安管理处罚法》第十一条第二款

☐《公安机关办理行政案件程序规定》第一百六十八条第一款

☐《公安机关办理行政案件程序规定》第一百六十八条第三款之规定，对物品持有人＿＿＿＿＿＿＿＿＿＿＿＿＿＿＿＿＿＿＿＿＿＿的下列物品予以收缴/追缴。

如不服本决定，可以在收到本清单之日起六十日内向＿＿＿＿＿＿＿＿＿＿＿＿＿＿申请行政复议或者在六个月内依法向＿＿＿＿＿人民法院提起行政诉讼。

编号	名称	数量	特征	物品处理情况 （发还的，由接收人签名）

物品持有人、见证人	保管人	办案民警
年　月　日	年　月　日	公安机关（印） 年　月　日

一式三份，一份交物品持有人，一份交保管人，一份附卷。

第七单元　治安调解

问题引导：

治安调解的适用条件是什么；治安调解应遵循哪些程序规定；治安调解有哪些方法、技巧、策略；如何制作治安调解协议书；如何制作治安调解卷宗，这是本单元要学习、掌握的内容。

第一部分　业务详解

一、治安调解的概念

纠纷调解是指在第三方主持下，以国家法律、法规、规章和政策以及社会公德为依据，对纠纷双方进行斡旋、劝说，促使他们互相谅解、进行协商、自愿达成协议、消除纷争的活动。

在我国，依照调解主体、调解所涉及纠纷的性质、类型及调解的法律后果等，调解可分为司法调解、行政调解、人民调解委员会调解、其他民间调解等四种类型。

治安调解，是指对于因民间纠纷引起的打架斗殴或者损毁他人财物等违反治安管理、情节较轻的治安案件，在公安机关的主持下，以国家法律、法规和规章为依据，在查清事实、分清责任的基础上，对纠纷双方进行斡旋、劝说、教育，促使双方互相谅解、进行协商、自愿达成协议，对治安案件做出处理的活动。治安调解属于行政调解。

二、治安调解的条件

《治安管理处罚法》第9条规定：对于因民间纠纷引起的打架斗殴或者损

毁他人财物等违反治安管理行为，情节较轻的，公安机关可以调解处理。2013 年 1 月 1 日生效的新修改的《公安机关办理行政案件程序规定》第 153 条第 1 款规定：对于因民间纠纷引起的殴打他人、故意伤害、侮辱、诽谤、诬告陷害、故意损毁财物、干扰他人正常生活、侵犯隐私、非法侵入住宅等违反治安管理行为，情节较轻，且具有下列情形之一的，可以调解处理：亲友、邻里、同事、在校学生之间因琐事发生纠纷引起的；行为人的侵害行为系由被侵害人事前的过错行为引起的；其他适用调解处理更易化解矛盾的。该条第 2 款规定：对不构成违反治安管理行为的民间纠纷，应当告知当事人向人民法院或者人民调解组织申请处理。

《公安机关办理行政案件程序规定》第 154 条规定，具有下列情形之一的，不适用调解处理：雇凶伤害他人的；结伙斗殴或者其他寻衅滋事的；多次实施违反治安管理行为的；当事人明确表示不愿意调解处理的；当事人在治安调解过程中又针对对方实施违反治安管理行为的；调解过程中，违法嫌疑人逃跑的；其他不宜调解处理的。

三、治安调解的基本要求

（一）深入调查、摸清情况，抓住焦点、对症施调

调查研究，摸清情况，是开展调解工作的第一步。进行治安调解，必须首先要查明纠纷的真相，要通过深入细致的调查，准确把握事实和证据，查明纠纷的情况、动向，产生原因，了解纠纷发生发展的过程，查明双方当事人争执的焦点，分清是非责任，还原纠纷的本来面目，这是正确解决纠纷的前提。

在掌握具体情况后，调解人员应善于抓住重点、识别要害，抓住焦点、化繁为简，视情况采取恰当的策略、方法来解决纠纷。

（二）坚持说服教育、进行耐心疏导

对纠纷当事人进行说服教育和耐心疏导，是调解员开展工作的一个基本方法，也体现了调解人员的工作态度与作风。实践中，大多数纠纷并不是因当事人的根本利害冲突所致，而是因当事人的是非观念、善恶观念、荣辱观

念、法律意识、道德品质、性格差异等原因造成的，如不进行调解或调解不当，就有可能激化矛盾甚至引发刑事案件、群体性事件。因此，会在解决纠纷时，要以国家的法律和政策为武器，坚持疏导的方针，耐心地说服教育，通过启发当事人的政治觉悟和思想觉悟，来帮助他们提高认识，增强明辨是非、善恶的能力，解开思想疙瘩，互相谅解，并在此基础上自愿达成解决纠纷的协议，从而使双方当事人重归于好。

（三）依靠社会各方面的相互支持、配合

可依托“大调解”各级各类组织网络和工作体系，广泛运用各种社会资源。例如在调解家庭纠纷时，要取得当事人及当事人亲友的支持；在调解邻里纠纷时，当事人单位与居委会要互相配合；跨地区、跨单位或在几个地区结合部发生的纠纷，应由纠纷发生地调解组织牵头，有关单位参加，在做好本单位干部、职工或居民村民思想工作的同时，本着共同协商、秉公处理、各负其责的精神，及时正确地解决纠纷。公安民警应充分依靠人民调解组织与调解人员，并给予必要的法律与业务指导，以共同做好纠纷的化解工作。

（四）努力提升调解能力

一是提高现场解决能力，最大限度地实现由第一处警民警将问题解决在第一现场，不使矛盾激化、小事拖大。二是提高综合联调能力，善于运用各方面资源，调动各方面力量，形成化解矛盾纠纷的合力，努力实现抓根本、治源头、除隐患。三是提高运用策略能力，善于总结个案经验和调解工作规律特点，形成简单实用、针对性强的调解方法策略体系，增强调解实效。

四、治安调解应遵循的基本原则

（一）合法原则

治安调解应当按照法律规定的程序进行，双方当事人达成的协议必须符合法律规定。

（二）公正原则

治安调解应当分清责任，实事求是地提出调解意见，平衡保护双方利益，不得偏袒一方。

（三）自愿原则

治安调解应当在当事人双方自愿的基础上进行。达成协议的内容，必须是双方当事人真实意思表示。

（四）及时原则

治安调解应当及时进行，使当事人尽快达成协议，解决纠纷。治安调解不成应当在法定的办案期限内及时依法处罚，不得久拖不决。

（五）教育疏导原则

治安调解应当通过查清事实，讲明道理，指出当事人的错误和违法之处，化解当事人之间的矛盾，教育当事人自觉守法并通过合法途径解决纠纷。

五、治安调解工作基本流程

（一）准备调解

1. 进行调查取证。调解前应当首先查明事实，收集证据。
2. 征求调解意愿。当事人愿意调解的，应当要求其提交调解申请书或者在笔录中予以记录。不愿意调解的，应当要求其提交有关声明或者在笔录中予以记录。在笔录中记录的应当要求当事人签名确认。当事人不具有完全民事行为能力的，其调解意愿以其法定代理人的意见为准。

（二）决定调解

调查取证工作结束后，认为符合调解条件且当事人愿意调解的，应当报办案部门负责人决定是否进行调解。

（三）进行调解

1. 调解主持人和参加人。调解由办案人员主持。对因邻里纠纷引起的治安案件进行调解时，可以邀请当事人居住地的居（村）民委员会的人员或者双方当事人熟悉的人员参加帮助调解。当事人中有不满十六周岁未成年人的，应当通知其父母或者其他监护人到场。当事人可以亲自参加治安调解，也可以委托其他人参加治安调解。委托他人参加治安调解的，应当向公安机关提交委托书，并注明委托权限。

2. 对明显不构成轻伤、不需要伤情鉴定以及损毁财物价值不大，不需要进行价值认定的治安案件，应当在受理案件后的三个工作日内完成调解；对需要伤情鉴定或者价值认定的治安案件，应当在伤情鉴定文书或者价值认定结论出具后的三个工作日内完成调解。

3. 治安调解一般为一次，必要时可以增加一次。对一次调解不成，有必要再次调解的，应当在第一次调解后的七个工作日内完成。

4. 调解处理伤害案件时，应当制作《调解笔录》。

（四）制作《治安调解协议书》

治安调解达成协议的，在公安机关主持下制作《治安调解协议书》，双方当事人应当在协议书上签名，并履行协议。

《治安调解协议书》应当包括以下内容：

（1）治安调解机关名称，主持人、双方当事人和其他在场人员的基本情况；

（2）案件发生时间、地点、人员、起因、经过、情节、结果等情况；

（3）协议内容、履行期限和方式；

（4）治安调解机关印章、主持人、双方当事人及其他参加人签名、印章（捺指印）。

《治安调解协议书》一式三份，双方当事人各执一份，治安调解机关留存一份附卷备查。

（五）履行调解协议

调解协议履行期满三日内，办案人员应当了解协议履行情况。对已经履行调解协议的，应当及时结案。

（六）信息录入

将案件调解情况依照有关规定录入执法办案信息系统或者数据库。

（七）建立卷宗

经治安调解结案的治安案件应当纳入统计范围，并根据案卷装订要求建立卷宗。卷宗包括调解协议书、案件证据材料、其他文书材料等。

六、当场调解的基本流程

对情节轻微、事实清楚、因果关系明确，不涉及医疗费用、物品损失或者双方当事人对医疗费用和物品损失的赔付无争议，符合治安调解条件，双方当事人同意当场调解并当场履行的治安案件，可以当场调解，并制作调解协议书。其基本流程为：

1. 查明双方当事人基本情况，以及事情起因、经过、损害结果等情况，收集固定证据；登记现场目击证人姓名、住址及联系方式等。

2. 在查明情况、分清责任的基础上，告知双方当事人现场调解处理的法律规定和法律后果，征求双方意见。如果双方当事人都愿意现场调解，由双方当事人自愿达成调解协议。

3. 现场调解达成协议的，应当填写《现场治安调解协议书》一式三联，由双方当事人各持一联，另一联由办案单位保存。当事人拒绝签名、盖章的，执法民警应当注明，视为调解未成。

4. 现场调解达不成协议，或者现场调解达成协议但不履行的，应当按照一般程序受理治安案件。

5. 现场治安调解结案的，应当在 24 小时内报所属公安机关备案。

6. 现场治安调解结案的治安案件，可以不制作卷宗，但办案部门应当将《现场治安调解协议书》按编号装订存档。

附治安调解相关文书格式：

1. 调解申请书

当事人（自然人姓名、性别、年龄、民族、职业、单位或住所地，法人及社会组织的名称、住所地、法定代表人姓名和职务）

____

____

____

____

纠纷事实及申请事项：______________________________

____

____

特申请________主持调解。

申请人（签名）　　　　申请日期：201×年××月××日

2. 治安调解协议书

编号：

主持人__________　单位及职务　__________　调解地点______________

当事人__________　性别_____　年龄_____　身份证件及号码_________

工作单位及职业________________________　家庭住址______________

当事人__________　性别_____　年龄_____　身份证件及号码_________

工作单位及职业______________________　家庭住址________________

调解见证人姓名__________　家庭住址__________　联系方式_________

主要事实（包括案件发生时间、地点、人员、起因、经过、情节、结果等）：

经调解，双方自愿达成如下协议：（包括协议内容、履行方式和期限等）

本协议自双方签字之时起生效。对已履行协议的，公安机关对违反治安管理行为人不予处罚；对不履行协议的，公安机关依法对违反治安管理行为人给予治安管理处罚，被侵害人可以就民事争议依法向人民法院提起民事诉讼。

本协议书一式三份，双方当事人各执一份，调解机关留存一份备查。

当事人意见： 签名（盖章）：

当事人意见： 签名（盖章）：

主持人签名：

见证人签名：

（公安机关印章）
201x 年××月××日

3. 现场治安调解协议书

编号：

当事人__________ 性别_____ 年龄_____ 身份证件及号码__________

工作单位及职业_______________________ 家庭住址__________________

当事人__________ 性别_____ 年龄_____ 身份证件及号码__________

工作单位及职业_______________________ 家庭住址__________________

主要事实：

经调解，双方自愿达成如下协议：

本协议自双方签字之时起生效，并当场履行，公安机关对违反治安管理行为人不予处罚。

当事人（签名）：

当事人（签名）：

办案民警：

（公安机关印章）
201×年××月××日

第二部分　参考范例

范例 7.1：成功调解个案范例

（一）案件基本情况

胡某，男，37 岁，N 市 Y 区某事业单位司机。因暗恋本单位清洁女工余某（33岁），自2011年12月至2012年5月，先后多次给余某发送短信，主要内容是表示爱慕之情，余某开始几次回复，大意是说自己有丈夫、有儿子，家庭很幸福，让胡某“不要胡思乱想”，后来就不再回复。2012年2月，余某为避免收到类似短信，更换了手机号码。胡某从单位办公室了解了余的新号码后，继续发送类似信息。2012年5月3日，余某丈夫蒋某某（37岁）偶然发现胡给其妻发的短信，遂向余某了解了事情经过。后于2012年5月8日18时许，前往胡某所在单位，乘胡某不备，对其头面部猛击数拳，至胡某左眼、左面颊处软组织挫伤。胡某随即报警，所在地G派出所受案，民警金某、吴某负责办理该案。

（二）该案调解经过

公安派出所按照法定程序及时进行了受案登记、调查取证。胡某、蒋某某对各自行为事实均供认不讳。2012年5月11日，胡某经医疗完全康复，期间花去医疗费共人民币390元。交通费55元。

1. 办案民警征求双方当事人意见，双方一致同意调解，办案民警让双方分别填写了调解申请书，提出拟调解处理的意见，呈报所领导审批，所领导批准该案进行调解处理，并确定调解主持人为负责办理该案的民警金某、吴某。

2. 民警经过与是否当事人商定，决定2012年5月14日下午15时，双方到G派出所进行调解。

3. 双方当事人到派出所后，情绪仍然较为激动。两位民警将双方独立开来，请他们先平复情绪，并分别对双方当事人进行了劝解、教育，指出其各自的违法事实。

4. 胡某开始无法接受自己的行为已经违法，民警拿出《治安管理处罚法》条文，对照法条使其认识到自己的行为确已构成违反治安管理行为。

5. 双方情绪基本稳定后，民警向双方简要介绍治安调解的性质和法律后果，告知双方，若本案调解达成协议并履行的，公安机关不处罚双方当事人；若调解未达成协议或者达成协议后不履行的，应当对违反治安管理行为人依法予以处罚；对违法行为造成的损害赔偿纠纷，可以向人民法院提起民事诉讼。并告知，若调解不成功，本案的办案期限从调解未达成协议或者调解达成协议不履行之日起开始计算。双方表示听明白民警意思后，民警告知了调解的基本流程和双方应遵守的纪律规定，宣布调解开始。

6. 民警让双方当事人分别简要陈述事情经过，双方说法基本一致。

7. 民警请双方当事人分别说明损害情况，并出示表明其构成的医疗费、交通费等票据。随后请双方分别陈述损害赔偿主张。期间，胡某提出，自己虽然医疗费、交通费不高，但是被打造成的精神创伤应该赔偿，要求蒋某某赔偿其医疗费 390 元、交通费 55 元，营养费 200 元，损害赔偿费 1000 元，合计赔偿 1600 元。蒋某某则提出，自己和妻子虽然没有直接经济损失，但因为胡某的行为对夫妻造成了很大的心理负担，特别是妻子的精神压力很大，夫妻感情因此受到了影响，要求胡某补偿精神损失费 2000 元。

8. 民警针对胡某、陈某的要求，通首先表示理解，但是告知他们治安调解只就直接损害赔偿进行调解，若涉及精神损害赔偿，只能通过提起诉讼的方式来解决。同时，通过晓之以理、动之以情的工作方法向双方再次释法析理，使蒋某某认识到自己动手打人的错误行为，胡某认识到发送信息干扰他人正常生活的行为的错误之处及其法律性质。

9. 经过一个半小时左右的调解，双方的情绪比较稳定，心中的怨气逐步化解。这时，民警建议双方，就赔偿数额达成意见。胡某要求蒋某某赔偿 500 元；蒋某提出，胡某必须向自己及其妻子道歉，并出具书面保证书，保证今后不再向妻子发送任何短信，也不得再以任何方式与妻子联系。同时只愿意赔偿其医疗费。很快，双方自行商定，由蒋某某一次性赔偿胡某人民币 500 元，当场支付；胡某当场向蒋某某道歉（免于对余某的道歉），当场出具书面保证。

10. 民警告知双方，本案就算结案。并提醒双方，不得再因此事产生新的冲突，并要从这件事情吸取教训，学法、守法。

范例 7.2：调解方法经验总结

调解工作十法

近年来，南通市公安系统在实践中探索出十种行之有效的调解工作方法，取得明显成效。一是苦口婆心法。这种方法需要调解人员与矛盾双方当事人不厌其烦的“磨嘴皮”，发挥语言技巧，以求得成功化解，主要适用于群体性纠纷。二是政策引导法。充分利用各种政策，引导矛盾双方知晓什么是符合政策的，可以支持，哪些是违背政策的，必须制止，此举在调解农村田界纠纷、共有共用纠纷等方面较为有效。三是以案说理法。将矛盾双方身边已经解决了的类似纠纷在调解中举例，让双方有一个参照标准，这种方法在赔偿类纠纷中特别有用。四是换位思考法。引导矛盾双方换位思考，互相站在对方的立场上，设想如果我是受害者我该怎么办？如果我是对方又该怎么办？使双方的意见统一，达成矛盾的化解，此举在伤害类纠纷中比较管用。五是成本核算法。向矛盾双方核算解决纠纷的成本，明确告知通过法院解决将产生诉讼费，聘请律师将产生代理费，如调解不成，责任一方当事人将可能被依法追究法律责任等等，让矛盾双方进行核算，使其主动选择调解方式解决。此举对因地界不清又无证据证明、打架斗殴案件中证据无法查实等纠纷较为有效。六是跟踪回访、定期巩固法。针对一些经过调解但反复性较大的矛盾纠纷，适时组织村居两委走进矛盾双方中间，关心其家庭生活、子女就学等，使其理解组织的关心，建立对组织的信任感，知道组织是在真正帮助其解决实际问题，使已经取得的调解效果适时得到巩固。七是道德引导和谴责施压法。对一些看上去“合理、合情”但却“不合法”的纠纷，通过向其讲道德伦理及民间风俗等，寻求纠纷的解决。此举对化解家庭生活矛盾比较有用。八是以诚相待、耐心听辩法。在调解工作中，主持调解的人员必须认真听取矛盾双方的辩解，哪怕是无理辩解也要耐心听取，使当事人有被尊重的感觉，赢得双方的支持。九是三个“及时”、赢得主动法。在纠纷受理和调解过程中，做到及时受理、及时移送、及时调查取证，在矛盾双方心中赢得主动，使双方对调解工作态度感到满意，为随后的调解工作打好基础。十是“四宜四不宜”法。即坚持所有纠纷“宜解不宜结、宜和不宜激、宜缓不宜急、宜宽不宜严”的原则，此法要求在纠纷调解工作中注意工作方法和技巧，切忌简单粗暴、激化矛盾。

范例 7.3：调解协议书范例

调解协议范文 1

××公安分局
治安调解协议书

编号：1352

主持人<u>左某</u>单位及职务××公安分局某派出所社区民警　调解地点：某派出所

当事人<u>管某</u>　性别：<u>女</u>　年龄<u>32</u>　身份证件及号码：身份证<u>3728261975××××××××</u>

工作单位及职业<u>无业</u>　家庭住址<u>××市××区竹山路16号</u>

当事人<u>张某</u>　性别<u>男</u>　年龄<u>30</u>　身份证件及号码身份证<u>3407211982××××××××</u>

工作单位及职业<u>无业</u>　家庭住址<u>××区××路17号</u>

调解见证人姓名<u>李某</u>　家庭住址<u>××区××路18号</u>　联系方式<u>15051827079</u>

主要事实（包括案件发生时间、地点、人员、起因、经过、情节、结果等）：

2012年8月30日上午10时许，管某与何某在××社区××村的两家公用厨房内为琐事发生打架，后管某丈夫王某及何某儿子张某介入打架纠纷。（详情见询问笔录，双方伤情见病历）2012年9月10日上午10时许，双方当事人就民事赔偿要求调解。

经调解，双方自愿达成如下协议（包括协议内容、履行方式和期限等）：

1. 双方经协商达成一致意见：管某和丈夫王某一次性赔偿张某及其母亲何某医疗费、误工费等损失壹万叁仟元整。

2. 扣除张某赔偿管某和其丈夫王某的医疗费等损失肆仟元整。

3. 此纠纷一次性调解结束，双方签字生效，今后互不相找。

本协议自双方签字之时起生效。对已履行协议的，公安机关对违反治安管理行为人不予处罚；对不履行协议的，公安机关依法对违反治安管理行为人给予治安管理处罚，被侵害人可以就民事争议依法向人民法院提起民事诉讼。

本协议书一式三份，双方当事人各执一份，调解机关留存一份备查。

当事人意见：同意　　　　　　　　签名（盖章）：×××

当事人意见：同意　　　　　　　　签名（盖章）：××

主持人签名：××

见证人签名：×××

（公安机关印章）

201×年××月××日

调解协议范文2

××区公安分局某派出所

现场治安调解协议书

编号：0012

当事人<u>　叶××　</u>　性别<u>　男　</u>　年龄<u>　41　</u>　身份证件及号码<u>　3707291972××××××××　</u>

工作单位及职业<u>　××资产管理有限公司经理　</u>　家庭住址<u>　××市××区××路6号　</u>

当事人<u>　沈××　</u>　性别<u>　男　</u>　年龄<u>　28　</u>　身份证件及号码<u>　3407211985××××××××　</u>

工作单位及职业<u>　××证券公司职员　</u>　家庭住址<u>　××市××区××路20号　</u>

主要事实：2012年4月22日零时许，叶××与沈××驾车变道引起纠纷，后两人互相殴打。

经调解，双方自愿达成如下协议：

1. 双方相互赔礼道歉。

2. 叶××出现金1500元，沈××出现金1000元，合计2500元捐给希望工程，双方不再追究对方责任。

3. 此调解为一次性调解，双方不得再因此事发生任何纠纷，否则肇事方承担所有责任。

本协议自双方签字之时起生效，并当场履行，公安机关对违反治安管理行为人不予处罚。

当事人（签名）：××

当事人（签名）：×××

办案民警：×××

（公安机关印章）

201×年××月××日

第三部分　实训方案

一、实训目的与要求

通过实训，使学生掌握治安调解的相关程序规定和适用范围，熟悉治安调解的基本流程及基本方法与技巧，能够通过调解依法、高效地完成治安调解工作，解决因民间纠纷引起的常见违反治安管理行为。具体应达到以下目标要求：

1. 掌握治安调解的基本原则、基本程序规定与基本操作流程。

2. 具备个案阅读辨识能力，确定是否符合适用治安调解的条件。

3. 对案件正确定性、定责，对于案件性质、双方责任做到心中有数，为调解及后续的可能处罚奠定扎实的基础。

4. 对于双方当事人性格特点、基本情况做到大概有数，合理设计调解方案并在调解过程中合理运用策略。

5. 能够布置调解现场，营造有利于达成调解的现场氛围。

6. 能够适时启动调解程序，主导调解活动，在调解中合理运用有关沟通技巧、劝解方法，有效化解分支，完成调解工作。

7. 能够规范制作调解文书，形成调解卷宗。

8. 能够录入警务平台。

二、实训内容

1. 对于给定案例进行分析、辨识，确定是否符合适用治安调解的条件。

2. 对案件正确定性、定责，明确案件性质、起因，双方当事人责任。

3. 根据双方当事人身份情况、性格特征，合理设计调解方案并在调解过程中合理运用沟通、劝解策略。

4. 布置调解现场（环境选择、现场场景、双方当事人位置），营造有利于达成调解的环境与氛围。

5. 启动调解程序，主导调解活动。包括（1）开场白、过程中根据情况适时引导等语言技巧运用；（2）调解策略、调解技巧运用；（3）调解节奏控制；（4）调解中异常情况的防范与处置，如：一方或双方不当语言使矛盾激化、升级，现场冲突特别是肢体冲突；（5）根据情况适时确定是否暂停或中止调解。（6）就主要争议标的达成一致意见。

6. 制作调解文书。

7. 调解执行。

8. 善后工作（真正意义上化解结怨，避免后续矛盾再起甚至矛盾升级）。

9. 录入警务平台。

10. 形成调解卷宗。

三、教学重点

公安派出所纠纷调解的基本流程及基本方法与技巧；治安调解的基本原则、基本程序规定与基本操作流程；制作调解文书规范。

四、学习难点

调解过程中的沟通、劝解策略与技巧。

五、实训条件

实训场地：教室、公安网机房。

需要器材和条件：公安网计算机，打印纸，数码摄像机，布置临时调解现场所需座椅、身份标示牌，档案袋。

六、实训案例

1. 高某，男，41岁，回族，某厂职工，因在厂里经常酒后闹事屡次遭到厂领导批评。高某认为这是厂领导对回族有民族歧视，于是决定发动其所在的回族聚居区的回民兄弟给厂领导颜色看看。随后，高某找到一家复印社打印出印有厂领导民族歧视种种“罪行”的传单近百份，准备向各回民家里传发，号召回民联合起来抵抗此类行为，刚发了十余家时，被在当地值勤的公安民警发现，其行为才得以制止，避免了一场可能发生的民族冲突。经调查，高某所说的厂领导的数次“民族歧视”行为均系编造。

2. 某公司员工吴某（男，22岁，大专文化）与唐某（男，25岁，大学文化）同住N市J区××公寓9栋907室，某日凌晨2时许，吴某与同学聚会后回宿舍，发现钥匙遗忘在同学的车上，便拨打唐某手机。多次拨打仍然无人接听，随用力敲门。约2分钟后，唐某边开门边抱怨：“这回你知道舍友了”。吴某质问：“这么说你是故意不接电话的了？”……随即二人互相辱骂并升级为互相扭打。期间，唐某紧紧揪住吴某头发，并致吴某的T恤衫破损，吴某则将唐某的右臂膀咬伤（轻微伤）。N市公安局J分局K派出所接警处理。

3. N市J区F村小区18栋406室居民徐某（女，51岁，高中文化，原某特种纺织厂工人，退休6个月）与楼上506室住户赵某（男，49岁，高中文化，个体出租车司机）因厨房下水道漏水问题产生矛盾近半年，某日晚6时许，徐某与赵某在楼梯间碰到，因言语不和发生冲突，徐某拉扯赵某衣领，并用随身携带的垃圾袋砸向赵某面部，赵某躲闪时不慎跌倒，致头部撞击楼梯立柱，创口约20毫米，右手掌内表皮破损约15毫米×9毫米（属于轻微伤）。N市公安局J分局D派出所接警处理。

4. 胡某，男，37岁，某事业单位司机。因暗恋本单位清洁女工余某（33岁），自2015年12月至2016年5月，先后多次给余某发送短信，主要内容是表示爱慕之情，余某开始几次回复，大意是说自己有丈夫、有儿子，家庭很幸福，让胡某“不要胡思乱想”，后来就不再回复。2016年2月，余某为避免收到类似短信，更换了手机号码。胡某从单位办公室了解了余的新号码后，继续发送类似信息。2016 年 5 月 3 日，余某丈夫偶然发现胡给其妻发的短信，并向余某了解了事情经过。后于 2016 年 5 月 8 日 18 时许，前往胡某所在单位，乘胡某不备对其头面部猛击数拳，至胡某左眼、左面颊处软组织挫伤。胡某随即报警，所在地派出所受案。

5. 钱某（女，36 岁）与庄某（男，38 岁）于 2013 年 11 月协议离婚，女儿（11 岁）与钱某一起生活。离异后钱某日益感到前夫庄某的好处，多次暗示庄某希望复婚。庄某因不堪钱某性格多变予以婉拒，但是表示双方仍然可以做朋友。2015 年 9 月，钱某得知庄某结识新女友金某，正在热恋之中。为挽回前夫感情，达到阻止前夫与新女友感情发展的目的，钱某多次在晚 20 时至 22 时之间发送短信息，提醒庄某应酬时少饮酒、注意身体，提示其该增减衣物等。庄某知其用意，数次提醒、斥责钱某，并二次更换手机号码。钱某则发动其女儿获取其父手机号码，继续发送短消息关心前夫身体，并表明“就是惦记，没有其他企图”。金某多次用手机短信方式质问无果，遂于 2016 年 2 月 24 日前往钱某经营的服装店打砸，造成该店内展示柜台、衣物等损失人民币 2500 左右，随后提出与庄某分手。庄某报警。

6. 彭某，男，21 岁，中专文化，某市某区某饭店厨师。饭店负责配菜的员工给彭某拿了一道菜的配料来，彭某不会做这道菜，就让配菜的员工拿给会做这道菜的厨师曹某（男，34 岁，高中文化，二级厨师）那里。曹某以为彭某偷懒，就责问彭某，“这道菜你不会做吗?”彭某说不会，曹某很不高兴就说，“你看着，我教你!”并骂了一些脏话。彭某说：“你再骂一句试试。”曹某又骂了一句。彭某没说话，过了一会儿，他突然转身抄起炒菜用的炒勺，猛力朝曹某脸部打去，曹某躲闪不及，右上颌骨额突处被炒勺擦伤，表皮出血。彭某仍不罢休，追着曹某企图继续击打未果，曹某在躲闪中跌倒、求饶，彭某才罢手，并狠狠地说：“这次饶了你！看你以后还敢不敢欺负人!”

七、实训组织

（一）实训教学准备

1. 学生分组与熟悉案例。提前 3 天由学习区队长老任课老师处领取案例，原则上按照 4 人一大组，2 人一小组完成学生分组，每组抽取 1 则案例。同时，将课堂教学模拟演示、练习案例发到每个小组。要求学生提前熟悉案情，明确双方争议要点。

2. 课前准备好教学设备，并检查实训场地。

3. 学生以区队为单位，根据课表安排的授课时间在指定教室及公安网机房集中。

（二）实训教学实施

1. 理论提示（30 分钟）

【内容及要点】

（1）治安调解的概念、条件、范围；

（2）治安调解的基本原则；

（3）治安调解的基本流程；

（4）治安调解的基础工作；

（5）治安调解常用方法策略；

（7）治安调解协议书及治安调解卷宗的制作方法；

（8）公安网警务平台治安调解业务流程。

【组织和安排】

（1）以上（1）~（7）由主讲教师对 1 个区队学生进行集中授课，辅助教师负责给个别学生答疑。

（2）公安网警务平台治安调解业务流程由辅助教师采用投影演示，学生电脑终端同步练习，主讲教师负责给个别学生答疑，并安排互动问答。

2. 引导案例解析（10 分钟）

以 1 则典型案例作为引导案例，结合该案讲解调解工作在开场、中场及收场阶段可能出现的问题，各个阶段应把握的主要环节和基本方法、要求。

【内容及要点】

（1）案例再现。简要案情及民警调解过程、调解结果情况再现。

（2）学生讨论

①本案例中，民警的调解有哪些正确和不当之处？

②哪些因素可能导致治安调解失败？

（3）案例解析。结合该案讲解调解工作在开场、中场及收场阶段可能出现的问题，各个阶段应把握的主要环节和基本基本方法、要求。

【组织和安排】

（1）案例再现：采取PPT界面显示方式，包括文字、图片、视频片段。

（2）讨论：以学生事前分好的4人小组为单位进行讨论，找出案例中的问题所在，提出正确的方法。

3. 实务讲解演示（30分钟）

考虑到治安调解耗时较长、没有标准化技术动作的特殊性，实务讲解演示采取分断进行的方法，并侧重于起到启发、引导学生“举一反三”。

【内容及要点】

（1）开场前的方案设计、现场布置等基本要点讲解、演示。

（2）开场阶段的主要工作及拉近距离、减缓对立情绪等方法、策略。

（3）中场阶段的主要工作及针对争议标的求同存异等方法、策略。

（4）收场阶段的主要工作及其方法、要求。

【组织和安排】

（1）教室中前部位空出，用课桌椅布置出1个模拟调解现场，同学分坐于教室两侧及后面。

（2）整个区队统一进行。因调解现场占用课桌椅导致部分学生无法入座的，该部分学生先站立听课，并与其他同学轮流入座。

（3）主讲教师与辅助教师合作进行进行操作要点讲解并进行现场演示。

（4）辅助教师配合主讲教师，进行补充，并提示要点及易犯错误。

（5）学生可以随时提问，并要求老师重新讲解、示范。

4. 针对导入案例的组织练习（30分钟）

【内容及要点】

（1）分组练习

以小组为单位，根据主讲老师、辅助老师讲解、演示，针对引导案例，对开场、中场、收场三个阶段分别进行体会练习。

（2）纠错练习

针对学生练习中存在的共性问题集中整理并公开演示，引导学生观察讨论，老师归纳总结，明确错误之处，重复练习正确动作。突出重点、难点环节，讲解易犯错误的原因及后果。

（3）开场阶段的示范练习

为正确掌握开场阶段的调解方法、策略，教师采用现场随机抽选的方法邀请学生进行公开演示，可以以原来的小组为单位，也可以学生当场自愿组合，合作模拟进行开场阶段的调解展示，侧重为拉近民警与当事人距离、争取信任，安抚当事人情绪，减缓当事人彼此间敌意。其他学员在座位上进行观察。

（4）学生点评

（5）老师点评

【组织和安排】

（1）学员练习：主讲教师讲解，辅助教师示范，学员体会制作，教师逐一指导；集体练习；完整制作练习。

（2）纠错练习：存在共性问题的学员出列演示，指出错误之处，提出纠正方法，重复练习至正确动作。

（3）示范练习：在教室中前部模拟调解现场进行，教师随时叫停，具体纠错、逐一指导。

5. 针对所抽取案例的组织练习（模拟演练）（50 分钟）

【内容及要点】

（1）结合所抽取案例的案情及当事人情况，根据此前的讲解、演示、练习，分组进行模拟演练。

（2）按照调解前、调解开场、调解中场、调解收场几个阶段进行，各阶段主要要点要展示清晰。

（3）授课老师随堂观察，注意发现问题，及时予以纠正。

【组织和安排】

（1）4 人小组为单位，每小组 2 人扮演调解民警，另外 2 人扮演当事人。然后扮演民警与扮演当事人的同学进行角色互换。

（2）学生按照小组分别在所安排的三个教室进行模拟演练，每个教室 4 组左右。

（3）主讲教师、辅助教师分别负责若干小组，进行现场指导。

6. 针对所抽取案例的考核性实训成效展示（250 分钟）

【内容及要点】

（1）结合所抽取案例的案情及当事人情况，在分组模拟演练的基础上，进行正式展示，接受考核。

（2）考核内容包括调解开场、调解中场、调解收场三个阶段，要求各阶段主要要点要展示清晰，策略、方法运用有针对性。

（3）授课老师密切观察，根据评分要点进行打分，几位老师的均分为该组的现场展示表演得分。

【组织和安排】

（1）4 人小组为单位，每小组 2 人扮演调解民警，另外 2 人扮演当事人。然后扮演民警与扮演当事人的同学进行角色互换。

（2）学生按照小组分别在教室中前部模拟调解现场进行，每组限时 20 分钟以内。

（3）主讲教师、辅助教师分别现场打分。

7. 警务平台操作演示机考核（50 分钟）

【内容及要点】

（1）辅助老师演示警务平台录入操作的技术要领讲授及操作演示。

（2）学生结合所抽取案例的案情及当事人情况，在警务平台上完成录入操作。

（3）导出平台自动生成的治安调解协议书。

（4）主讲老师、其他辅助老师进行个别指导。

（5）根据学生完成速度及所生成的协议书质量，有负责这一模块讲授的授课老师（辅助老师）给出成绩。

【组织和安排】

（1）学生自备鞋套，列队进入公安网机房。

（2）讲授、演示、考核均在公安网机房进行，每人 1 台电脑，各自按照所属小组所抽取的案例进行操作，分别评分。

（3）学生完成后以 PFT 形式发到指定位置。

8. 师生交流与集中讲评（50 分钟）

【内容及要点】

（1）部分学生代表介绍实训过程及心得。

（2）老师针对本次实训的过程、学生的表现，取得的成效、存在的问题等进行点评。

【组织和安排】

（1）原则上每个小组介绍，时间不允许则至少3组以上代表介绍。

（2）所有授课老师按照分工分别进行讲评。

八、实训考核

（一）考核内容

实训过程中的表现（态度、作风等）；实训成效（在规定时间内规范完成治安调解，进行平台录入等）；调解小结。

（二）评分标准

1. 实训过程（满分10分）

积极参与实训、遵守纪律、作风扎实、认真细致。

2. 实训成效（满分70分）

（1）调解前准备（10分）。

考核内容及评分标准：对案件材料分析判断正确，调解方案合理，场景设计布置得当。

（2）开场阶段（20分）。

考核内容及评分标准：

①开场时能够根据当事人情绪状况进行拉近距离、争取信任，安抚情绪、减缓对立等劝解、斡旋工作，开场阶段策略、技巧运用合理；

②开场白要素齐备，语气语调得当。

（3）中场阶段（20分）。

①调解过程中根据情况适时引导双方有序、简练发言，期间术语运用准确，调解策略、调解技巧运用合理；

②调解节奏控制得当；

③调解中双方再次冲突等异常情况的防范与处置得当；

④形成调解笔录

（4）收场阶段（10分）。

①双方达成的调解意向（调解结论性意见）符合案件案情；

②形成调解协议简明结构框架（因平台自动生成协议书，现场只需要体现调解协议书基本要素，不要求具体内容）；

③双方签字、民警签字；

④双方离场前的教育引导、告别当事人等善后工作。

（5）录入警务平台，形成调解文书（10 分）。

评分标准：在规定时间内正确完成平台录入，调解申请书、调解协议书要素齐全、表述规范。

3. 调解小结（满分 20 分）

考核要求及评分标准：

1）要求对调解过程中实际运用的方法、策略以及所取得的成效，调解的主要经验、存在的主要问题等进行简要分析。

2）表态性意见：一是是否已经掌握治安调解技术要领，二是能否实际开展治安调解工作。

第八单元　社区安全防范指导

问题引导：

社区安全防范是关乎居民群众安全感和满意度，保证群众获得感的一项重要的基础工作。及时发现社区各种安全隐患，有效组织、指导居民及有关组织开展社区安全防范工作，是社区民警及其他基层民警的基本功。对于新任民警而言，需要重点解决如下问题：如何发现社区安全防范方面的薄弱环节与隐患漏洞；开展治安宣传教育、提高居民防范意识应把握哪些基本方法；如何组织居民群众及有关组织开展安全防范工作；可能遇到怎样的困难和问题以及如何妥善应对等。

第一部分　业务详解

一、安全防范的概念

安全防范的概念有广义和狭义之分。广义的安全防范是指国家和社会为了维护社会安全，对可能影响社会安全的各种因素、原因和条件进行的预防和控制活动的总称。众所周知，犯罪问题是社会各种矛盾和问题的综合反映，因此，针对犯罪问题应采取的防范措施势必十分宽广。例如，社会、经济制度的改革，法律的完善，社会保障制度的健全等。我们要研究的是狭义的安全防范，是指国家和社会为了维护社会的安全，对可能引发各种社会治安问题的直接原因、直接条件和直接相关的因素依法进行预防和控制的活动。狭义的安全防范并不是对产生犯罪问题的所有直接、间接因素作深刻、全面地分析，而只界定对引发犯罪问题、影响社会稳定的直接原因、环境、因素进行研究，并提出具有操作性的防范对策。社区安全防范属于狭义安全防范的范围，指社区公安民警运用各种治安行政管理措施和现代科学技术手段，组织和发动社区各方面力量，对可能引发治安问题的直接原因、直接条件和直接相关因素进行积极预防、控制，有效维护社区治安秩序的一项综合性业务工作。社区治安问题是指受刑法和治安管理法规保护，而被违法犯罪行为所侵害，通过治安管理客体所表现出来的社会治安的非正常状态，主要包括行政违法行为、刑事犯罪行为和治安灾害事故。

社区安全防范从不同角度，可以分为以下几种：

1. 从防范对象的重要程度和防范工作力度的大小，可把安全防范分为重点防范和一般防范。重点防范是指对发生治安问题后危害大、影响大、损失重的重点单位、部位和多发、易发治安问题的重点地区，所采取的加大防范力度，严密防范措施，确保安全的活动。一般防范是指在加强重点单位、部位、地区防范的同时，对其他一般地区、单位、部位所作的兼顾性的防范活动。

2. 依据防范主体性质的不同，可分为专业防范和社会防范。专业防范是指同违法犯罪等治安问题作斗争的专门机关——公安机关通过各项专业管理所进行的专门防范。社会防范是指专门机关以外的各种社会力量包括企业事业单位、其他社会组织、家庭、个人对治安问题进行的防范控制活动。

3. 根据防范所处的不同阶段，可分事前防范、事中防范和事后防范。在组织各种活动发生治安问题之前，所采取的各种防范称为事前防范。在开展各项活动的过程中所采取的防范称为事中防范。在已经发生了治安问题之后，吸取教训，引以为戒，消除类似治安隐患，堵塞类似防范漏洞，称为事后防范。事前防范和事中防范又可合称为积极防范，事后防范又可称为消极防范。

4. 根据安全防范的作用范围不同，可分为个人防范、家庭防范、单位防范和场所防范等。

5. 依据安全防范的内容，可分为防盗窃、防诈骗、防抢劫、防抢夺、防火灾、防爆炸、防其他治安灾害事故等。

6. 依防范所凭借的力量与媒介的不同，可分为人力防范、物质设施防范和技术防范。人力防范是指依靠人力对可能发生治安问题的地方、部位、场所进行的巡逻、守护等活动。物质设施防范是指通过修建、安装各种具有防撬、防踹、防攀援、防跨越等安全防范功能而不具有技术含量或技术含量极低的物质设施，减少、消除有利于治安问题发生的环境和条件的活动。技术防范是指通过运用光学、声学、化学、电工技术等现代科学技术来提高安全防范能力的措施与方法。

二、社区安全防范的基本方式与基本内容

社区安全防范是公安派出所等基层治安管理组织开展的一项经常性工作。实践中，在具体方式、内容上形成了一整套行之有效的做法。其中相当一部分已经形成比较稳定的机制，并逐步上升为制度规范。《公安派出所正规化建设规范》（第二章第四节，第43～48条）以规范性文件的形式确认了这些做法。我们主要以此为依据，作简要介绍。

（一）公安派出所开展安全防范的主要方式

公安派出所开展安全防范的主要方式包括：向辖区居民和单位定期通报治安形势、交通火灾事故及主要特点情况；向辖区居民和内部单位宣传社会治安、交通安全、消防安全等方面的防范知识；指导治保会和群防群治组织、治安志愿者队伍建设；组织居民和企事业单位进行治安巡逻、看护；指导辖区居民和单位安装物防、技防设施；组织辖区治保会和单位保卫人员开展安全检查；指导开展创建安全社区、单位、村组、楼院活动。

（二）公安派出所安全防范宣传教育的主要内容与基本方法

公安派出所安全防范宣传教育的主要内容包括：宣传党和国家的政策、法律、法规，使广大群众了解安全防范的地位和作用；发布可防性案件、事故的发案动态，使群众明白有一些不安全因素是可以防止和减少的；宣传群众参与维护治安的先进事迹，使群众知道做好安全防范是人们应尽的社会责任；宣传重要警务工作成果，使群众克服安全防范上存在的麻痹松懈和侥幸心理；宣传防火、防盗、防毒、防治安灾害和交通事故的常识，让群众掌握自我防范的方法。

公安派出所安全防范宣传教育的基本方法主要包括：利用报刊、广播、电视、宣传栏、黑板报、图片、布告、标语等多种宣传形式，广泛深入地宣传安全防范知识；结合社区民警“户访”编写宣传手册，向群众发《治安防

范建议书》《交通安全常识》《警方忠告》等宣传资料，进行入户宣传；利用社区群众会议、文化活动、学校班会等载体，以群众喜闻乐见的形式向群众宣传安全防范知识；在车站、码头、旅馆、商场等繁华地带设立警方提示牌，向群众宣传安全防范知识；在对机关、企事业单位安全检查中，宣传安全防范各项规章制度；选派民警担任辖区中小学法制副校长或法制辅导员，定期给学生上法制辅导课；利用微博、微信、微警务等新兴媒介开展上述宣传。

（三）指导治保机构工作

指导治保机构工作的主要内容包括：依托社区和农村警务室，按规定配齐配强专职辅警保安人员；宣传和推动基层治保会组织建设，指导建立健全治保会工作制度、选好配强治保会成员；每月召开一次警务室辅警保安人员和村治保主任例会，互相通报情况；组织专职辅警、保安和治保干部进行业务培训；维护专职辅警保安、治保干部的群众威信和合法权益。

（四）指导内部单位开展安全防范工作

指导内部单位开展安全防范工作主要包括：掌握辖区金融、医院、学校、机关以及供水、供电、供气等涉及国计民生的内部单位基本情况；定期向内部单位通报治安情况，提出防范要求；指导内部单位建立完善内部治安保卫制度和处置突发事件工作预案；对内部单位开展经常性的安全检查，责令其限期整改治安隐患；对内部单位违反《内保条例》的行为依法实施处罚。

（五）指导群防群治组织工作

指导群防群治组织工作的主要内容包括：争取党委、政府和社区、农村基层组织的支持，组建形式多样的群防群治队伍；协调解决群防群治组织和人员的经费保障问题；加强对群防群治队伍的管理教育，建立健全日常管理制度；带领群众开展治安巡逻、防火、防盗、保护现场、维持秩序等工作。

（六）组织、指导辖区居民和单位落实物防措施

组织、指导辖区居民和单位落实物防措施的主要内容包括：宣传和指导居民安装防盗门窗和安全锁；协调有关部门、单位和居（村）委会，落实围

墙封闭、加固防盗门窗、保险箱固定等物防措施，在社区、居民楼道安装照明设施，指导新村居民在楼房外侧安装落水管防爬装置，开展摩托车、电动车“一把锁”工程；协调物业管理、居（村）委会等有关单位和部门，在居民住宅区修建自行车、摩托车、汽车停车场（点），落实看护措施；指导、督促城镇新建住宅区建设安全防范基础设施。

（七）开展技防工作，全面提升技防水平

技防工作主要内容包括：公安派出所要依托地方党委、政府协调和动员辖区企事业单位及各类基层组织积极推进星级技防乡镇建设，通过科学规划、分步实施、多元投入的方式努力构建覆盖面广、层次丰富、技术兼容、信息整合、高效实用的技防体系，大力提高辖区技术防范和管理水平；公安派出所应当建立标准化“监控报警中心”，监控中心设备技术指标为预览分辨率和录像回放分辨率达 4CIF（704 × 576），纯硬件压缩，码流可调，25 帧/路/秒实时显示和存储；技术要求为录像资料保存时间不少于 15 天，录像图像回放质量不低于 3 级；公安派出所监控报警中心应当由民警或专职保安联防队员值机值守，监控设备应 24 小时始终处于运行状态，确保不间断实时录像。辖区治安情况复杂、案件多发的城市、城镇派出所应确保 24 小时有民警或保安联防队员实时监控，其他派出所应根据本地治安实际情况，在重点时段对重点地段、单位、部位进行实时监控；城市、城镇主要路口、重要路段应按照行人在主城区、非主城区、城郊区活动每 10 分钟、20 分钟、30 分钟被拍录一次的要求进行规划，所设立监控点应与辖区公安派出所监控报警中心实现联网运行；辖区重点单位、要害部位、公共复杂场所应全部安装治安监控系统，与辖区公安派出所监控报警中心实现联网运行；新建居民小区应同步建成治安监控系统，老居民小区应逐步建设治安监控系统，所有居民小区治安监控系统应与辖区公安派出所监控报警中心实现联网运行；农村集镇重要路口、行政村出入口、乡（镇）政府所在地、乡（镇）工业园区、村民集居点以及学校、金融、集贸市场、娱乐场所等乡镇重点复杂场所应建立治安监控报警系统，监控探头应由中心地带适当向外围延伸；协助治安主管部门对新建和正在改造的居民小区楼房单元普遍安装楼寓对讲电控防盗门，积极动员有条件的居（村）民安装家居入侵报警装置或电子防盗报警器等“小技防”

装置；主要水域交通干线通道应安装治安监控系统，与属地公安机关图像监控中心实现联网运行；水上巡逻艇应安装无线移动图像监控系统，确保现场图像可及时传输至属地公安机关图像监控中心；对辖区社会力量自建监控系统，应按照“二级平台、三级传输、分级管理、联网运行”的要求构建监控系统，与辖区公安派出所监控报警中心、县级以上公安机关图像监控中心实现联网运行。

三、社区安全防范工作的组织实施

（一）强化社区治安问题的分析研判

为了有效地组织实施社区安全防范，首先必须准确、全面、客观地了解社区基本情况，尤其是社区治安问题的状况，并进行科学分析。为开展社区安全防范工作奠定基础。社区基本情况主要包括社区内的人、地、物、事，具体指社区内的人口情况、社区自然状况、地理环境、社区周边环境、社区内单位情况等，特别是对影响社区稳定的人、事的进行分析，确定防范的重点，使防范工作具有针对性。

社区治安问题分析主要包括：本社区存在的治安问题、类型结构、行为人状况、发生部位、时间分布、侵害对象和目标；相邻地区治安问题的状况；社区治安问题的最新动态等，通过对社区治安问题的精确分析，从中发现规律，找出特点，注重防范，控制发案。

（二）科学制定社区安全防范的基本目标

科学制定社区安全防范工作基本目标，是实施安全防范的重要环节，切实发挥防范工作标准的导向、检验、评价、激励作用，对推动安全防范工作，具有重要意义。社区安全防范的基本目标通常包括：

1. 基层安全防范组织制度健全，运行机制正常；

2. 辖区内治安秩序稳定，群众普遍有安全感；

3. 社区治安问题的总量基本稳定，多发性、严重性、可防性治安问题得到控制；

4. 单位和居民防范意识增强，防范措施落实，防范能力提高；

5. 群众法制观念增强，积极参与社会安全防范工作。

（三）健全安全防范组织体系

健全安全防范组织体系，既是社区安全防范工作的重要标准之一，也是各项安全防范工作得以落实的组织保证。健全社区安全防范组织体系包括：

1. 加强社会安全防范组织建设。社会安全防范组织是基层安全防范的骨干力量，要加强治保会、治安志愿者协会、单位保卫组织、物业管理公司等社会安全防范组织建设，加强工作指导和培训。对于治保会，应在组织建设、人员素质、业务培训等方面进行加强，建立健全治保会组织、落实各项规章制度、明确工作任务，对治保人员坚持定期培训，保持治保会的战斗力。对保安服务公司，要强化对其的管理与建设，不断提高保安人员的业务素质、文化素质，充分发挥其在社会安全防范服务中的重要辅警作用。对物业管理公司，要做好协调关系、指导防范等方面的工作。《中华人民共和国物业管理条例》第46条第1款明确规定："物业服务企业应当协助做好物业管理区域内的安全防范工作。发生安全事故时，物业服务企业在采取应急措施的同时，应当及时向有关行政管理部门报告，协助做好救助工作。"公安机关应与物业管理公司建立紧密联系，指导物业公司做好管理区域的安全防范工作。对治安志愿者协会，公安机关应加强对治安志愿者的业务培训工作，主要包括自我防范、如何发现、辨别犯罪嫌疑人、如何处理紧急情况等，提高志愿者开展工作的能力。

2. 壮大治安积极分子队伍。要运用宣传教育等各种手段，激发人民群众的正义感和维护社会治安的责任感，充分发动辖区居民群众特别是居民区的个体经营者、离退休干部、职工在基层安全防范中的作用，组织他们实施邻里关照、护街、护楼、护院等力所能及的安全防范工作。

（四）建立健全安全防范规章制度

为了加强安全防范的经常化、规范化建设，必须建立健全安全防范的各项规章制度，并严格加以贯彻执行。社区安全防范的规章制度有：安全防范工作责任制度；安全宣传教育制度；安全巡察、检查制度；发现可疑情况、可疑人员的报告制度；防范业务的学习、培训制度；防范工作的考核、评比、奖惩制度；防范责任追究制度；防范设备、设施的配备、配置和管理制度；重点单位、部位的警戒、守护制度。

（五）落实社区安全防范具体工作措施

1. 经常、广泛地开展以“四防”为主的安全防范宣传教育。

2. 坚持人防、物防、技防“三防”并举。

（1）人防措施。社区人防措施主要是通过加强治安、法制、防范等方面的宣传教育，增强群众自我防范能力；通过发动社区群众，健全群防群治组织、发展社会性防范组织和力量，采取治安巡逻、邻里守望等措施，形成多层次的社区人防网络。

（2）物防措施。违法犯罪活动总要借助于一定的有利时空等条件，健全物质防范设施，形成一定的有形障碍，增加侵害的难度，可以起到辅助人力防范的作用。社区单位和居民可根据需要在可能被盗、被破坏的部位，建立健全物防设施。依据《城市居民住宅安全防范设施建设管理规定》，居民住宅安全防范设施，是指附属于住宅建筑主体并具有安全防范功能的防盗门、防盗锁、防踹板、防护墙、监控和报警装置，以及居民住宅或住宅区内附设的治安值班室；城市居民住宅安全防范设施，必须具备防撬、防踹、防攀缘、防跨越、防爬入等安全防范功能；城市居民住宅安全防范设施的管理，由具体管理住宅的单位实施，公安机关负责城市居民住宅安全防范设施管理的监督检查；破坏居民住宅安全防范设施，由公安机关责令其改正、恢复原状，并可依据《治安管理处罚法》的规定予以处罚；构成犯罪的，依法追究刑事责任。实践中，社区物防主要采取加固门窗、增加防护设施、加大安全系数和实施犯罪的难度等防范措施，如日常生活中常见的防盗门、防盗窗、楼宇对讲等。

（3）技防措施。技术防范是防范的重要手段，是及时发现和防范犯罪活动和火灾等事故的有效措施。技术防范常常能起到其他防范手段所不能起到的作用，如防盗技术设施节省人力，全天候防范，作用灵敏，弥补人防的不足；电视监控能发现认定犯罪等。社区技术防范措施主要包括防盗报警、电视监控、出入控制、电子巡更、火灾报警等。技防方法的选择一般根据保护对象、区域及各部门的条件，因地制宜，如在居民区、商业区可安装有线或无线自动报警系统，社区的闭路电视和自动报警装置要与公安机关的自动报警系统联网，形成快速反应的报警系统；在重点地区、单位内部可根据不同部位采用不同技防措施，形成技术防范网络。技术防范是公安保卫工作走向现代化的重要工作，是安全防范系统的重要组成部分。

人防、物防、技防三者在社区安全防范工作中各有优势，又都有缺陷，只有把三者有机结合，努力实现人防网络化、物防普及化、技防现代化，科学地、合理地制定安全防范措施，以人防为主，物防为辅，技防为发展趋势，充分发挥人防、技防、物防各自的优势，才能使社区安全防范取得更好的效果。

3. 加强社区基础防范设施建设。

社区的基本防范措施除人防、物防、技防外，还包括社区的一些基础防范设施，基础防范设施健全，也能起到预防犯罪的作用。社区基础防范设施主要包括：

（1）车棚工程。在盗窃犯罪中，除了长期以来比较常见的盗窃自行车之外，现在比较突出的还有盗窃摩托车和助动车。近几年来，随着自行车、摩托车和助动车社会拥有量剧增，成为不法分子获取非法利益的主要目标之一。犯罪分子盗窃自行车、摩托车和助动车所选择的场所，主要是住宅地段、医院、市场、舞厅、影剧院等公共场所及部分机关、单位的停车棚等车辆停放较集中的地段，其中又以居民新村为主要发案地。不法分子在公共场所采取的主要作案手段，或者是采用断线钳等工具撬开车锁，或者是采用整车搬走，或者是用自配的钥匙锁或采用搭线方式发动车辆等；对停入车库的车辆则采取撬门入库的方式，从而实施盗窃行为。从作案时间来分析，既有白天作案，也有夜间作案。所不同的是，白天作案的场所主要是在市场、商业区、农宅以及分散居住的居民住宅等地方；而夜间作案的场所主要是在居民住宅地段和医院、影剧院等公共场所。从发案的情况看，无论是盗窃自行车，还是盗窃摩托车和助动车，被盗窃的一个重要原因就是防范中的疏忽所致。城镇居民区内的许多人只顾用车，疏于防范，乱停乱放的现象十分严重，因而造成了居民车辆被盗；但从客观上分析，是与居民住宅区内缺少固定的停车场所密切相关的。如今在城镇的许多地方，“停车难”的矛盾相当突出，车辆数快速增长与有限的停车空间的矛盾尖锐存在，因此，客观上助长了乱停乱放的现象，易被不法分子所利用。因此，为了有效控制自行车和摩托车、助动车被盗案件的发生，除了要加强对盗车犯罪活动的侦破和打击外，还应多方面、多渠道地积极做好车辆的防盗工作。这些工作中至关重要的一条措施，就是加强车辆的保管，减少随意停放的现象。为此，就要合理解决车辆的停放问题，在居民住宅区内建造相配套的车棚。

尽管新建住宅的不断发展并已将车棚列入规划建设中，但仍有相当数量的老式楼房的社区存在着无车棚的现象，虽然有些这些社区实施了封闭式管理，对小区内的治安产生了一定的积极意义，但并没有完全控制车辆的失窃问题，所以，开展“车棚工程”的建设就势在必行。所谓“车棚工程”建设实际上包含的意思是：一是对原有的车棚被“改换门庭”转移为它用名不副实的，应当予以恢复使用；二是在不影响道路交通的前提下，开辟一些固定的或临时的车辆停放点，配备一定的看护力量，使车辆停放相对集中，便于有效地置于看管之下，以防止车辆的被盗；三是根据现有的车棚容放车辆能力有限，许多车辆无法存放进车棚里的实际情况，在居民区规划和通过筹资建造一些配套的停车库，以从根本上解决“停车难”的突出问题。

（2）规范机动车停车管理。要根据需要与可能的原则，在住宅小区内、单位内部和公共场所兴建、改建、扩建一批停车场地，既可以筹集资金建造一些新的停放点，也可以开辟一些不影响主要交通的马路作为夜间临时停车场，或动员有承受夜间临时停放车辆能力的单位参与，配备看管人员，收取一定的费用，作为劳务费和建设费。交通管理部门要加强对各类停车场点的指导和管理。

机动车辆技术防范的措施有：一是设置防盗专用锁。使机动车在停车后他人无法开动。二是设置防盗报警装置。停车时，只要他人触动报警装置甚至车辆略受外力震动，车辆便能自动报警。三是改进电源线路。将电源线路隐蔽在车护板内，消除盗车犯可以伸手接通电源的条件。

（3）照明工程。通过对实践中社区发案的情况的分析，可以看出当前社会上的违法犯罪分子在作案时，往往选择那些地处偏僻、不易被人察觉的地段伺机作案，其中夜间作案的首选目标就是无灯区域。在违法犯罪分子看来，这些地区常常是管理比较差的地区，同时在作案过程中，由于无灯光这一有利于作案的条件，作案时不易被外人发现，即使有人察觉了也容易逃窜，使得作案的成功率相对比较高。许多社区存在着室外无公用路灯、室内无楼道灯的情况，有的地方出现了有灯不亮的情况，这不仅给居民带来生活上的不方便，而且还对社会治安造成了潜在的负面影响，许多居民及其家庭被侵害，与灯光有密切的联系。所以，社区的照明工程，不仅仅关系到行路难的问题，而且还关系到社会治安的稳定和人民群众的切身利益，应采取有效的措施来解决。具体做法是：一是通过设计规划，将灯光作为生活小区建设的配套设施，列入建筑项目审批核准的必要程序中去，使新建的生活小区具有必要的照明设施；二是通过各种途径集资，为已经建成的无灯光生活小区安装灯光；三是加强检查维修，将损坏的灯光设施恢复使用，以确保生活小区的夜间道路和楼层内灯光明亮。在这项工作中，所需要资金可采取通过辖区内的单位的集资、物业公司出资、居民自愿筹资等途径来协商解决。

（4）社区封闭管理。居民住宅区出入道口众多，虽然给居民行走带来了便捷，但也存在着治安的隐患，实践证明，开放式的居民住宅小区的治安管理和防范非常困难，尽管人们做了大量的工作，但拾荒的、收废品的、做小买卖的，促销的等闲杂人员仍无法禁止，特别是夜晚，值勤人员无法有效控制居住区内的治安。据统计，社区入室盗窃案件、盗窃机动车案件多发生在未封闭的开放式社区。对于新建住宅小区的封闭式管理开发商可以从规划开始就将封闭式管理的要求纳入总体设计、建设的方案中，实行同步规划、同步设计、同步施工、同步验收。现在问题比较多的是历史上形成的生活小区，这些社区内道路四通八达，有利于居民的行走，开放式的建筑群落客观上造成了治安管理上的空隙，在防范上的弊端和缺陷日益显现，非常有必要进行封闭管理。在我国城市建设过程中，对生活小区是否应当有围墙，并无明确的法律规定。现实生活中，对生活小区是否应当有围墙，人们有着不同的看法，比较突出的反对意见有三点：一是认为在居民住宅区四周被一排排高高的围墙包围起来，不符合与国际社会接轨的现代城市形象；二是妨碍了居民的出行习惯，客观上给部分居民出行带来不便。这在那些老的居民小区，许多人行走已成定势的情况下，要让他们改变长期以来形成的习惯，有一定的难度；三是许多家庭自家安装了防盗锁、分户防盗门等，认为自己家庭万无一失，对住宅区建设围墙等不感兴趣；也有部分经济比较困难的家庭，认为自己家里没有什么值钱的东西，没有什么东西好偷，用不着花这种代价，或者根本无力承受哪怕是数百元的开支。应该承认，这些观点并不是没有一点道理的，但社会治安的严峻现实以及实际情况是，凡实施了封闭式管理的生活小区，治安秩序就明显改观，以前难以控制的拾荒的、收废品的、做小买卖的，促销的等闲杂人员，现在都被安保人员拒之于小区外，各种刑事发案率开始下降，甚至不发生刑事案件。在当前社会治安问题较多，不少社区内发案率居高不下的情况下，促使人们不得不考虑通过砌围墙、建岗亭、造铁门等途径，来强化封闭式管理，而且这种做法的效果已经显现出来，得到了越来越多人的理解、支持。

在开展居民住宅区的封闭式管理时，不要强行用行政命令的方法来硬性推行，我们应当加强对居民的宣传教育工作，使广大居民从不理解到自愿；通过各种途径来筹集资金，以减轻居民的负担；应当科学规划和设计，以美化城市和小区；应当优化居民住宅区的服务，尽量为居民的行走等创造便利条件等等。必须指出的是，如果只重视这些工程的建设，而放松人民群众的防范意识的教育，放松了群防群治工作的组织和管理，仍然是不可能从根本上解决问题的。我们应当在抓好硬件建设的同时，继续抓好软件建设，使人民群众增强防范意识，组织好群防群治队伍，建立和落实各项管理制度和措施，使封闭式管理能够发挥更好的作用。

4. 经常开展安全防范监督检查。

开展经常性的安全监督检查，是健全组织、落实制度、严密防范措施的基本方法。社区安全防范监督检查的方式有：自查、互查、普查、抽查、综合查、专项查、定期查、突击查、明查、暗访等。社区安全防范监督检查的要求是：经常、广泛、深入、细致、合法。发现安全隐患，要及时督促整改。社区安全防范监督检查的主要内容有防盗安全检查、防火安全检查、防爆炸安全检查、防煤气中毒安全检查等。检查过程中要扎扎实实、防止走过场；要边查边改。社区安全检查应注意形成常态化制度机制。

5. 及时查处违法行为，总结整改提高。

发生盗窃、抢劫等可防性案件或火灾及其他治安灾害事故以后，社区安全防范组织和企事业单位要及时保护案件或事故的现场，积极协助有关部门查破案件，公安机关在积极破案的同时，要认真总结教训，具体剖析在防范组织、防范制度、防范设施、防范措施等方面存在的不足之处，消除隐患，堵塞漏洞，防止类似案件或事故的再次发生，推动整个社区的安全防范工作水平。

（六）社区安全防范的科学评估

对社区安全防范工作进行科学评估，是推动社区安全防范工作，提高社区防范的针对性、有效性和整体水平的有效措施。社区安全防范评估，主要应考核评估社区内入室盗窃、抢劫，自行车、摩托车、机动车盗窃等可防性案件及火灾等治安灾害事故的发生情况；通过加强社区防范抓获现行违法犯罪嫌疑人和日常防范管理发现提供线索查破案件情况；安全防范措施落实情况等。社区安全防范的评估是一项具体而复杂的工作，应本着明确目标，落实责任，实事求是，客观公正，突出重点，注重结果，综合考评，分项评比的原则进行。

第二部分　参考范例

范例 8.1：英国的《犯罪预防通讯》

英国的内政部的通讯理事会编辑发行《犯罪预防通讯》季刊，每期数十万份，分发各地警察机构，免费发送给居民。该通讯主要介绍犯罪预防的新方法、新经验、新技术、新条例、各种犯罪数据、犯罪预防方面的书籍、声像资料及犯罪预防方面的学术活动。内政部公共关系部每年要印制大量装帧精美的犯罪预防宣传品，通过地方警察机构分送给居民，指导他们进行犯罪预防。鉴于一些外国人或移民居住区是犯罪的高发区，内政部还用一些外国文字印制这些宣传品，以提高外国人或移民的犯罪预防意识与水平。无论是英国公民还是外国人，均可免费从地方警察局犯罪预防处或内政部公共关系部得到以下各种宣传手册：《击败盗贼》《永久的编号》《外出时的心境安宁》《保护你的汽车安全》《怎样购车并安全地保有它》《买车人指南》《减少摩托车盗窃——关于摩托车安防的建议》《锁上它登记它不要失去它——关于自行车安防的建议》《邻里守望——成功计划指南》《地方协作预防犯罪实用指南》《行政手册——关于怎样设立一个犯罪预防小组的建议》《欢迎尝试邻里守望》《对付犯罪的伙伴》《有怀疑吗？不要让他们进门》。

范例8.2：如何引导居民提升治安防范能力

一、引导居民认识犯罪的可防性与治安防范的必要性

（一）认识犯罪和犯罪人

认识犯罪，了解犯罪条件、过程和规律，了解犯罪人心理，是开展有效防范的前提。建议关注以下几个方面：

1. 犯罪具有不可避免性与普遍性，不要因为犯罪的存在过分沮丧。

2. 了解“问题三边”：施害—被害—环境（静态）；目标—手段—情境（动态环境）。

3. 了解犯罪过程：动机—目标—条件—实施（产生动机—选择侵害目标—准备工具等条件—着手实施）。

4. 在绝大多数情况下，犯罪人员会进行“投入—产出”评估，对难度、风险、成本等进行核算。例外的主要是激情犯罪。

5. 一般情况下，犯罪人员心理具有脆弱、胆怯的一面，不惧怕犯罪人很重要。

（二）人人参与社区治安防范具有必要性

1. 不要认为犯罪离自己很远，每个人都可能成为潜在的受害人。

2. 每个人都是防范主体，每个人都有防范能力，与其单纯抱怨不如自己有所行动，尽量抑制“搭便车”心理。

二、治安防范从哪里入手？

（一）从人的角度

治安防范中的重点人员控制可以从两类对象进行分析，一是易实施危害的人员，二是易被害的人员。第一类，我们一般称为重点人员控制；第二类，

我们一般称为易被害人群（或者重点人员）保护。

盗窃、诈骗、“二抢”、伤害、绑架劫持等犯罪都存在易被害人员的问题。这其中，有些是客观因素（如富有、单身、特定职位）造成的，有些则是主观因素（如性格、麻痹大意、轻信）造成的。

（二）从物品角度

在治安防范中一般称为物品控制。重点控制的物品对象主要有三大类：一是易被利用作为作案工具的物品；二是易被侵害的物品；三是易于诱发违法犯罪的物品。

（三）从时空（环境）角度

通过针对性地控制或消除可能诱发犯罪的时空等环境条件因素，来防止犯罪行为的发生。一是时空控制。主要的控制方法是尽量避免犯罪的高发时间和地点。二是环境控制。三是诱发因素控制。由此引申，还要加强特殊行业控制和特定场所控制。在治安防范中，要求各行业都要重视治安防范工作，尤其要重视对特殊待业的防范控制。治安防范中的场所控制主要包括：一是公共场所；二是重要地区；三是偏僻地方。

（四）从问题角度

1. 社区治安问题分析。一般称为社区治安问题的事前分析。社区治安问题分析主要包括：本社区存在的治安问题、类型结构、行为人状况、发生部位、时间分布、侵害对象和目标；相邻地区治安问题的状况；社区治安问题的最新动态等，通过对社区治安问题的精确分析，从中发现规律，找出特点，针对性防范，控制发案。

2. 诱发治安问题的问题分析（诱发因素分析）。如各类纠纷（民转刑案件）、不良文化、征地拆迁、环境污染、劳资纠纷、市容整顿。

三、治安防范常用策略

1. 破窗理论与环境预防、氛围营造（整洁、有序的环境营造）；

2. 人群自然监视与社区熟悉（增加邻里之间交往）；

3. “稻草人”效应与虚张声势（虚实结合、以假乱真）；

4. “诱惑效应”与目标伪装；

5. 合作、共赢——各人自扫门前雪还不够；

6. 注意“以小换大”：让犯罪“不空手”有时也是一种策略。国外有“路过‘灰色区’的忠告”，国内有提醒市民莫让“冰箱睡觉、电视洗澡”（指入室盗窃者气急败坏，损毁冰箱、电视）的提醒。

四、侵财犯罪的“情境（情景）预防”

近年来，各国都特别提倡“犯罪情境（情景）预防”，亦即通过警察和社会各界的工作，在某些区域改变犯罪的机会，使潜在的犯罪人不再犯罪。换言之，要使准备犯罪的人感到犯罪的难度较大，若非要实施犯罪则暴露的危险性极大，从而放弃犯罪行动。它注重眼前的、具体的犯罪行为的预防，是一种操作性的预防，它不要求以改善社会的结构来达到预防犯罪的目的。

“情境（情景）预防”主要针对已经产生犯罪动机、具有犯罪图谋的人实施的防范，具体罪案的情景预防，主要包括如下三类：一是增加犯罪难度，如“加固目标”“控制通道”“控制作案工具”；二是增加犯罪被发现风险，如“出入检查”“人群自然监视”、技防设施等方式增加犯罪可能被发现、制止的风险；三是减少犯罪收益，如“移走重要目标”“标识易被侵害财产”“排除犯罪诱惑”等方法。

1. 加固目标：用锁、保险箱这类物质屏障来阻止破坏者或小偷。

2. 控制通道：用大门、围墙、车棚这类方法来隔断罪犯的通道。

3. 控制作案工具。如各种刀具、剧毒物质。

4. 加强进出口检查：增加那些不符合进出条件的人被察觉的风险。

5. 雇用专门人员看管。

6. 强化人群自然监视。让陌生人进入熟人社区，产生被监视的感觉。

7. 安装报警、监控设施。

8. “灯光工程”。

9. 移走目标：用一些手段来使犯罪目标远离犯罪，如家中减少现金，外出时贵重物品委托他人看管。

10. 标识财产：在易搬动的贵重物品上加上物主的特定记号，以阻吓偷盗、防止销赃和方便寻找。

11. 除去诱惑：不让财物引起诱惑效应。

五、遭遇犯罪人

一个人难免与犯罪嫌疑人正面遭遇，比如遭受匪徒袭击、作为目击者身处犯罪现场、路遇正在逃窜的歹徒。如果遭遇犯罪嫌疑人，需要“勇”，但是更需要“谋”。常用应对策略：

1. 善于周旋，尽量不要激怒歹徒。

2. 克制情绪，不要“以牙还牙”。

3. 见义勇为需要“智”与“巧”，不要暴虎冯河；注意周旋的艺术，退让的尺度。

4. 以小害避免大害。

5. 记住疑犯特征和逃跑路线。

范例 8.3：居民治安防范民谣

自我防范很重要，时刻都要警惕高。离家之前先察看，门窗可曾关牢靠；发现生人来敲门，探问究竟很必要；溜门案件常发生，不可开门睡大觉；陌生来电细推敲，短信诈骗真不少；门口摆鞋屋亮灯，可把蟊贼来吓跑；携物出行需谨慎，提防抢夺和调包；徒步夜行走大路，常遇行人视线好；步人小巷自壮胆，哼歌壮胆放开脚；遭遇歹徒莫慌乱，斗智要比斗勇好；人多拥挤防扒手，装好证件和钱包；年轻女性衣着少，谨防流氓来骚扰；精致首饰暂藏匿，劫匪常挑高档包；手机不要随便借，卡上金额尽量少；车辆停放有讲究，莫等亡羊才补牢；钥匙丢失莫大意，换掉锁芯漏洞消；娱乐场所诱惑多，色情赌博切莫要；外出交友留心眼，熟人未必真可靠；网络世界身份隐，老鼠敢把猫来叫；“好运”降临未必好，天上哪有馅饼掉；“眼见为实”今不再，技术比咱水平高；邻里之间勤提醒，彼此关照乐陶陶；发现疑点靠四邻，坏人上门跑不了；多管闲事好习惯，发现线索要举报；路遇歹徒合力擒，过街老鼠无处逃；安全小区共同建，你站岗来我放哨；要想乐业先安居，平安大厦众人造。

第三部分　实训方案

实训方案 8.1：社区安全防范方案设计与指导

实训目的：本实训项目通过居民住宅小区安全防范方案设计与指导训练，使学生加深对社区安全防范理论和知识的理解，掌握专项工作方案设计、安全防范指导、群众工作等基本技能，初步具备依靠、组织、指导群众开展社区安全防范的工作能力。

实训内容：实地考察居民住宅小区，了解小区基本情况及有关安全防范制度、人员配备、物防、技防设施情况，听小区有关负责人介绍小区情况；分析其社区质态并进行安全风险评估，了解其以往的社区安全防范要点、群防群治工作情况、环境预防、技术防范等情况，分析其成功和不足之处；设计出改进完善社区安全防范的可行性方案。

实训条件：居民住宅小区、照相摄像。

教学组织：

1. 实训前准备工作：

（1）任课教师就训练内容、方式、要求、操作流程、纪律作风、注意事项等进行部署、动员。

（2）学生分组。一般每 5 人一组，明确组长一名。

（3）准备照相器材、文具等。

（4）与所属地派出所联系，通报情况。根据情况，提交相应训练方案。

（5）与所属社区联系。

（6）与学生管理部门（一般为中队长、大队长）沟通，并视情况提交训练方案。

2. 实训组织实施：

（1）训练前以区队为单位统一集中，依照老师指令，以小组为单位赴训练现场。

（2）着装进行。

（3）组织参观小区，了解小区基本情况及有关安全防范制度、人员配备、物防、技防设施情况，听小区有关负责人介绍小区情况。

（4）对所选择住宅小区进行实地考察，现场分析其社区质态并进行安全风险评估，了解其以往的社区安全防范要点、群防群治工作情况、环境预防、技术防范等情况，分析其成功和不足之处。

（5）以小组为单位，提交书面报告。提出可行性改进完善方案或进行社区防范设计，具体设计社区群防群治网络布建——人员构成、密度、分布以及设施防范、技术防范等操作环节，并列出其人、财、物配备所需经费预算，指明经费来源渠道。

（6）组织交流总结。小组代表 1 ~ 2 人发言，老师点评。

作业要求：学生完成改进完善社区安全防范的可行性方案（以小组为单位）。

考核要求：过程分：现场考察细致程度、调查了解情况（10 分）；着装、精神面貌（10 分）；能够现场发现问题，进行安全防范提示或指导。提示或指导针对性强，有实用价值（40 分）；提交书面报告：根据提交方案的针对性、实用性、可行性情况给分（40 分）。

实训方案 8.2：《居民防范指南（手册）》制作与推广运用

实训目的：本实训项目通过编制居民防范指南（手册）训练，使学生加深对公安民警治安宣传教育、安全指导理论和知识的理解，掌握设计生动形象、针对性强的安全防范指导手册等基本技能，初步具备对社区居民进行安全防范宣传发动和指导的工作能力。

实训内容：制作旨在增强居民法律意识、防范意识，指导居民开展自我防范的宣传警示语；广泛宣传法律法规、治安动态、防范常识等内容，增强辖区群众的法制意识和防范意识。

实训条件：实景社区。

教学组织：

1. 准备工作。（1）课程开始后第 2 周即布置教学任务，对本次教学的内容、实施方案、要求等进行详细说明，同时提前介绍本教学活动涉及的安全防范理论和防范知识，使学生先有“理性认识”。（2）学生分组。全班学生自愿组合为2人或3人小组，由区队长负责协调，分组情况书面报任课老师。(3) 与中队长老师进行沟通，告知教学安排，并征得同意。

2. 草拟。(1) 学生可以借助资料编制，也可以进行调查走访。(2) 查阅文献由学生单人独立进行。从安全角度考虑，实地调查走访以小组为单位进行。(3) 内容主要是旨在增强居民法律意识、防范意识，指导居民开展自我防范的宣传警示语，能够起到广泛宣传法律法规、治安动态、防范常识等内容，增强辖区群众的法制意识和防范意识的作用。(4) 每人不少于4则。引用他人现成的宣传警示语必须注明来源，本人原创的不得少于2则。

3. 汇总。(1) 组织若干学生对全班的宣传警示语进行汇总；(2) 以安全防范宣传内容的针对性、实用性为主要标准，找出100则左右优秀的宣传警示语。(3) 学生对自己编写的入围的宣传警示语以语言简洁、生动形象，形式活泼为标准，对语言和表现形式进行精练、完善。(4) 任课老师进行汇总，进一步修改完善。

4. 现场推广运用。开展面对面提示、指导。以小组为单位，并一律规范着装；注意选择合适的对象和恰当的时机，并主动向受指导居民群众表明身份，说明来意；注意文明礼貌，如果出现群众拒绝、讥讽或者冷漠等情况，微笑面对，不得发生冲突或其他不文明现象。

作业要求：每人提交不少于4则宣传警示语或者安全防范建议，全班进行汇总、梳理后整理成册。

考核要求：宣传警示语或者安全防范建议针对性强、有实用价值（50分）；宣传警示语或者安全防范建议表现形式简明、活泼，居民群众喜闻乐见（50分）。

附录：治安执法基本技能虚拟实训系统简介

一、系统功能模块设计

根据系统实训内容，我们将系统分为教师端和学生端两个模块，教师端用于对素材资源，学生学习、训练、考核数据进行综合管理；学生端主要用于学习，根据业务内容，将系统划分为 7 个模块，可选择任意一个模块，采用角色扮演形式进行虚拟实训。每个模块设计学习、训练、考核三种模式：学习模式下，学生根据提供给出的提示进行模块功能学习；训练模式下，学生选择任务，进行自由模式操作，该模式下没有提示，操作错误系统会给出错误提示；考核模式下，系统没有任何提示，学生根据任务目标进行虚拟操作，完成之后进行成绩提交，考核模式下有时间限制，时间到了之后系统自动提交成绩。

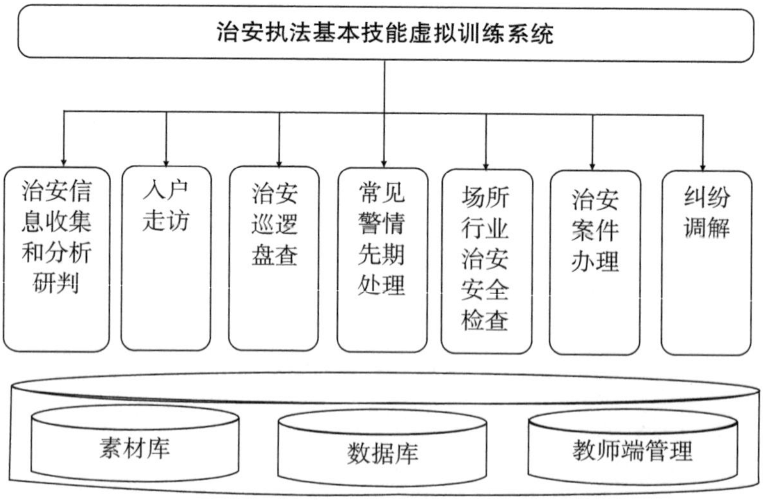

二、系统功能模块详情

能够和学院云教学平台进行对接，确保用户系统、学习系统、考核系统能够进行数据对接。

教师终端：主要是模拟场景设置和智能评判考核情况。

学员终端：包括教学、训练和考核三种模式。

（一）治安信息收集和分析研判

1. 模块说明：虚拟实地观察，现场访谈进行治安信息收集，虚拟社区中的其他人物采用 NPC 方式，警员可以与 NPC 进行沟通交流。虚拟社区大小：构建 100 万平方公里的虚拟社区，包含派出所、住宅小区、企业、事业单位、学校、广场，虚拟社区中设定的虚拟人物有工人、学生、社区大妈、大爷、儿童，男女老少 10 种左右。

2. 功能模块

理论认知：查看理论文档，学习理论知识，包含信息收集和研判。

学习模式：根据系统提示（文字、箭头、对话框等模式），在虚拟环境中进行信息收集和研判。

训练模式：将信息收集和研判划分成各个任务，选择任务之后，再进行虚拟操作，通过和虚拟人物对话，观察，拍照等形式进行信息收集和研判，操作错误，系统给出提示，同时指出正确的操作方法。

考核模式：考核分为理论考核和实训考核：理论考核采用答题形式；实训考核采用虚拟操作形式，考核结果可提交至后台进行统一管理。

（二）入户走访

1. 模块说明：搭建虚拟派出所和机关单位、企事业单位、学校、居民家中，模拟警员进行入户拜访，现场访谈进行交流了解实有人口、行业场所、房屋出租情况等，虚拟社区中的其他人物采用 NPC 方式，警员可以与 NPC 进行沟通交流。虚拟社区大小同上。

2. 功能模块

理论认知：查看理论文档，学习理论知识，包含社区群众工作、调查研究等内容。

学习模式：根据系统提示（文字、箭头、对话框等模式），在虚拟环境中进行入户走访，按照一些表格格式录入数据，调查访问。

训练模式：将不同类型场所划分成不同任务，选择任务之后，再进行虚拟入户走访，通过和虚拟人物对话，观察，拍照等形式进行走访，记录数据，操作错误，系统给出提示，同时指出正确的操作方法。

考核模式：考核分为理论考核和实训考核：理论考核采用答题形式；实训考核采用虚拟操作形式，考核结果可提交至后台进行统一管理。

（三）治安巡逻盘查

1. 模块说明：搭建虚拟社区，再虚拟社区中进行巡查，警员根据巡逻任务，进行巡查，分为治安巡逻和当场盘查两种形式。虚拟社区大小同上。

2. 功能模块

理论认知：学习理论知识，包含巡逻任务、巡逻方式、巡逻路线、巡逻密度、巡组间联勤策应等理论知识。

设备认知：虚拟警员佩戴所有巡逻设备，并且对巡逻设备进行讲解。

学习模式：系统根据学习内容，系统给出操作指引，学生模拟扮演警员走进巡逻场所，查看可疑人员，盘查现场。

训练模式：根据巡逻内容划分成多个子任务，选择某个任务之后，再进行虚拟操作，借助虚拟工具进行巡查，错误巡逻操作，系统给出提示，同时指出正确的操作方法。

考核模式：考核分为理论考核和实训考核：理论考核采用答题形式；实训考核采用虚拟操作形式，考核结果可提交至后台进行统一管理。

（四）常见警情先期处理

1. 模块说明：搭建虚拟派出所和虚拟社区，模拟常见警情，通过角色扮演，完成接处警流程和警情处理流程。虚拟场景：虚拟社区和派出所。虚拟人物：群众、警员、嫌疑人等 10 种左右角色。每种情景作为一个任务，通过虚拟操作完成每个案件的处理流程，包含接处警、现场处置、以及后续处理等过程。

2. 功能模块

理论认知：学习理论知识，包含接处警的基本规范要求、判断警情的基本方法等理论知识。

学习模式：根据系统提示（文字、箭头、对话框等模式），完成常见警情的处理流程，对处理过程中的注意事项等事宜都能够提示，使学生学习了解所有知识点。

训练模式：选择警情任务之后，进入虚拟派出所场景，根据警情类型，进行虚拟操作，直至完成案件处理过程，操作错误，系统给出提示，同时指出正确的操作方法。

考核模式：考核分为理论考核和实训考核：理论考核采用答题形式；实训考核采用虚拟操作形式，考核结果可提交至后台进行统一管理。

（五）场所行业治安检查

1. 模块说明：搭建虚拟场景，进行公共场所、特种行业的安全检查，根据检查流程完成基本内容、基本职责、基本程序和基本方法虚拟实训。虚拟场景：学校、商场、车站、特种行业等 6 种场景。检查内容：不同场所，有不同的检查规范。虚拟人物：群众、警员、职员等 10 种人物。

2. 功能模块

理论认知：学习理论知识，包含治安安全检查的基本内容、基本职责、基本方法、基本程序等理论知识。

设备认知：对讲机、单警装备、取证装备、道具服装、道具脏污等器材，采用设备间的形式进行展示，在设备间种对虚拟人物进行穿戴，并且可对每个设备进行独立介绍、展示。

学习模式：系统根据学习内容，给出操作提示，学生模拟扮演警员走进场所，采用虚拟工具进行检查，完成检查流程。

训练模式：根据场所和每个场所的检查项目，定制任务树，在任务树中选择任务之后，再进行虚拟操作，借助虚拟工具进行巡查，操作错误时，系统给出提示，同时指出正确的操作方法。

考核模式：考核分为理论考核和实训考核：理论考核采用答题形式；实训考核采用虚拟操作形式，考核结果可提交至后台进行统一管理。

（六）治安案件办理

1. 模块说明：搭建虚拟派出所和虚拟社区，模拟常见治安案件，通过角色扮演，完成接处警流程和治安案件处理流程。虚拟场景：虚拟社区和派出所。虚拟人物：群众、警员、嫌疑人等10种左右角色。每种案件作为一个任务，通过虚拟操作完成每个案件的处理流程，包含接处警、现场处置、以及后续处理等过程。

2. 功能模块

理论认知：查看理论文档，学习理论知识，包含治安案件判定的依据和方法。

学习模式：根据系统提示（文字、箭头、对话框等模式），完成治安案件的处理流程，对处理过程中的注意事项等事宜都能够提示，使学生学习了解所有知识点。

训练模式：选择治安案件任务之后，进入虚拟案件场景，根据治安案件类型，进行虚拟操作，直至完成案件处理过程，操作错误，系统给出提示，同时指出正确的操作方法。

考核模式：考核分为理论考核和实训考核：理论考核采用答题形式；实训考核采用虚拟操作形式，考核结果可提交至后台进行统一管理。

（七）治安调解

1. 模块说明：搭建虚拟调解场景，警员进行角色扮演，模拟常见案情，对双方当事人（虚拟人物）进行调解。虚拟场景：虚拟派出所调解室场景。虚拟人物：双方当事人、警员等10种左右角色。调解任务根据案情来定，每种案情代表一种任务，不同任务有不同的当事人。

2. 功能模块

理论认知：查看理论文档，学习理论知识，包含治安调解的基本流程、方法和技巧。

学习模式：针对调解任务内容，模拟调解现场，学习模式下系统会给出调解过程中的提示（文字、箭头、对话框等模式），在虚拟调解场景中，根据双方当事人的矛盾、情绪、诉求等情况进行纠纷调解。根据虚拟操作过程，完成调解流程的学习，掌握调解过程中的方法、技巧等内容。

训练模式：选择调解任务之后，进入虚拟调解场景，根据调解任务，进行虚拟操作，直至完成调解过程，操作错误，系统给出提示，同时指出正确的操作方法。

考核模式：考核分为理论考核和实训考核：理论考核采用答题形式；实训考核采用虚拟操作形式，考核结果可提交至后台进行统一管理。

三、教师端管理模块（Web 模式，对资料、学习内容综合管理）

任务管理：任务系统管理；

资料管理：学习资料管理模块；

学习管理：学习内容管理；

训练管理：训练科目管理；

考核管理：考核成绩和考核任务评分管理；

日志管理：系统用户登录日志管理。

参考文献

一、著作类

尚小平，冯锁柱．治安管理学［M］．北京：中国人民公安大学出版社，2016。

杨瑞清，王淑荣．社区警务［M］．北京：中国人民公安大学出版社，2016。

王彩元，刘振华．治安学实践教学研究与应用——全国治安学专业实践教学研讨会论文集［M］．武汉：武汉大学出版社，2017。

宫志刚．治安学论丛：第六卷［M］．北京：中国人民公安大学出版社，2012。

宫志刚．治安学论丛：第七卷［M］．北京：中国人民公安大学出版社，2013。

宫志刚．治安学论丛：第八卷［M］．北京：中国人民公安大学出版社，2014。

宫志刚．治安学论丛：第九卷［M］．北京：中国人民公安大学出版社，2015。

宫志刚．治安学论丛：第十卷［M］．北京：中国人民公安大学出版社，2017。

葛志山．治安管理学［M］．北京：中国人民公安大学出版社，2008。

唐皇凤．社会转型与组织化调控——中国社会治安综合治理组织网络研究［M］．武汉：武汉大学出版社，2008。

中华人民共和国公安部．公安机关执法细则（第三版）［M］．北京：中国人民公安大学出版社，2016。

二、论文类

张旭红，郑艳芳．全国第十届治安学学术研讨会暨治安系主任论坛综述［J］．福建警察学院学报，2016，（4）。

张艺．2016 年“治安学学科暨专业建设高层论坛”会议综述［J］．江西警察学院学报，2016（5）。

李明，王占宏，鲁明．基于 J2EE 框架的混合模式治安管理信息系统研究与应用［J］．计算机工程，2003，（1）。

张仁华，高发强，席西民．社会治安的经济分析［J］．西安交通大学学报，1999，（1）。

唐皇凤．社区警察的行为特征及其影响变量：以 A 市 Y 区社区警察为研究个案［J］．社会科学研究，2016，（2）。

张旭红，郑艳芳．全国第十届治安学学术研讨会暨治安系主任论坛综述［J］．福建警察学院学报，2016，（4）。

罗云．关于学科、专业与课程三大基本建设关系的思考［J］．现代教育科学．2004 ，（5）。

张翘楚，郁欣．公安学专业类框架下治安学专业建设的宏观视阈对策［J］．北京警察学院学报，2016，（4）。

史兴旺，王精忠．论治安学学科建设方向——以重点学科建设评估为视角［J］．铁道警察学院学报，2014，（3）。

王彩元．论治安学专业课程体系的构建与改革［J］．湖南警察学院学报，2014，（6）。

图书在版编目（CIP）数据

治安执法基本技能实训 / 葛志山主编 . —北京：中国法制出版社，2017. 12（2021. 8 重印）
ISBN 978 – 7 – 5093 – 8656 – 9

Ⅰ. ①治… Ⅱ. ①葛… Ⅲ. ①治安管理 – 行政执法 – 中国 Ⅳ. ①D922. 14

中国版本图书馆 CIP 数据核字（2017）第 320219 号

策划编辑 李小草 王 熹
责任编辑 王 熹
封面设计 蒋 怡

治安执法基本技能实训

ZHIAN ZHIFA JIBEN JINENG SHIXUN

主编/葛志山
经销/新华书店
印刷/北京虎彩文化传播有限公司
开本/710 毫米 ×1000 毫米 16 开 印张/ 18. 5 字数/ 212 千
版次/2018 年 2 月第 1 版 2021 年 8 月第 6 次印刷

中国法制出版社出版
书号 ISBN 978 – 7 – 5093 – 8656 – 9 定价：66. 00 元

北京西单横二条 2 号
邮政编码：100031 传真：66031119
网址：http：//www. zgfzs. com **编辑部电话：010 – 66010493**
市场营销部电话：010 – 66033393 **邮购部电话：010 – 66033288**

（如有印装质量问题，请与本社编务印务管理部联系调换。电话：010 – 66032926）